第二批国家级职业教育教师教学创新团队课题研究项目(课题编号：ZI2021010103)

对接职业技能标准的
跨境电子商务课程体系构建与教学资源开发

韩宝国　王晓燕◎主编
肖　威　王厚喜　徐静怡◎副主编

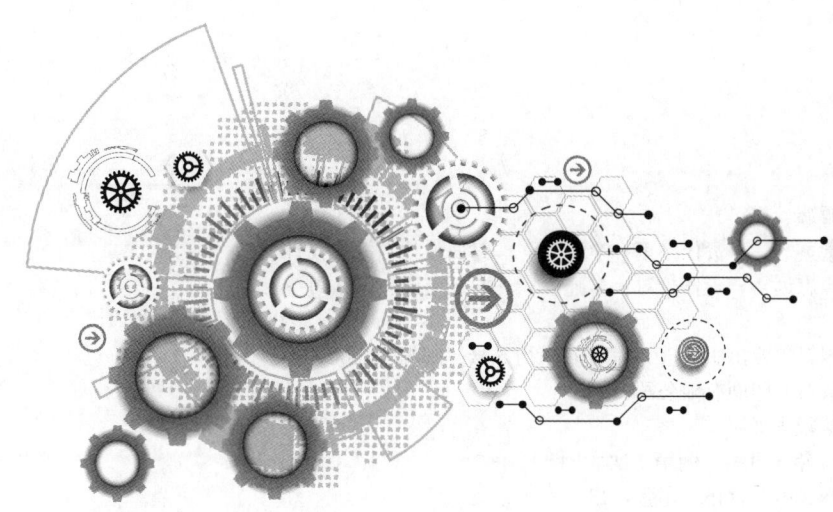

中国轻工业出版社

图书在版编目（CIP）数据

对接职业技能标准的跨境电子商务课程体系构建与教学资源开发/韩宝国，王晓燕主编. —北京：中国轻工业出版社，2024.3
ISBN 978-7-5184-4597-4

Ⅰ.①对⋯ Ⅱ.①韩⋯②王⋯ Ⅲ.①电子商务—教学研究—职业教育 Ⅳ.①F713.36

中国国家版本馆 CIP 数据核字（2023）第 205892 号

责任编辑：崔丽娜
文字编辑：李寅寅　　责任终审：李建华　　封面设计：锋尚设计
版式设计：砚祥志远　　责任校对：朱燕春　　责任监印：张　可

出版发行：中国轻工业出版社（北京鲁谷东街5号，邮编：100040）
印　　刷：北京君升印刷有限公司
经　　销：各地新华书店
版　　次：2024年3月第1版第1次印刷
开　　本：787×1092　1/16　印张：13
字　　数：310千字
书　　号：ISBN 978-7-5184-4597-4　定价：45.00元
邮购电话：010-85119873
发行电话：010-85119832　010-85119912
网　　址：http://www.chlip.com.cn
Email：club@chlip.com.cn
版权所有　侵权必究
如发现图书残缺请与我社邮购联系调换
221467W6X101ZBW

对接职业技能标准的跨境电子商务课程体系构建与教学资源开发项目组成员

许应楠　苏州经贸职业技术学院
任　爽　苏州经贸职业技术学院
周霞霞　昆明冶金高等专科学校
叶杨翔　浙江工贸职业技术学院
刘　俊　成都职业技术学院
李超锋　广东轻工职业技术学院
张艳婷　广东轻工职业技术学院
刘钧炎　广东轻工职业技术学院
邓志虹　广东轻工职业技术学院
费玲莉　广州市财经商贸职业学校
刘伟伟　哈尔滨职业技术学院
夏志婕　浙江工贸职业技术学院
吴　凡　江西外语外贸职业学院
王红蕾　北京市商业学校
何毓颖　四川省成都市财贸职业高级中学校
黄阳勇　北京博导前程信息技术股份有限公司
王　波　南京奥派信息产业股份公司

前言

党的二十大报告指出："推动货物贸易优化升级，创新服务贸易发展机制，发展数字贸易，加快建设贸易强国。"作为一种新业态、新模式，跨境电商已成为我国外贸发展的新动能、转型升级的新渠道和建设贸易强国的新抓手。行业的蓬勃发展对跨境电商从业人员提出了新要求，而职业教育是培养高素质技能型人才的重要途径。

根据《国家职业教育改革实施方案》决策部署，要打造一批高水平职业教育教师教学创新团队，示范引领高素质"双师型"教师队伍建设。教育部从2019年起分三批立项了485个国家级职业教育教师教学创新团队，并以设立国家级团队课题的形式鼓励各团队进行教学创新探索，形成一系列完整的可复制、可应用、可推广的研究成果，推动"三教"（教师、教材、教法）改革落地、落实。广东轻工职业技术学院作为跨境电子商务专业国家级职业教育教师教学创新团队建设单位，承担了重点课题的子课题——跨境电子商务专业对接职业标准的课程体系研究项目（课题编号：ZI2021010103）。本书是在第二批国家级职业教育教师教学创新团队财经商贸（一）共同体的指导下，在国家级职业教育教师教学创新团队建设和课题支撑下，完成的阶段性成果。

本书主要内容分为9章。第1章对跨境电商行业的发展现状及趋势进行了分析，包括行业的发展历程、规模、政策梳理及未来趋势与挑战。从中我们发现，跨境电商行业仍然保持迅速发展的态势，是外贸新业态中的重要力量。第2章分析了跨境电子商务专业设立的背景及人才需求状况。根据招聘网站的调研结果，在跨境电子商务专业设立之前，从业人员大多是具有国际经济与贸易、商务英语、电子商务类专业背景。在教育部2019年新设立跨境电子商务专业后，截至2022年，在全国布点数量已达到372所院校。通过大数据和人工智能技术对知名招聘网站进行数据采集，调研了招聘企业分布、企业规模、企业类型以及招聘人才需求岗位分布、学历要求等方面，附加补充调研，为人才培养目标和方案制定奠定坚实基础。第3章对跨境电商行业涉及的职业技能标准进行分析和梳理，重点针对国家职业技能标准、"1+X"职业技能等级标准的编制框架、相关标准的联系与区别进行了分析。第4章是对跨境电子商务专业现行的课程体系进行了分析。从行业分析和调研情况看，课程设置缺乏特色、培养目标不明确、人才培养途径单一化、欠缺实操能力、与企业需求差距较大是当前跨境电子商务专业课程体系存在的主要问题。第 5 章是对接职业技能标准构建跨境电子商务专业课程体系。根据前期调研、企业专家访谈等流程，筛选跨境电商行业的代表性岗位、典型职业活动及工作任务表，利用 PGSD（职业、通用、社会、发展）能力分析模型，对职业岗位进行能力分析，并进行课程的转化。同时将职业技能标准涉及的知识和技能要求与课程内容相衔接，并合理融入对应课程中，构建模块化的课程体系。第 6 章是对接职业技能标准的跨境电子商务专业人才培养方案的制定。将课程思政融入课程、以工作过程为导向，设计课程模块，绘制课程地图，确定专业课程名称及证书要求和实践性教学环节，并提出了教学资源建设的基本要求以及教学实施方案的搭建要求。第 7 章是基于跨境电子商务专业新课程体系的教学资源库构建。包括教学资源库的建设意义、目标和思路以及建设内容等，为跨境电子商务专业提供完备的线上数字资源。第 8 章概述了跨境电子商务专业核心课程标准开发的理论基础。第 9 章是跨境电子商务专业的七大核心课程标准，根据教育部新制定的专业简介和本专业确定的人才培养方案，制定核心课程的课程标准，充分体现课程思政改革特色、双创教育特色、产教融合教学特色、技能竞赛、对接职业技能标准等特色。

本书的主要特点包括以下几个方面。

第一，构建了对接国家职业技能标准的跨境电子商务专业新课程体系。国家职业技能标准是各类职业教育专业教学标准的起点要求和基础教学标准的开发依据。从早期的"双证书"制度到现在的"学历证书+若干职业技能等级证书"制度的新提法，职业教育强调综合能力的培养以及对就业市场需求的呼应，对接职业技能标准成为拓展就业本领与促进职业生涯发展的重要举措。基于这种认识，我们详细分析了国家职业技能标准和"1+X"职业技能等级标准，更新了课程名称，让职业技能标准的知识和技能进入课堂，充分体现"教育性"+"职业性"。

第二，全面阐述了跨境电子商务专业教学资源库的建设思路、内容和路径。职业教育的数字化转型不但有助于提升信息化程度，而且在助力构建终身学习体系、促进高质量充分就业、促进公共服务均等化等方面起着重要作用。国家级职业教育教师教学创新团队牵头在全国率先建设跨境电子商务专业教学资源库，坚持"能学、辅教"的应用定位，从机制、共享、保障、成效、推广等方面论述了资源库建设的关键问题，为课程推广、资源利用奠定重要基础。

第三，开发了对接职业技能标准的核心课程的教学标准。规范完善的课程标准是教育教学活动的重要指导性文件，对于保证教育教学质量、提高教学效果、促进教学改革和发展具有重要作用。课程标准对课程定位、目标、课程内容、教学要求和学时分配作了详细的规定，并将职业技能标准的知识和技能要求有机融入，体现"课证融通"的新要求。关于课程标准中的课程资源部分，读者可访问智慧职教网站，点击"资源库"板块，搜索"广东轻工职业技术学院"，选择"校级项目：跨境电子商务专业教学资源库"后点击"课程中心"的"专业核心课程"模块进行学习。

第四，本书基于国家职业技能标准和"1+X"职业技能等级标准，重新构建了跨境电子商务专业的新课程体系，并在此基础上建设和完善教学资源库、开发和制定核心课程的课程标准，是多所院校和多家企业合作研究开发的成果。

本书由广东轻工职业技术学院韩宝国、王晓燕担任主编，肖威、王厚喜和徐静怡担任副主编。具体分工如下：韩宝国、王晓燕负责整体架构设计；第1章、第6章由徐静怡编写；第2章由肖威、徐静怡编写；第3章至第5章由肖威编写；第7章由王晓燕编写；第8章由王晓燕、徐静怡编写；第9章由张艳婷、刘钧炎、周霞霞、李超锋、叶杨翔、刘俊、费玲莉编写；附录由邓志虹、王厚喜、徐静怡编写；邓志虹负责企业专家深度访谈及中高本课程体系衔接方面的探索；许应楠提供第2章中"基于企业、院校和毕业生的补充调研情况"材料；任爽、王红蕾、夏志婕提供"跨境电子商务专业课程体系特色"材料。此外，刘伟伟、吴凡、何毓颖、黄阳勇、王波等为课题研究和本书编写提供了宝贵意见和大力支持。本书最后由韩宝国负责审定。

本书融入编者多年的教学研究、经验总结及实践成果，在编写过程中，参阅了大量专家学者、研究机构的文献，并得到了中国轻工业出版社相关编辑的鼎力支持，在此谨向所有参编本书、参加资源库建设的各位老师、企业专家表示由衷的感谢！希望通过本书，为跨境电子商务的专业建设提供一种思路和借鉴。由于能力的限制，书中难免存在疏漏和不足，敬请各位专家和广大读者批评指正。

编者

目 录

第1章　跨境电商行业发展现状及趋势 / 1
  1.1　跨境电商行业的发展历程 / 1
  1.2　跨境电商行业的发展规模 / 2
  1.3　跨境电商行业的相关政策梳理 / 4
  1.4　跨境电商行业的发展趋势与未来挑战 / 7

第2章　跨境电子商务专业设立的背景及人才需求现状 / 10
  2.1　从事跨境电商行业的人员专业构成 / 10
  2.2　跨境电子商务专业设立的背景及现状 / 10
  2.3　基于大数据的跨境电商人才需求调研 / 12
  2.4　基于企业、院校和毕业生的补充调研情况 / 16

第3章　跨境电商的职业技能标准分析 / 25
  3.1　跨境电商行业的职业技能标准概述 / 25
  3.2　跨境电子商务专业涉及的职业技能标准分析 / 28
  3.3　从职业能力标准到职业课程的转化 / 36

第4章　跨境电子商务专业的课程体系分析 / 40
  4.1　课程体系的概念及相关研究 / 40
  4.2　跨境电子商务专业课程体系现存问题 / 40

第5章　对接职业技能标准构建跨境电子商务专业课程体系 / 44
  5.1　跨境电子商务典型职业岗位分析 / 44

5.2 职业岗位的 PGSD 能力分析表 / 45
5.3 由职业能力到课程的转化 / 47
5.4 跨境电子商务专业对接职业技能标准的课程体系 / 49

第 6 章　对接职业技能标准的跨境电子商务专业人才培养方案的制定 / 54
6.1 知识能力体系的形成与构建 / 54
6.2 课程地图绘制 / 56
6.3 教学资源建设 / 65
6.4 教学实施方案构建 / 67

第 7 章　职业教育专业教学资源库建设研究 / 70
7.1 职业教育专业教学资源库的建设意义 / 70
7.2 职业教育专业教学资源库的设计 / 71
7.3 职业教育专业教学资源库的内容与分类 / 73
7.4 职业教育专业教学资源库的共建与共享 / 74
7.5 职业教育专业教学资源库的效益评估与持续改进 / 76
7.6 职业教育专业教学资源库建设实例分析 / 77

第 8 章　跨境电子商务专业核心课程标准开发理论基础 / 95
8.1 课程标准的定义与作用 / 95
8.2 课程标准设计的基本原则 / 96
8.3 课程标准设计的步骤与方法 / 97

第 9 章　跨境电子商务专业核心课程标准 / 98
9.1 跨境电商数据分析与应用课程标准 / 98
9.2 跨境电商运营课程标准 / 107
9.3 跨境电商供应链管理课程标准 / 114
9.4 国际市场推广课程标准 / 129
9.5 跨境电商选品管理课程标准 / 144
9.6 视觉营销设计课程标准 / 154
9.7 跨境电商客户服务课程标准 / 167

附录 / 189

    附录1　跨境电子商务专业对接职业技能标准课程体系研究企业
            深度访谈记录表 / 189

    附录2　跨境电商企业深度访谈记录（广州商线科技有限公司）/ 190

    附录3　跨境电商企业深度访谈记录（深圳政元软件有限公司）/ 193

    附录4　专家访谈会计划 / 196

第1章 跨境电商行业发展现状及趋势

1.1 跨境电商行业的发展历程

跨境电商是我国发展速度快、潜力大、带动作用强的外贸新业态，现仍处于高速发展期。最近几年我国的跨境电商保持快速增长，彰显了巨大的市场活力。跨境电商不仅更好地满足了消费者"买全球"的需求，更重要的是为跨境电商企业提供了更好的机会，让他们在通信技术和物流方式的发展下"卖全球"。广州海关在2022年"双11"期间对跨境电商零售进出口商品累计监管近2500万票，同比增长65.2%。其中，跨境电商零售出口商品2077.9万票，同比增长1.25倍。跨境电商已逐渐成为外贸高质量发展新引擎。

国务院于2022年11月发布的《国务院关于同意在廊坊等33个城市和地区设立跨境电子商务综合试验区的批复》是跨境电子商务综合试验区从2015年设立至今的第7次扩围。此次扩围之后，我国跨境电子商务综合试验区数量达到165个，覆盖31个省、自治区、直辖市。广东省跨境电子商务综合试验区总数位居全国第一（图1-1），实现跨境电子商务综合试验区在全省21个地级以上市的全覆盖。综合试验区持续强化政策创新，成为建设我国跨境电商规范化发展、便利化服务的主通道。

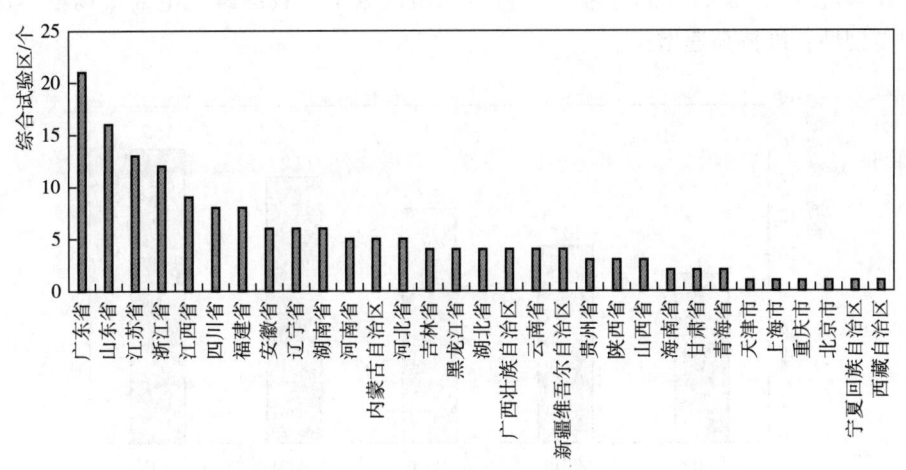

图1-1 中国各省、自治区、直辖市跨境电子商务综合试验区数量

自20世纪90年代末以来，我国跨境电商的发展路程历经了B2B（Business to Business，企业之间的业务合作模式）、跨境零售站、全球开店、独立站、直播带货等多种模式，形成了庞大的产业规模和完善的产业链环境。回顾我国跨境电商行业的发展历程，主要可以分为以下四个阶段（图1-2）。

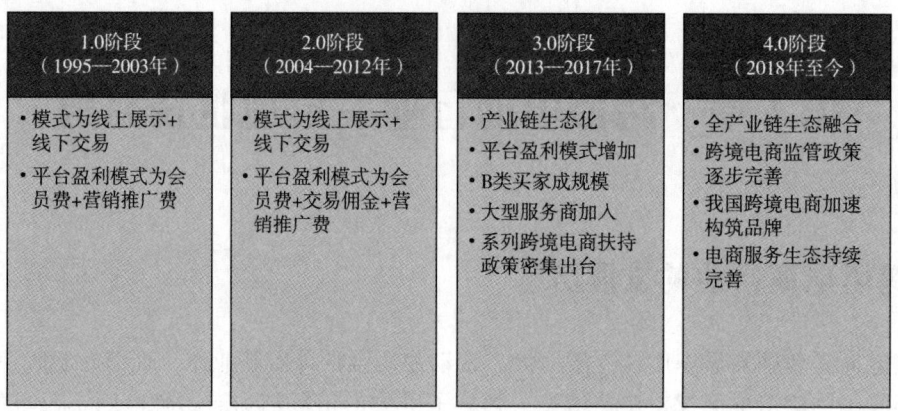

图 1-2　跨境电商发展历程图示①

1.2　跨境电商行业的发展规模

跨境电商行业随着国家"一带一路"倡议的提出，为我国传统商贸结构转型升级助力，已进入战略发展期。目前我国跨境电商行业的发展规模主要呈现以下四个特点②。

（1）我国跨境电商市场规模高速增长

2018—2022年，我国跨境电商市场规模分别为9万亿元、10.5万亿元、12.5万亿元、14.2万亿元、15.7万亿元，涨势明显（图1-3）。在全球贸易政策不确定性增加、跨境电商龙头企业亚马逊（Amazon）"封号潮"事件等风险因素下，我国跨境电商市场依然保持着极强的活力与韧性，维持高速增长。

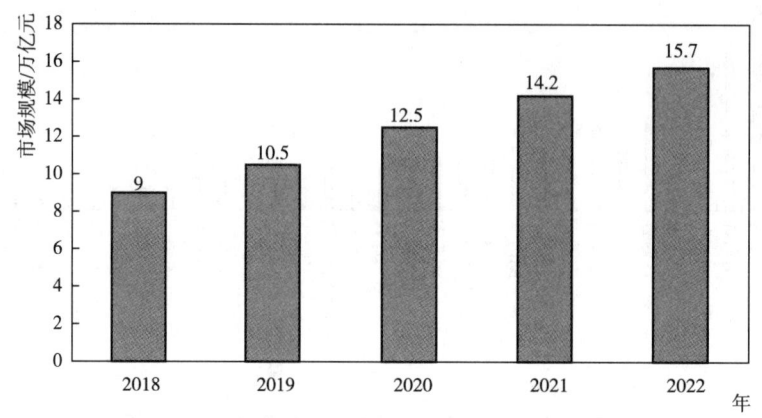

图 1-3　2018—2022 年中国跨境电商市场规模

---

① 张艳. 新发展格局下跨境电商驱动经济高质量发展的动力机制与路径优化［J］. 商业经济研究，2021（22）：84-88.
张晓东. 跨境电商品牌国际化研究述评［J］. 西南金融，2021（10）：3-19.
亿欧智库《如日方升——2021中国出口跨境电商发展研究报告》。
② 36氪研究院《2022年中国跨境电商行业研究报告》。网经社电子商务研究中心、网经社跨境电商台《2022年度中国跨境电商市场数据报告》。

（2）跨境电商渗透率逐步提升

2018—2022 年，我国跨境电商行业渗透率分别为 29.50%、33.29%、38.86%、36.32%、37.32%（图 1-4），总体而言呈稳步提升趋势。跨境电商行业渗透率的提升与行业发展和传统外贸增长相关。

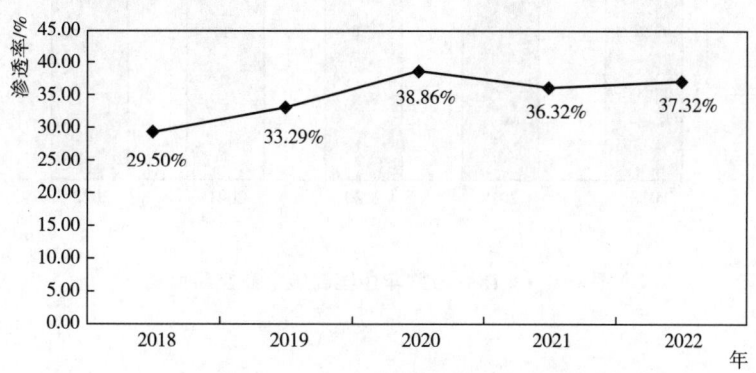

图 1-4　2018—2022 年中国跨境电商行业渗透率

（3）跨境电商出口比例占近八成，进口比例逐步提升

2018—2022 年，我国跨境电商行业出口占比分别为 78.90%、76.50%、77.60%、77.46% 以及 77.25%（图 1-5）。由此可知，跨境电商行业出口占比近八成，但出口占比总体上呈逐年下降的趋势，进口比例逐步提升。

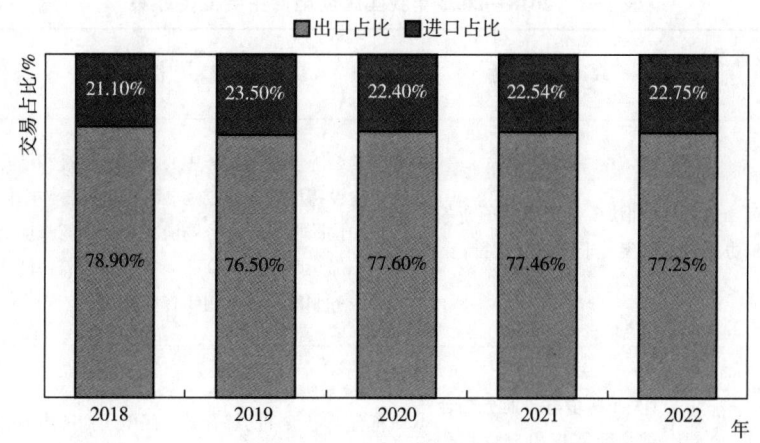

图 1-5　2018—2022 年中国跨境电商进出口结构

（4）跨境电商 B2B 模式占比较高，而 B2C 模式增速较快

2018—2022 年，在我国跨境电商交易模式中，跨境电商 B2B 交易的占比分别为 83.20%、80.50%、77.30%、77.00%、75.60%（图 1-6），B2C（Business to Consumer，直接面向消费者销售产品和服务的商业零售模式）交易的占比为 16.80%、19.50%、22.70%、23.00%、24.40%。由此可知，跨境电商的交易模式相对稳定，B2C 交易模式占比逐年上升但 B2B 模式仍然占有主要地位。

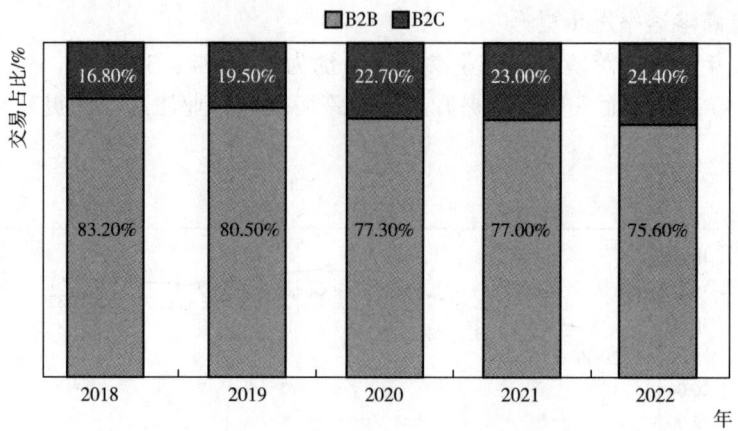

图 1-6　2018—2022 年中国跨境电商交易模式

1.3　跨境电商行业的相关政策梳理

为进一步发挥跨境电商对外贸和国民经济的引领作用，国务院、财政部、海关总署、外汇管理局等有关部门围绕税收、通关、支付结算、配套服务等重点问题，从完善制度体系、鼓励新业态及新模式等层面，为跨境电商的发展构筑良好政策环境。表 1-1 是 2018—2022 年我国跨境电商主要支持政策梳理。

表 1-1　2018—2022 年我国跨境电商主要支持政策

发布年份	发布月份	政策发布部门	政策文件名称	相关内容
2018	3 月	广州市人民政府办公厅	《加快广州跨境电子商务发展若干措施（试行）》	打造全国跨境电子商务中心城市；引进和培育跨境电子商务主体；建设跨境电子商务园区；打造跨境电子商务公共服务平台；加快跨境电子商务物流发展；创新跨境电子商务金融服务体系；加快跨境电子商务人才引进培养；创新跨境电子商务监管和服务制度；落实组织保障措施
	9 月	财政部等四部门	《关于跨境电子商务综合试验区零售出口货物税收政策的通知》	对符合一定条件的综合试验区电子商务出口企业出口未取得有效进货凭证的货物，试行增值税、消费税免税政策
	11 月	广东省人民政府	《中国（珠海）、中国（东莞）跨境电子商务综合试验区实施方案》	建立跨境电子商务服务制造业转型升级机制；升级改造跨境电子商务公共服务平台；建设跨境电子商务集聚园区；建立跨境电子商务统计监测体系；构建跨境电子商务智慧供应链体系；建立跨境电子商务金融服务体系；推动跨境电子商务信用建设；建立跨境电子商务风险防控体系

续表

发布年份	发布月份	政策发布部门	政策文件名称	相关内容
2019	1月	广州市人民政府办公厅	《关于推动电子商务跨越式发展的若干措施》	加速发展电子商务产业集群；强化跨境电子商务发展优势；深化商贸流通和民生服务领域电子商务应用；推动工业电子商务创新发展；提升农村电子商务发展水平；完善电子商务支撑服务体系；落实保障措施
	2月	广东省人民政府	《广东省优化口岸营商环境促进跨境贸易便利化措施》	规范和降低口岸收费；提高口岸通关服务水平；加强国际贸易"单一窗口"建设；推动粤港澳大湾区口岸通关管理模式改革创新；加强组织实施
	5月	广州市人民政府办公厅	《广州市优化口岸营商环境促进跨境贸易便利化工作方案》	规范和降低口岸收费；提高口岸通关服务水平；推进口岸信息化建设；推动粤港澳大湾区口岸通关创新；推进项目先行先试
2020	3月	海关总署	《关于跨境电子商务零售进口商品退货有关监管事宜的公告》	在跨境电子商务零售进口模式下，跨境电子商务企业境内代理人或其委托的报关企业可向海关申请开展退货业务；退货企业在《申报清单》放行之日起30日内申请退货，并且在《申报清单》放行之日起45日内将退货商品运抵原海关监管作业场所、原海关特殊监管区域或保税物流中心（B型）的，相应税款不予征收，并调整消费者个人年度交易累计金额
	3月	广东省人民政府	《中国（汕头）、中国（佛山）跨境电子商务综合试验区实施方案》	打造全国数字贸易产业先行示范区；建设国际丝路电子商务产业对接服务平台；建设科技型外贸企业试验孵化基地；建设粤东进口消费中心城市；优化跨境电子商务发展环境；探索跨境电子商务金融服务创新；加速拓展跨境电子商务物流通道；强化跨境电子商务风险防控；加快跨境电子商务人才梯队培育
	6月	海关总署	《关于开展跨境电子商务企业对企业出口监管试点的公告》	新增海关监管方式代码"9710"，全称"跨境电子商务企业对企业直接出口"，简称"跨境电商B2B直接出口"，适用于跨境电商B2B直接出口的货物；新增海关监管方式代码"9810"，全称"跨境电子商务出口海外仓"，简称"跨境电商出口海外仓"，适用于跨境电商出口海外仓的货物，为跨境电商出口申报、通关提供便利
	9月	广州市商务局	《广州市推动跨境电子商务高质量发展若干措施》	优化口岸营商环境促进跨境贸易便利化；进一步降低跨境电商进出口查验率，提高通关效率；加快制定我市跨境电商B2B出口试点方案；进一步简化小微跨境电商企业货物贸易收支手续；积极向农业农村部、海关总署争取支持广州开展宠物食品跨境电商零售进口试点；优化跨境电子商务出口安检方式；引导跨境电子商务企业集聚发展，建设跨境电商产业园区；推动区块链技术在溯源、信用、风险防控等领域应用；引导企业建设跨境电商海外仓

续表

发布年份	发布月份	政策发布部门	政策文件名称	相关内容
2020	11月	中国、日本、韩国等15方成员	《区域全面经济伙伴关系协定》	相关产品将会享受大幅关税减让等优惠待遇,降低跨境电商卖家出海成本。电子商务制度性框架建立,加强成员国之间电子商务的使用与合作,帮助中小企业克服使用电子商务的障碍
2021	10月	商务部等三部门	《"十四五"电子商务发展规划》	深化创新驱动,塑造高质量电子商务产业;推进商产融合,助力产业数字化转型;服务乡村振兴,带动下沉市场提质扩容;倡导开放共赢,开拓国际合作新局面;推动效率变革,优化要素资源配置;统筹发展安全,深化电子商务治理
2021	11月	商务部	《"十四五"对外贸易高质量发展规划》	促进跨境电商持续健康发展。扎实推进跨境电商综试区建设。优化跨境电商零售进口监管,引导行业规范发展。探索跨境电商交易全流程创新。支持跨境电商企业打造要素集聚、反应快速的柔性供应链。建立线上线下融合、境内境外联动的营销体系,推进跨境电商线上综合服务平台等基础设施建设。巩固壮大一批跨境电商龙头企业和优势产业园区
2021	11月	广东省人民政府办公厅	《关于推进跨境电商高质量发展的若干政策措施》	培育跨境电商龙头企业;加强跨境电商产业园区建设;开展"产业集群+跨境电商"试点;提升仓储物流效率;支持跨境电商海外仓建设;提高跨境电商通关便利化水平;优化跨境电商税收政策;加强对跨境电商企业的金融支持;引进培育高层次跨境电商人才;提高跨境电商企业海外风险防范能力
2021	12月	广州市黄埔区人民政府、广州开发区管理委员会	《关于进一步促进广州市黄埔区、广州开发区跨境电子商务产业发展若干措施》	支持跨境电商主体发展;扶持跨境电子商务载体发展;支持跨境电商全球中心仓和国际配送网络建设运营;打造跨境电商良性发展生态圈
2022	1月	商务部等六部门	《关于高质量实施〈区域全面经济伙伴关系协定〉(RCEP)的指导意见》	利用好协定市场开放承诺和规则,推动贸易投资高质量发展;促进制造业升级,提升产业竞争力;推进国际标准合作和转化,提升标准对产业发展的促进作用;完善金融支持和配套政策体系;因地制宜用好RCEP规则,提升营商环境;持续深入做好面向企业的配套服务
2022	1月	国家发展改革委	《"十四五"现代流通体系建设规划》	健全现代商贸流通网络:完善商品交易市场网络,完善农产品现代流通网络,完善城乡多层次商贸网络;推动商贸流通业态转型升级;支持电子商务创新规范发展,推进实体商业转型融合发展

续表

发布年份	发布月份	政策发布部门	政策文件名称	相关内容
2022	4月	广东省商务厅	《广东省高质量落实〈区域全面经济伙伴关系协定〉（RCEP）行动计划》	促进优质产品进出口，关税降低带动成本下降，刺激企业外贸订单增加，通过落实贸易便利化措施，提升商品通关效率，便利化通关手续既缩短了通关时间，提高了企业通关效率
	7月	广州市商务局等多部门	《广州市跨境电商行业合规指引（试行）》	按照参与跨境电商行业的市场主体进行分类，共分为跨境电商平台、跨境电商企业、物流企业、支付企业和其他跨境电商业务经营者五类，分别从正面引导和反面禁止两个角度，对不同的市场主体提出针对性指引

1.4 跨境电商行业的发展趋势与未来挑战

目前跨境电商行业已经进入成熟期，成为我国外贸转型升级新动能，东部沿海地区规模处于领先地位。得益于国家政策、市场需求、技术发展以及资本力量等多方面的有利条件，跨境电商行业一直保持着高速发展的态势。当前我国跨境电商行业主要呈现出四大发展趋势。

趋势一：建设独立站，助力中国品牌出海

在第三方平台运营成本增加的外因和进一步挖掘消费者数据的内因作用下，越来越多的跨境卖家开始寻求布局海外的新方向。建设独立站成为品牌企业流量深度沉淀、运用社交媒体、消费大数据挖掘的首选。

独立站作为新型官网，拥有独立域名，内容数据、权益私有，具备独立经营主权和经营主体责任。卖家可以在用户运营、消费者体验、平台属性以及流量获取等方面根据需求自己制定。

独立站有利于外贸企业打造自身品牌，让出口跨境电商从"中国产品"向"国际品牌"转化，帮助企业树立品牌形象。我国的全球性品牌企业示范效应逐步显现，涌现出一批以ZAFUL（飒芙）、SHEIN（希音）等为代表的"新国潮"品牌。

国务院办公厅于2021年7月发布的《国务院办公厅关于加快发展外贸新业态新模式的意见》，提出鼓励外贸企业自建独立站，支持专业建站平台优化提升服务能力。2021年，28.5%的跨境卖家建设了独立站[①]。2023年5月全国跨境电子商务综合试验区现场会指出我国跨境电商主体已超过10万家，建设独立站超20万个。

趋势二：资本加码，跨境电商支持服务商需求增加，市场潜力巨大[②]

产业支撑体系正在向多元化、数字化、智能化方向发展，跨境电商运营日趋精细化。跨境电子商务物流、跨境支付、SaaS（Software as a Service，软件即服务）、数字营销等支持服务提供商将根据大数据、云计算、人工智能、区块链等数字技术加快供应链重组，协助跨境电商全过程优化提升，大幅度提升产业运营效率和利润空间，引领跨越式发展。

---

① 徐佩玉. 独立站助力中国品牌出海[N]. 人民网-人民日报（海外版），2022-3-22.
② 36氪研究院《2022年中国跨境电商行业研究报告》。

一方面，资本不断加码，支持服务商市场持续升温。2021—2022年一季度，我国跨境电商领域共发生92起投资事件。其中，支持服务商占比为67.4%，是跨境电商领域最受欢迎的投资方向，发展态势迅猛。

另一方面，独立站模式兴起，支持服务商需求不断增加。根据《2021跨境电商发展报告》[①]调研指出，海外营销、跨境支付和独立运营是独立站平台面临的三大难题。基于此，独立站破局的关键在于与专业支持服务商合作，促进精细化运营。根据浙江省电商促进会预测数据，我国独立站在B2C跨境电商中的占比将从2020年的25%上升至2025年的41%。随着独立站强劲势头延续，跨境支付、SaaS、数字营销等支持服务细分领域需求将进一步提升。

趋势三：移动社交时代背景下，跨境电商流量变革朝精细化方向发展

我国发达的数字化水平为高速发展的电商贸易打下了坚实的基础。我国作为全球第二大数字经济体，数字经济已然成为拉动本国经济增长的重要引擎。

目前，跨境电子商务经历了从野蛮流量到精细化运营的过程。企业在整个营销闭环中，对营销数据状态的关注程度更高。在移动社交时代，流量已成为企业的财富密码，跨境电商卖家必须将注意力集中在如何最大限度地提高成本效益和优化购物体验上。同时，得益于我国5G（第五代移动通信技术）的高速发展，高品质的网络建设为电商用户架起了一座高效便捷的沟通桥梁。

以消费者体验为基础的"4E"（Experience体验、Expense花费、E-shop线上商铺、Exhibition展现）引流模式在数字化背景下的流量变革中发挥了重要作用：卖方必须将营销重点从单一产品转向全面消费体验；跨境电商卖家越来越重视整个渠道营销，在不同的场景下为消费者提供更多样化的消费体验；价格不再是消费者购物的决定性因素，消费者对产品价值的关注比重逐年上升，企业必须有针对性地挖掘消费者的需求；跨境电商卖家品牌意识兴起，让消费者能够将品牌理念和产品结合起来。

趋势四：中国开放程度提高，RCEP红利加速释放

对外经济贸易大学国际经贸学院教授崔凡表示，RCEP（《区域全面经济伙伴关系协定》）是我国践行自由贸易区升级战略的里程碑，我国的开放程度将不断提升。RCEP关于电子商务、货物贸易以及知识产权等方面的规则内容有利于提高贸易便利化水平，刺激跨境电商的蓬勃发展。2022年，广州海关共助货值超110亿元人民币的进出口货物享惠RCEP。广州海关监管出口至RCEP国家的跨境电商清单超2.8亿票，同比增长4.76倍。

虽然出口跨境电商产业集群的发展为我国企业的全球化奠定了得天独厚的优势基础，但是出口跨境电商企业面对当今全球贸易环境的复杂性，也需要应对不同程度的挑战。主要体现在以下五个方面[②]。

挑战一：数字化转型必须加快

跨境电商早期的产业集群和企业经过多年的实践和积累，较好地适应了跨境电商的发展要求和节奏，并利用数字技术和工具实现精细化运营。而起步较晚的部分产业集群和企业的数字化转型还处于初期阶段。很多企业仍在延续传统制造和传统贸易的供给思维，需要加速全方位的数字化转型。

---

① 亿邦智库《2021跨境电商发展报告》。
② 亚马逊中国副总裁彭嘉屺《聚势而上 勇拓新机——2022中国出口跨境电商产业集群发展白皮书》。

挑战二：面对海外用户的运营能力必须加强

我国很多传统企业在面对海外用户时，运营能力比较欠缺。在传统模式下，制造商只需要根据订单就可以了解产品规格、生产数量和时间，无需考虑目标客户、价格、库存计划等。因此，在 D2C（Direct to Consumer，直接面对消费者）的业务模式中，一些传统背景转型为跨境电商的企业，直接面对用户的运营能力和经验不足。

挑战三：品牌建设的意识和经验必须提高

跨境电商大大降低了品牌出海的门槛和成本，但在具体实现过程中，各地区的产业和许多企业仍然存在品牌意识不充分、品牌建设经验欠缺、品牌投入力度不大、决心不坚定等问题。例如，一些卖家认为完成品牌商标注册就实现了品牌化，缺乏对消费者需求的深入了解和品牌黏性培养，并以短期销售指标评价品牌建设的效果。

挑战四：吸引和培养人才的政策和制度必须完善

出口跨境电商面向全球市场开展线上业务，需要更多市场营销、产品研发、数字化信息等人才，对人才的综合素质要求更高。人才匮乏，是出口跨境电商不断发展过程中遇到的一大挑战。因为地理位置、经济发展程度、高校及专业技术大学数量等多种因素，一线城市及周边及沿海或交通枢纽地区的人才相对聚集。其他地区则大多数存在跨境电商运营和技术需求相匹配的人才供应不足、招聘难度大等问题。

挑战五：企业合规经营和理念需要进一步深化

目前是我国经济发展外迁向高质量发展过渡的关键时期，合规经营是高质量发展的先决条件。跨境电商经营过程中面临着各国法律、文化、商业习惯不同等挑战。部分企业对知识产权、税收、产品安全、信用合规等方面缺乏关注，不重视跨境电子商务运营规则要求，不合规问题暴露，企业面临不合规性风险，这也会对相关产业的声誉产生负面影响。

第2章 跨境电子商务专业设立的背景及人才需求现状

2.1 从事跨境电商行业的人员专业构成

据智联招聘 2021 年一季度数据显示,从核心岗位求职者专业背景来看,与行业对口情况较好,国际经济与贸易最为普遍,占比 7.4%,物流管理、会计学、市场营销、电子商务等经管类专业也均位列前十,分别为 6.0%、2.1%、2.1%、1.8%。此外,由于外贸对语言能力的要求,外贸进出口行业的求职者中,英语(6.2%)、商务英语(3.1%)、日语(1.6%)等专业的毕业生所占比例也比较高(图 2-1)。

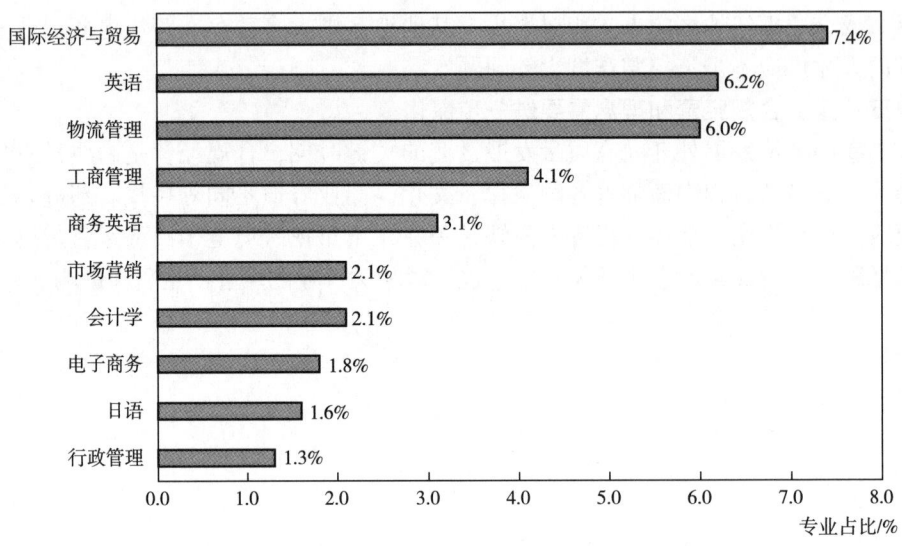

图 2-1 2021 年一季度外贸核心岗位求职者专业背景
(数据来源:智联招聘《2021 外贸行业人才形势研究报告》)

2.2 跨境电子商务专业设立的背景及现状

近些年,我国传统外贸发展速度放缓,但跨境电子商务在我国传统外贸发展减速的情况下,依然保持了较快的增长速度。海关数据显示,受跨境电子商务综合试验区的带动,2022 年我国跨境电商进出口(含 B2B)额达到 2.11 万亿元人民币,同比增长 9.8%。其中,出口 1.55 万亿元人民币,同比增长 11.7%,增速较快;进口 0.56 万亿元人民币,同比增长 4.9%。

行业发展迅猛的同时,人才短缺是行业可持续发展过程中面临的巨大难题。一方面,根据 2021 年阿里巴巴国际站发布的"新外贸指数"显示,我国共有 470 万个外贸企业,跨境电商人才缺口高达 610 万人,人才缺口巨大;另一方面,跨境电子商务专业作为新学科,多数高校还处于摸索阶段,师资队伍多为其他专业调取教师,缺乏相关实战经验。课程体系缺乏系统性,学生的知识结构、能力结构滞后于行业需求。

因此,无论从质量或是数量上,目前的跨境电商人才培养目标与实际的社会和企业的用人需求都存在一定程度上的差距。为助力跨境电商行业高速发展,满足跨境电商企业实际用人需求,我国各高校近几年陆续开始设立跨境电子商务专业,为未来跨境电商行业的稳定发展输送新鲜血液。

2019 年,我国中等职业学校、高等职业院校在财经商贸类新增跨境电子商务专业。截至 2022 年 9 月,全国范围内开设了跨境电子商务专业的高校共有 349 所,覆盖的省、自治区、直辖市共计 28 个(图 2-2)。

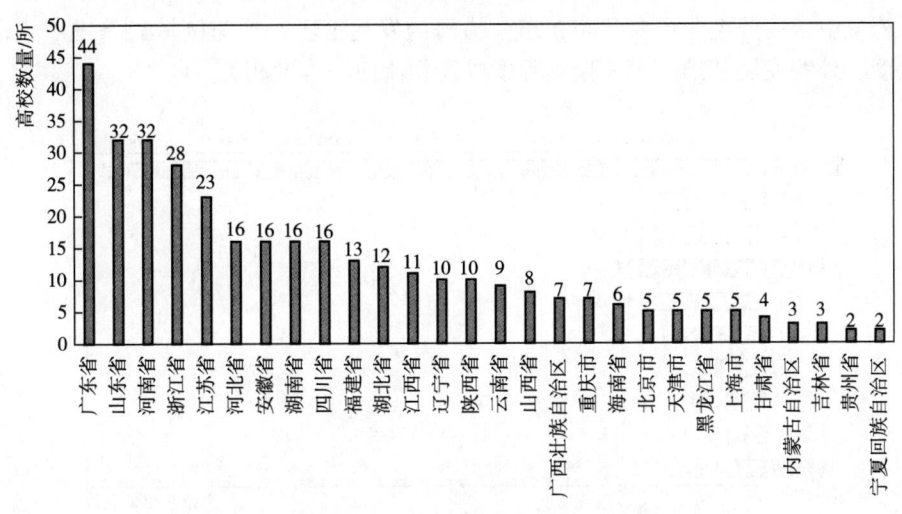

图 2-2　目前设立跨境电子商务专业的高校数量情况

跨境电子商务专业开设院校多为高职院校且主要集中在沿海省份。其中广东省 44 所高校,排名第一,紧随其后的是山东省和河南省(均为 32 所)以及浙江省(28 所)。

在开设了跨境电子商务专业的本科院校中,浙江省的院校在前五名中占了两个席位(浙江外国语学院、浙江万里学院)。而在职业院校中,浙江省的院校在前五名占了三个席位(浙江金融职业学院、义乌工商职业技术学院和浙江商业职业技术学院)[①]。浙江省具备众多适宜开展跨境电子商务的中小企业,跨境电商人才需求旺盛。此外,浙江省跨境电商人才培养起步早于全国其他地区,均助力该省在跨境电商人才培养方面取得亮眼的成绩。

在跟踪了解我国跨境电商行业发展现状、企业用人需求和院校人才培养情况的基础上,为高职院校提出人才培养模式方面的建议,最终为形成课程体系提供依据。

---

① 数据来源:中国科教评价网。

2.3 基于大数据的跨境电商人才需求调研

课题组与专业数据公司合作，通过大数据和人工智能技术对前程无忧、智联招聘、58同城、Boss直聘等国内四大招聘平台进行数据采集，时间跨度为2022年6月30日至2022年8月30日，总共采集有效数据14万余条。数据内容包括企业名称、规模、岗位需求、用人数量以及薪酬水平等。采集到的数据，通过数据清洗，将一些不相关的数据去除，确保了数据的真实性和准确性。

（1）按区域划分的招聘企业分布情况

从图2-3可以看出，各省、自治区、直辖市企业招聘条数所占比例前五名的分别是广东省、上海市、山东省、浙江省和江苏省，占总和的70.84%。其中，广东省企业的招聘条数达到57119条，所占比重为38.73%，远高于其他省、自治区、直辖市所占比重。由此可以看出，我国跨境电子商务企业主要分布在东南沿海的发达地区，这与区域经济发展水平、供应链完善程度、外贸发展基础、人才聚集程度以及物流便利程度相关。

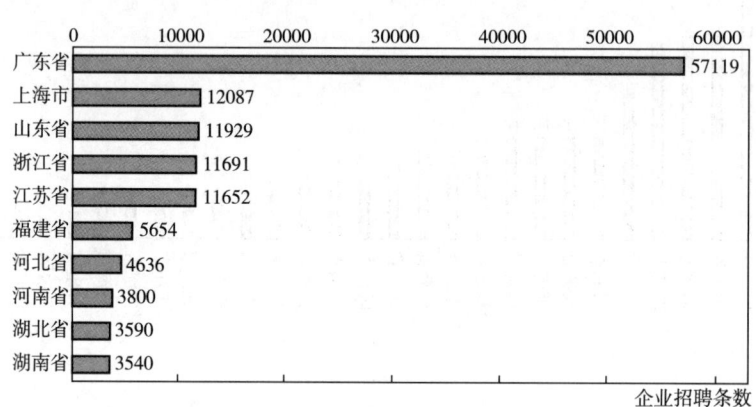

图2-3 企业招聘条数排名前十的区域

（2）按行业划分的招聘企业分布情况

图2-4为跨境电子商务招聘企业中的行业分布情况。在招聘企业的属性中，"贸易/进出口代理"数量最多，达到42414条数据，在所有企业中占比28.76%；其次是"互联网/电子商务"和"电子设备制造/电子商务"，所占比重分别为10.34%、7.77%，三者合计接近47%。其他是以生产制造为主，比如"电子技术/半导体/集成电路""服装/纺织/皮革"和"机械/设备/重工"等，还有一类是提供服务的"交通/运输/物流"。综合分析，跨境电子商务兼具"贸易""进出口"和"电子商务"属性，其中"贸易"的属性更为显著。

（3）按规模划分的招聘企业分布情况

图2-5是招聘企业的规模分布情况。占比排名前三的企业规模为50~149人、1~49人和150~499人，所占比例分别为35.12%、27.30%、22.82%。员工人数150人以下企业占比62.42%，员工人数在500人以下的企业占比85.24%。这表明，目前发布招聘信息的跨境电商企业的整体规模不大，以500人以下的中小微企业为主，其中150人以下的企业占比超过六成，凸显企业活力。

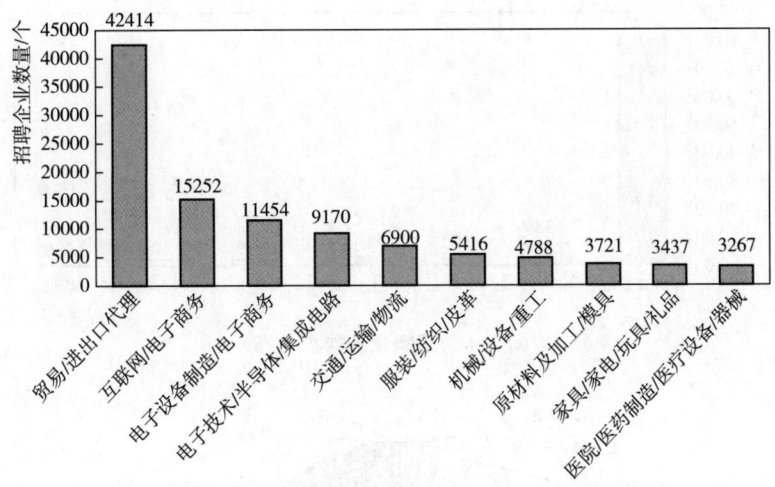

图 2-4　招聘企业的行业分布情况（部分）

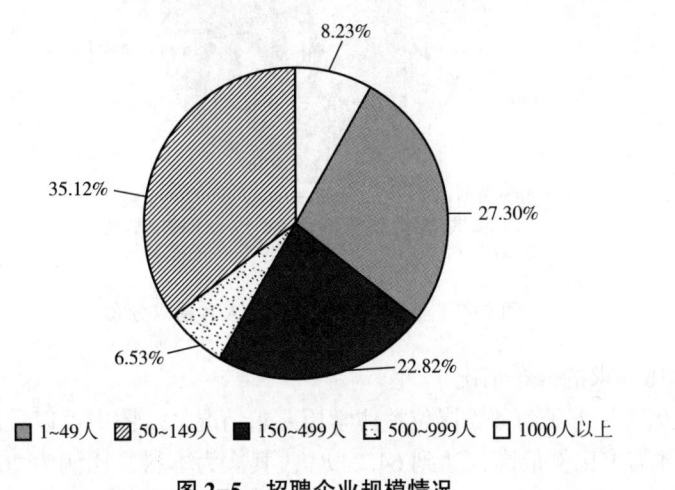

图 2-5　招聘企业规模情况

（4）按类型划分的招聘企业分布情况

图 2-6 是招聘企业的类型分布情况。目前对跨境电商人才的需求主要来自私营企业，超过所采集到企业数量的八成。对跨境电商需求比较低的三种企业类型分别为股份制企业、国有企业和上市公司，大多数是私营企业，实力雄厚的上市公司相对较少。上市公司在招聘企业中仅占 3.14%，说明目前跨境电商行业还处于快速发展阶段。目前较为熟知的跨境电商上市企业主要有：焦点科技、安克创新、华鼎股份、星徽股份、天泽信息等出口跨境电商企业；联络互动、跨境通、洋葱股份等进口跨境电商企业以及少数的跨境服务商。

（5）招聘需求岗位的分布情况

图 2-7 反映了全国跨境电子商务人才岗位需求情况。其中，外贸销售、跨境电商运营和外贸跟单这些岗位需求数量位居前三。从总体来看，我国对外贸销售和跨境电商运营的需求比较强烈，这两个岗位需求数量占总量的比例达到 83.31%。排名靠后的三类岗位分别是翻译、关务和仓储管理，与目前人才市场的需求状况一致。

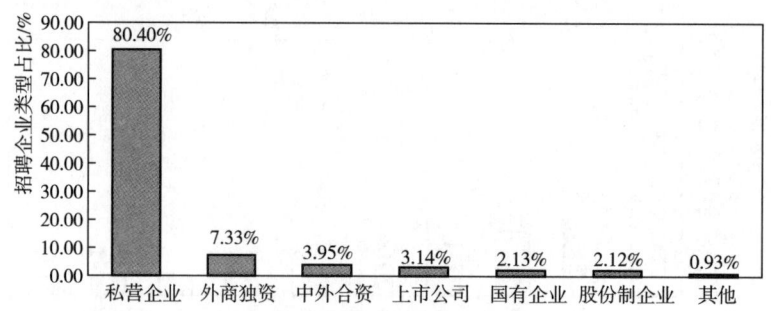

图 2-6　招聘企业类型分布

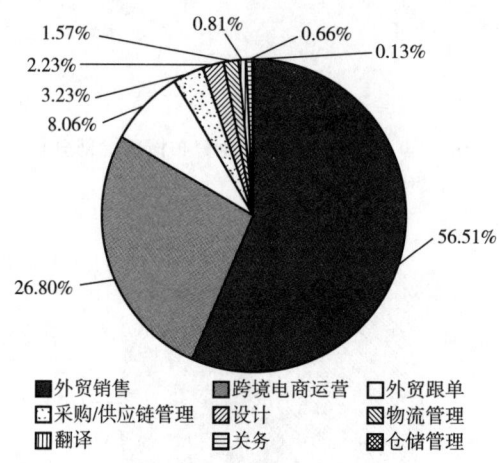

图 2-7　全国跨境电子商务人才需求分布

（6）招聘学历要求的分布情况

图 2-8 是全国跨境电子商务类岗位整体学历要求情况。从图中可以看出，目前在整个行业中，对大专的人才需求比例最高，达到 64.249%；其次为本科，比例为 26.458%；占比第三的为学历不限，其比重为 4.959%。对于硕士、MBA/EMBA 和博士等高学历人才的需求占比非常低，意味着目前跨境电商行业主要还是以培养实用型、技术技能型人才为主，更多的是强调技能和实际工作能力。但随着行业的发展，对本科及以上高学历人才的需求应该会越来越大。

（7）招聘经验要求的分布情况

图 2-9 是跨境电子商务类岗位的经验要求情况。从图中可以看出，要求经验在一年以内的占比最高，达到 32.37%；其次是经验要求在 1~3 年的，所占比例为 27.68%；要求经验在 10 年以上的占比最低，仅为 0.35%。结合课题组的调研情况，发现跨境电商行业由于工作节奏快、加班较多、要紧跟技术和各种规则的变化以及时差的原因，所以从业人员以年轻人居多，对于整体的经验要求不高，以工作业绩为导向。

（8）招聘薪资的分布情况

从图 2-10 中可以看出，在所采集到的企业招聘数据中，"采购/供应链管理"的平均薪资是所有岗位群中最高的，平均薪资为 7988 元，其次是"外贸销售"，平均薪资为 7933 元。"跨境电商运营"居中，平均薪资为 7211 元，这与课题组实际的调研情况比较接近。在所有岗位中，最低的是"外贸跟单"，平均薪资为 6109 元。

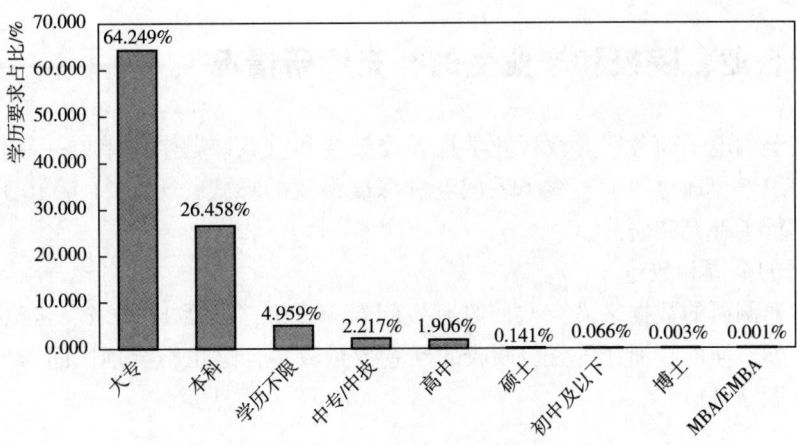

图 2-8 跨境电子商务类岗位学历要求情况

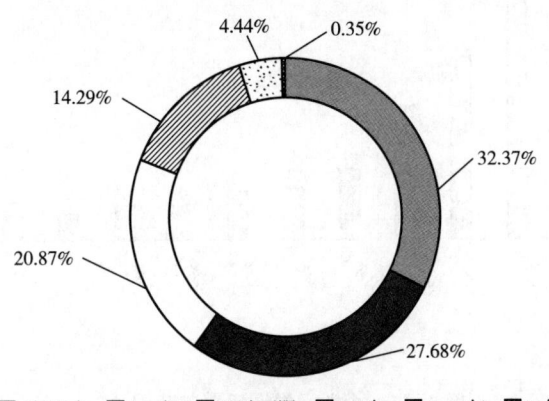

图 2-9 跨境电子商务类岗位经验要求情况

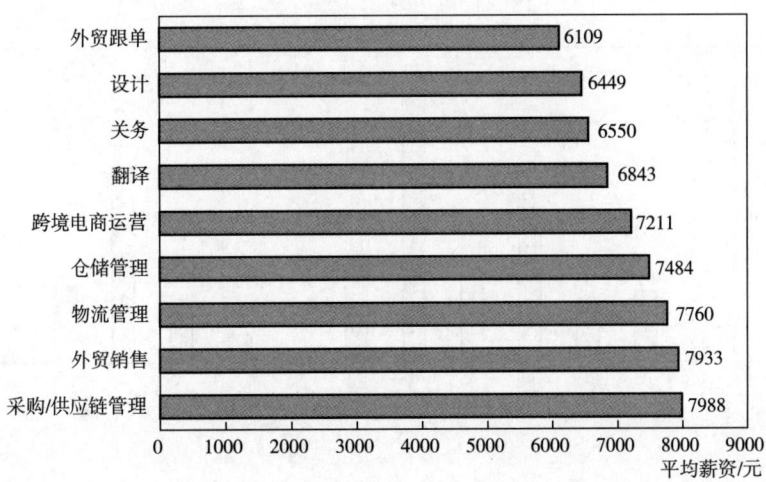

图 2-10 跨境电商岗位平均薪资分析

2.4 基于企业、院校和毕业生的补充调研情况

课题组在全国电子商务职业教育教学指导委员会和重点课题牵头单位——苏州经贸职业技术学院的组织下,通过线上、线下的问卷和深度访谈的形式,于2021年10月对企业、院校和毕业生进行了补充调研。

（1）调研的范围和数量

就企业问卷调研的数据来看,共回收有效问卷366份,囊括14个省、自治区、直辖市,其中广东、江苏、河南、浙江等省份回收的问卷数量较多,这也符合地区间跨境电子商务产业分布态势（图2-11）。

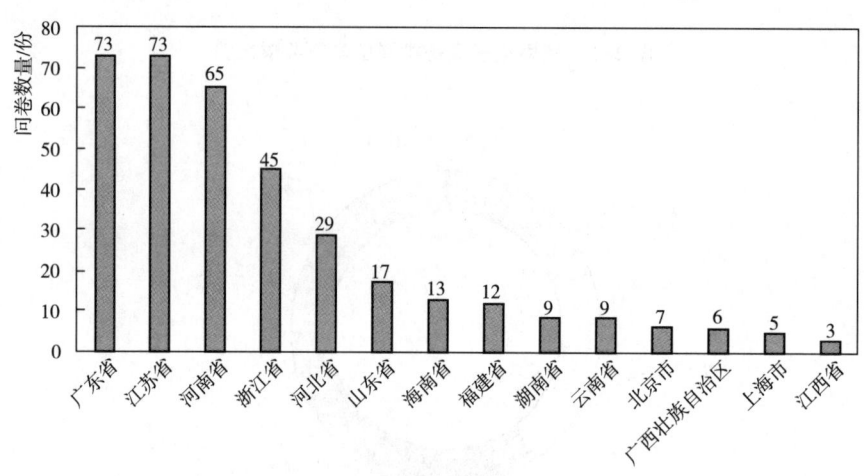

图 2-11　企业问卷调研覆盖范围

就院校问卷调研的数据来看,共回收有效问卷161份,覆盖13个省、自治区、直辖市,其中浙江省和广东省的院校开设跨境电子商务专业较为普遍,所以回收的问卷数量也较多（图2-12）。

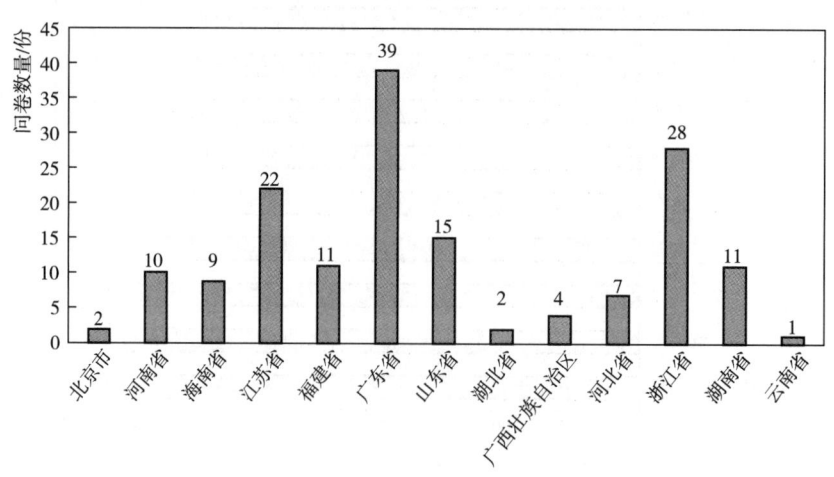

图 2-12　院校问卷调研覆盖范围

就毕业生问卷调研的数据来看，共回收有效问卷 562 份，囊括 17 个省、自治区、直辖市，根据问卷发现，在广东、江苏、浙江等省份跨境电子商务行业就业的毕业生数量较多（图 2-13）。

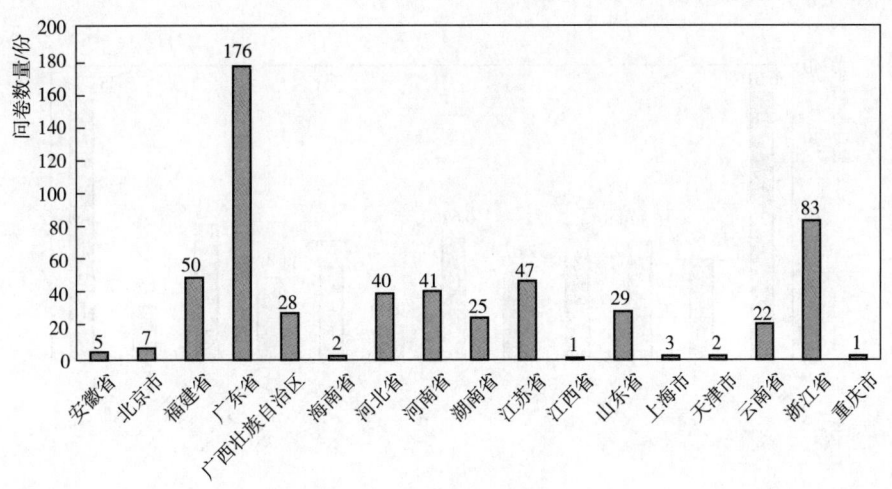

图 2-13　毕业生问卷调研覆盖范围

（2）调研的主要结论

根据对企业、院校和毕业生的补充调研，得出以下主要结论。

①开展业务主要渠道。就受访企业开展跨境电子商务业务的主要渠道来看，近半数的企业使用了亚马逊平台，其中也有近半数的企业通过阿里巴巴国际站、中国制造网等其他跨境电子商务平台开展业务，特别需要注意的是其中有 27.32% 的企业通过独立站开展跨境电子商务业务。和国内零售电商相比，虽还未形成垄断或者寡头垄断的情况，但是从分布情况看，亚马逊和速卖通还是在数量上具有较大优势（图 2-14）。

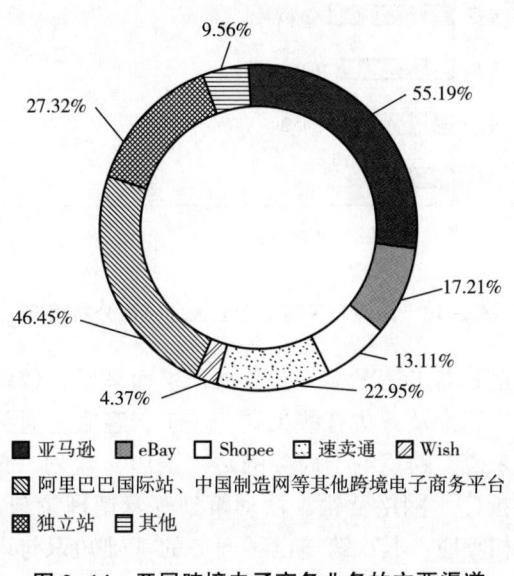

图 2-14　开展跨境电子商务业务的主要渠道

②主要产品类目分布。就企业主要涉及的产品类目分布来看，服装配饰类、家居家具类、美容美发类、消费电子类、玩具类、手表鞋包类、珠宝饰品类位居前列，其中尤其是服装配饰类和家居家具类比较突出，占比均超30%（图2-15）。

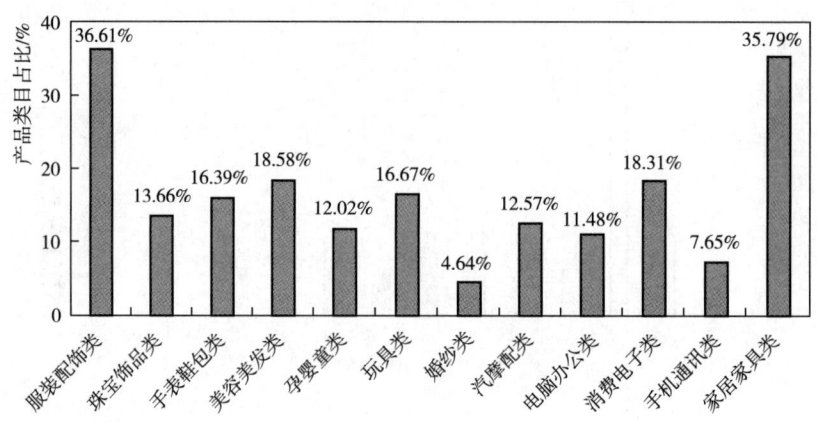

图2-15 主要产品类目分布

③人才岗位分布情况。从跨境电子商务企业人员岗位结构现有情况来看，跨境电子商务运营专员所占比重最高，其次为跨境电子商务客服专员，跨境电子商务物流仓储专员以及跨境电子商务海外推广专员等所占比重较低（图2-16）。

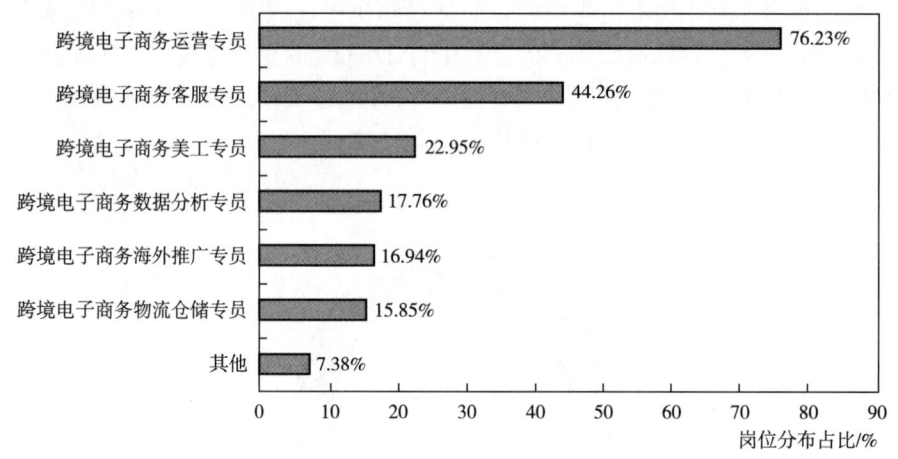

图2-16 跨境电子商务企业人才岗位分布情况

④岗位知识、能力、素养需求情况。从专业知识层面来看，较多受访企业认为目前跨境电子商务人才的运营、推广理论及方法有些欠缺，美工、客服、通关业务等方面的能力与企业的需求较为匹配。具体来说，跨境电子商务网站（网店）规划、选品、渠道等运营知识内容以及跨境电子商务品牌推广、网络营销、活动策划等营销理论与方法这两方面较为欠缺，这也与前面企业岗位需求相呼应；其次跨境电子商务的基础知识与理论和主要国家的跨境电子商务相关法律法规及政策层面也需加强（图2-17）。

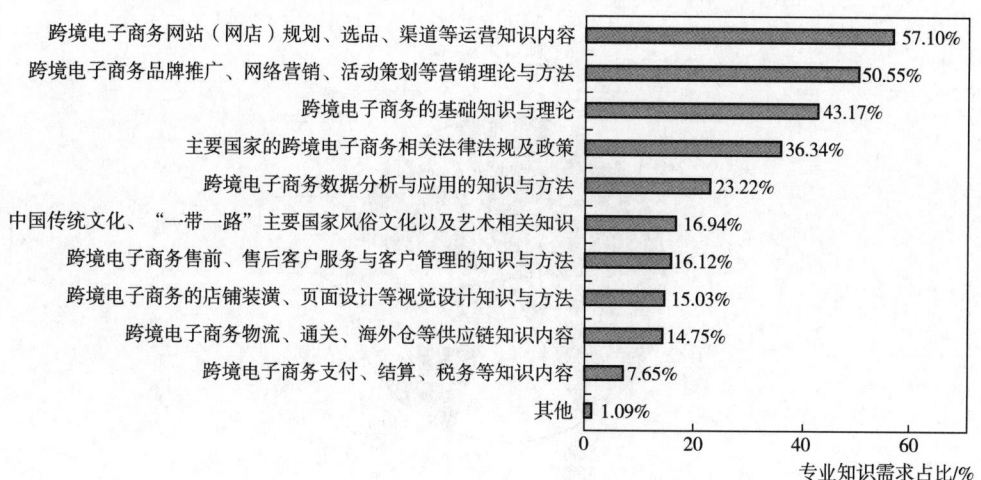

图 2-17 跨境电子商务企业人才专业知识需求情况

⑤职业能力需求情况。就职业能力层面来看，大部分企业希望跨境电子商务人才在学习能力创新创业能力以及数据采集、分析与应用能力方面进行加强；其次是加强制定商品营销方案的能力和计算机常用软件和基本网站平台的操作能力（图 2-18）。

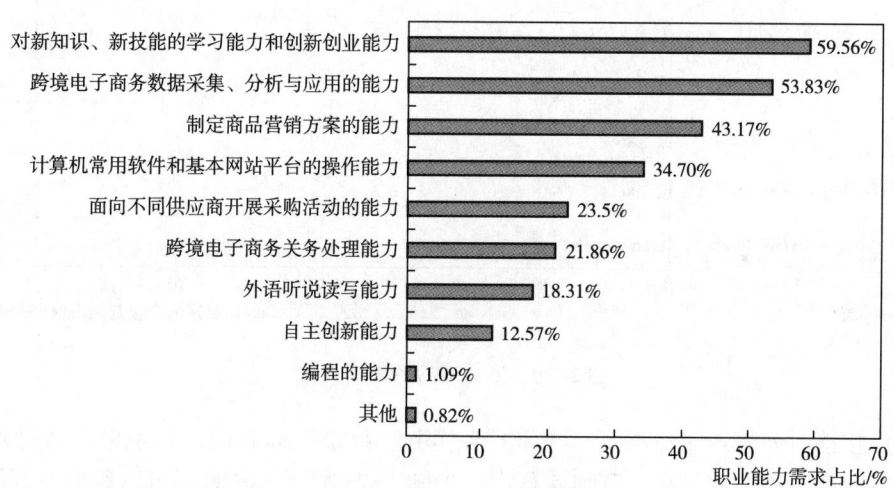

图 2-18 跨境电子商务企业人才职业能力需求情况

⑥学校区域分布与产业规模一致。从调研院校的分布来看，专科层次跨境电商人才培养主要集中在华东和华南地区，华北和西部地区参与院校较少，说明受企业人才需求影响，跨境电商人才供给与各地产业规模一致（图 2-19）。

⑦大多数院校以跨境电商运营专员为对接首岗。在专业对接的企业首岗调研中，跨境电商运营专员占比 80.75%，跨境电商客服专员占比 7.45%，跨境电商海外推广专员占比 4.97%，跨境电商美工专员占比 1.86%，跨境电商物流仓储专员占比 1.86%，跨境电商数据分析专员占比 0.62%，其他占比 2.48%。从占比来看，大部分调研院校把跨境电商运营专员作为专科层次的企业首岗（图 2-20）。

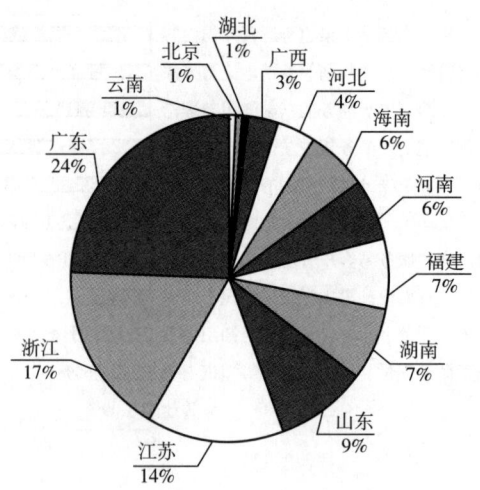

图 2-19　调研学校区域分布

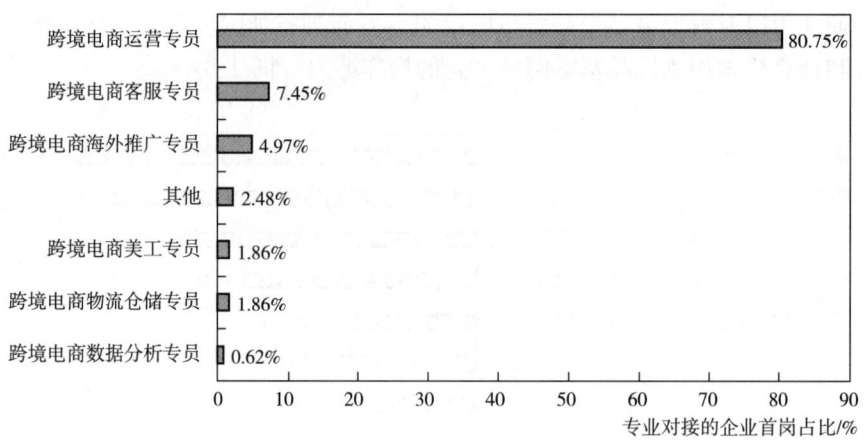

图 2-20　专业对接的首岗岗位

⑧专业技能方面培养略显不足。国际贸易实务、跨境电商基础、跨境电商店铺运营在院校开设的专业课程中占比最高，其他课程占比如图 2-21 所示。从数据可以看出，调研院校开设的专业课程的出发点主要集中在提升跨境电商运营专员岗位技能，但对跨境电商法律法规以及跨文化交流关注程度较低，开设相关课程的院校较少，说明院校更重视技能实操层面，而对专业技能素养方面的培养略显不足。

⑨专业教学中更看重的专业能力。调研院校更看重的专业能力分别是跨境电子商务网站（网店）规划、选品、渠道等运营知识内容，跨境电子商务品牌推广、网络营销、活动策划等营销理论与方法，跨境电子商务的基础知识与理论。这说明调研院校在本专业教学中更看重围绕首岗应具备的专业能力的培养，注重专业基础知识的理解和掌握（图 2-22）。

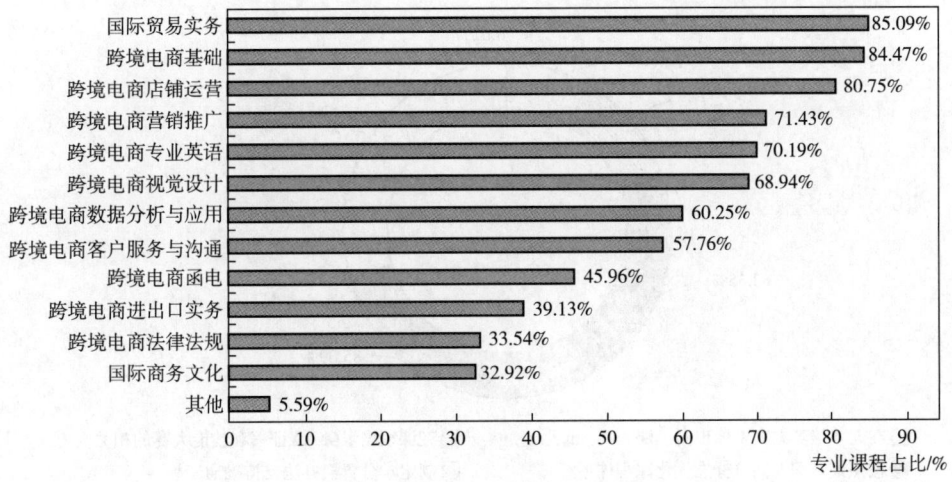

图 2-21 调研院校开设的专业课程

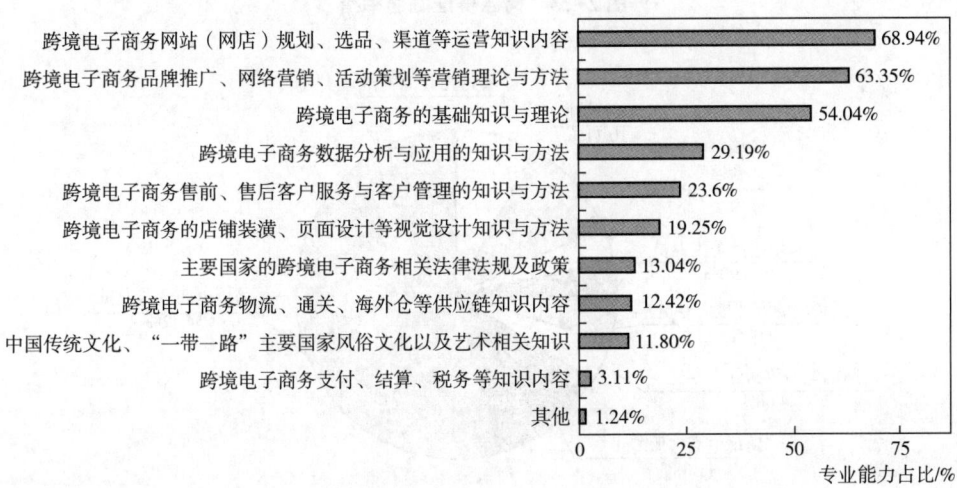

图 2-22 调研院校更看重的专业能力

⑩岗、课、赛、证融通情况。高职院校专科人才培养中为了实现岗、课、赛、证融通，主要是通过以下几个举措来实现的，如图 2-23 所示。其中 85.71% 的院校在人才培养方案中明确体现岗、课、赛、证融通，85.09% 的院校是在课程设置中融入 X 证书和技能大赛的相关内容，63.35% 的院校会根据跨境电子商务专业的最新职业岗位标准来优化课程体系，其他举措如制定学分置换办法支持融通，基于融通改变学生学业评价办法等。这说明院校为实现岗、课、赛、证融通也在不断进行探索实践。

⑪毕业生目前从事的岗位分布情况。在受访的毕业生中，有 307 人从事跨境电商运营专员，占比 54.42%。另有 11.88% 的毕业生从事跨境电商客服专员工作，自主创业的毕业生有 10.11%。此外，还有少部分毕业生从事跨境电商数据分析专员、跨境电商海外推广专员、跨境电商美工专员、跨境电商物流仓储专员等岗位，但比较分散，总体占比不高，如图 2-24 所示。而通过问卷调研的结果显示，企业对跨境电商运营专员、海外推广专员和数据分析专员需求排在前三位，说明毕业生求职岗位和企业需求略有偏差。

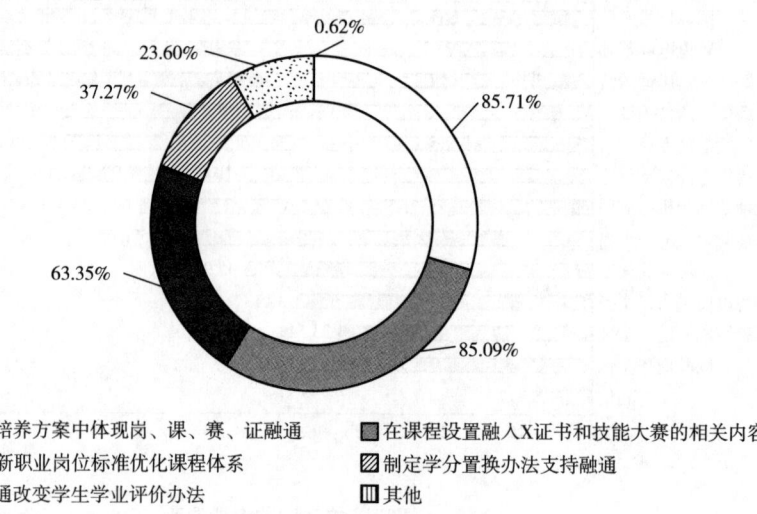

图 2-23 岗课赛证融通举措

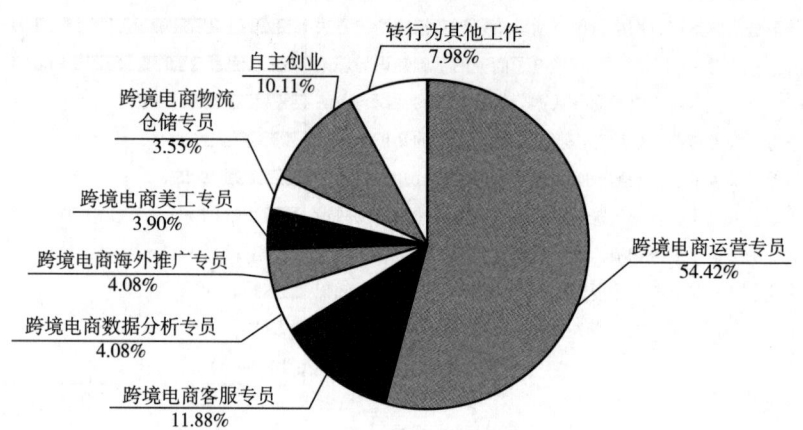

图 2-24 毕业生从事的岗位分布情况

⑫岗位能力需求情况。在对目前从事的岗位应具备最重要的三个能力的调查中,课题组发现有超过40%的毕业生认为最重要的三项能力分别是跨境电子商务网站(网店)规划、选品、渠道等运营知识内容,跨境电子商务品牌推广、网络营销、活动策划等营销理论与方法,跨境电子商务的基础知识与理论(图2-25)。

⑬学生培养应改进方面。针对在校期间的专业教学情况,毕业生认为需要改进的方面有操作技能实训较少、企业实习机会少、实训操作平台有待完善、课程开设与企业需求匹配度不高、教学内容不够紧跟前沿、理论偏多知识过深、课程形式不丰富等。其中除了操作技能实训较少和企业实习机会少的占比高于40%以外,其他几项的占比比较均衡,基本在20%~40%之间(图2-26)。

⑭毕业生工作过程中的不足。对于工作过程中有所欠缺的方面,68.09%的毕业生认为自己的外语口语和书面表达能力不足,47.34%认为自己缺乏实际操作训练,41.67%认为自己理论知识的学习不够系统,还有31.56%认为自己缺乏相应资格证(图2-27)。

第 2 章 跨境电子商务专业设立的背景及人才需求现状

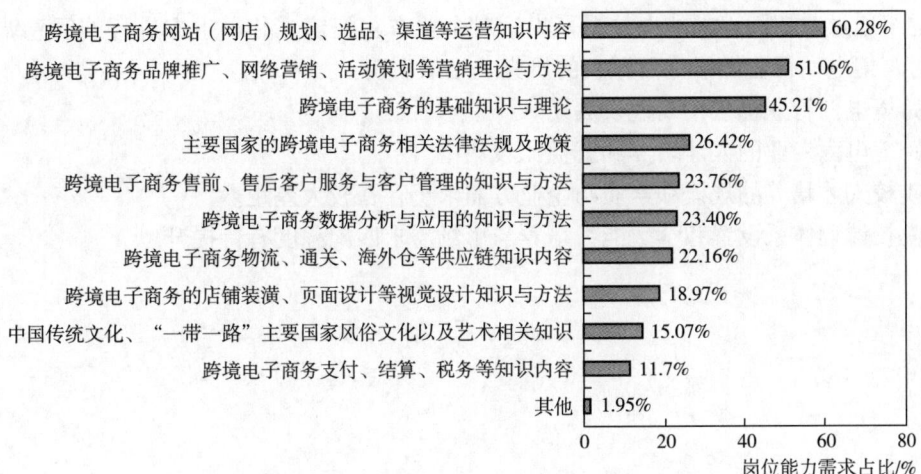

图 2-25 岗位能力需求情况

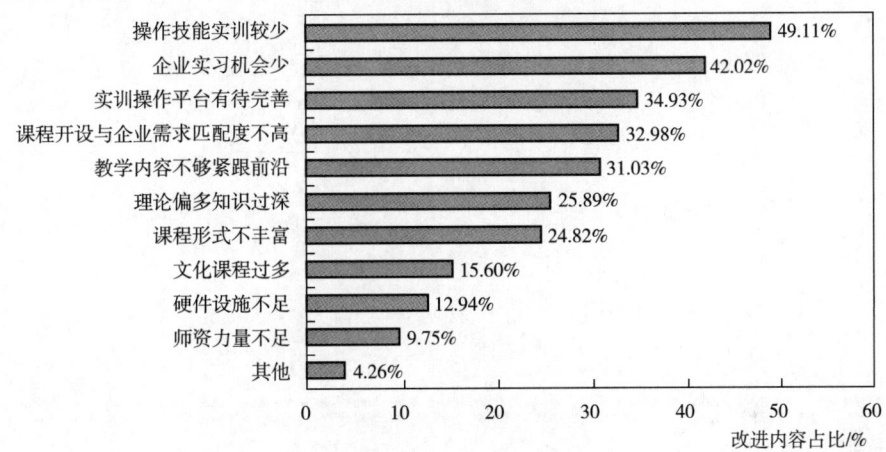

图 2-26 学生培养应改进方面

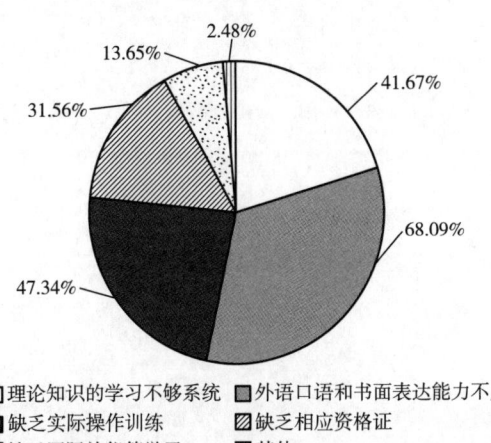

图 2-27 毕业生工作过程中的不足

课题组通过对招聘需求的大数据采集，对企业方、院校方和学生方进行的问卷调研等四个维度对跨境电商行业做了全面深入的研究。结果表明：
- 跨境电商行业仍处于高速发展期。
- 跨境电商专业的人才培养和就业比较集中。
- 院校人才培养的规模和素质与企业方需求仍存在较大差距。
- 院校课程体系设置和学生能力培养与市场需求匹配程度有待提升。

第 3 章 跨境电商的职业技能标准分析

3.1 跨境电商行业的职业技能标准概述

3.1.1 国家职业技能标准的基本框架

《中华人民共和国劳动法》第六十九条规定："国家确定职业分类，对规定的职业制定职业技能标准，实行职业资格证书制度，由经备案的考核鉴定机构负责对劳动者实施职业技能考核鉴定。"国家职业技能标准有两种类型：一种是由人力资源和社会保障部与其他部门联合制定并颁布；另一种是由人力资源和社会保障部单独制定并颁布。

国家职业技能标准充分适应生产制造、服务和新兴行业的需要，紧贴相关职业岗位技术技能水平发展，对从业人员的理论知识和技能要求提出了综合性水平规定，发挥职业技能等级认定和规范从业人员行为的基础性作用，同时也是职业培训、技能鉴定的重要依据。

国家职业技能标准规定了申报人的专业领域、受教育程度和技术能力要求，获取相关职业资格证书是用人单位进行人员录用、人才评价、岗位确定、职位晋升、薪酬待遇以及个人独立开业创业的重要依据。根据《国家职业技能标准编制技术规程（2018年版）》，国家职业技能标准主要包括职业概况、基本要求、工作要求和权重表等四个部分（图3-1）[①]。

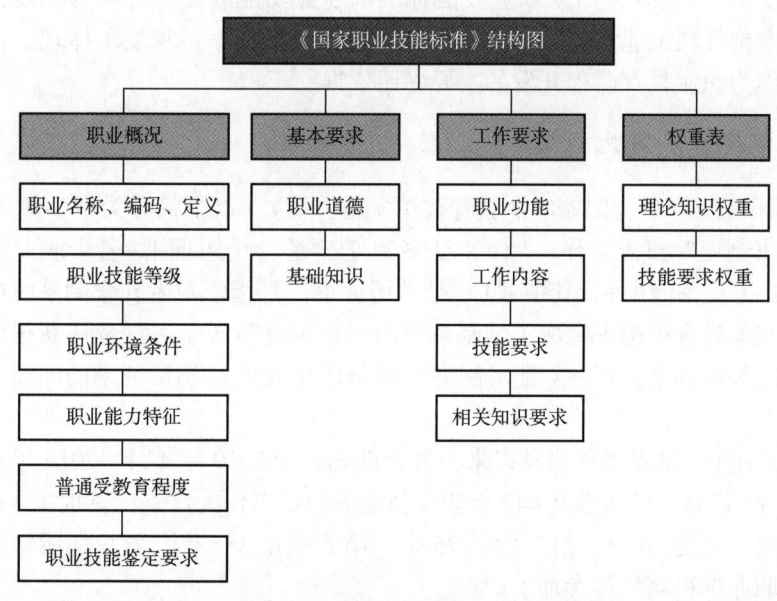

图 3-1 《国家职业技能标准》结构

---

① 《国家职业技能标准编制技术规程（2018年版）》。

"职业概况"主要规定了职业的名称、定义、等级和职业技能鉴定要求。其中职业技能鉴定要求规定了申报条件和鉴定方式，为参加职业技能等级鉴定人员提供了清晰指引。

"基本要求"列明了从事该职业所应具备的职业道德和基础知识。基础知识是指从业人员应掌握的通用基本理论知识、安全知识、法律法规和环境保护知识等。以电子商务师职业技能标准为例，考取技能等级证书必须掌握网络应用基础、电子商务基本概念、网络营销基础、商品基础、物流基础、数据分析基础和相关法律、法规基础知识等贯串于整个职业活动的核心基础知识。

"工作要求"是职业技能标准的核心内容。工作要求以职业活动为依据进行分析和细化，尽可能详细描述职业具体工作所应具备的相关知识和技能要求。主要包括职业功能、工作内容、技能要求、相关知识要求等。职业功能是从业人员所要实现的工作目标或活动的主要方面，是可就业的最小技能单元。工作内容是职业功能的细分，可以描述成完整的工作过程，或者是一个工作单元、一项服务、一个结果等。技能要求是针对工作内容而言，完成该项工作需要具备哪些能力。相关知识要求是完成工作内容需要掌握的背景知识、理论原则、分析方法及管理策略等知识点。

"权重表"是根据理论知识和技能要求的重要性程度，对不同等级分别赋予相应的比重。

国家职业技能标准的制定有着严密的规程，每个标准均须经过立项、开发、审定、颁布共4个阶段13个环节的工作流程，以确保标准编制质量。因此，国家职业技能标准在整个国家职业资格体系中起着导向性作用，在职业教育、职业培训、鉴定考核、技能竞赛等活动中占有重要地位。

国家职业技能标准是基于职业活动和职业能力构建的国家标准体系，通过工作内容分析方法，描述了胜任各种职业、各种等级所需的知识和技能，反映了当前职业对从业人员能力水平的规范性要求[①]。此外，国家职业技能标准以职业功能、工作过程为主线，体现劳动者的职业能力，准确反映了职业的实际工作和操作规范，且在一定程度上体现了模块化和层次化的特点，可作为职业教育课程开发的主要参照依据。

3.1.2 X证书标准的基本框架

2019年，国务院印发《国家职业教育改革实施方案》（以下简称为《实施方案》），提出启动"1+X证书制度"试点工作。"1+X证书制度"是"学历证书+若干职业技能等级证书制度"（简称1+X证书制度），其中"1"是学历证书，是指学习者在学制系统内实施学历教育的学校或者其他教育机构中完成了学制系统内一定教育阶段学习任务后获得的文凭；"X"为若干职业技能等级证书。"1+X证书制度"就是学生在获得学历证书的同时，取得多类职业技能等级证书。

"1+X证书制度"试点工作启动以来，教育部先后于2019年4月、2019年9月、2020年1月和2020年12月公布了四批共447个职业技能等级证书作为试点。首批职业技能等级证书试点共6个，第二批是10个，第三批是76个，第四批是355个。教育部所辖各类职业院校和应用本科、职业本科高校等参加了试点。

"1+X证书制度"设计强化了职业教育的类型属性，充分彰显了职业教育的跨界特征，

---

① 张福堂. 专业教学标准与国家职业标准对接分析 [J]. 职教通讯，2012 (34)：23-26.

第3章 跨境电商的职业技能标准分析

强调技术知识的基本特点和产教融合的技能形成过程。《实施方案》"鼓励职业院校学生在获得学历证书的同时，积极取得多类职业技能等级证书"，对职业技能等级证书的性质和作用做了描述，规定其"反映职业活动和个人职业生涯发展所需要的综合能力"，是个人"职业技能水平的凭证"。在管理权限方面，提出由人力资源和社会保障部、教育行政部门在各自职责范围内，分别负责管理监督考核院校外、院校内职业技能等级证书的实施（技工院校内由人力资源和社会保障部负责）；在标准建设方面，提出由人力资源和社会保障部负责制定职业标准，教育行政部门依照职业标准牵头组织开发教学等相关标准。为了使"X证书"能够对接日后的国家资历框架，《实施方案》提出各类职业技能等级证书具有同等效力，持证人员享受同等待遇。

3.1.3 相关标准之间的关系

人力资源和社会保障部备案的职业技能等级证书的核心标准是国家职业技能标准，教育行政部门试点的职业技能等级证书的核心标准是职业技能等级标准，而这两种证书的核心标准又均与专业教学标准紧密联系。

（1）国家职业技能标准与教学标准之间的联系

第一，两种标准各自独立运行，服务于不同的主体制度（即劳动制度和教育制度）；第二，存在目标指向和开发路径的一致性，具有协同关系；第三，存在适用对象上的区别性和连续性；第四，存在内容上的反映与被反映的关系（即国家职业技能标准是各类职业教育专业教学标准的起点要求和基础，国家职业技能标准也为职业教育和培训提供更科学的人才培养规格和评价标准）以及互动关系（国家职业技能标准的更新影响专业教学标准的内容制定，专业教学标准的内容完善对国家职业技能标准的升级具有推动作用）[①]。

（2）专业教学标准和职业技能等级标准之间的联系

第一，职业技能等级标准与专业教学标准一样，均是服务于学生专业能力建设的；第二，职业技能等级标准应该是对学校专业教学标准的深化、拓展，以促进学校教学与企业实践的精准对接；第三，职业技能等级标准不必像专业教学标准那样包罗万象、考虑周到，培训评价组织在制定职业技能等级标准时应重点突出特色；第四，从时间上看，专业教学标准先于职业技能等级标准，且专业教学标准已经形成体系，要求职业技能等级标准对接专业教学标准是可行的。

（3）国家职业技能标准和职业技能等级标准之间的联系与区别

国家职业技能标准与职业技能等级标准分别由人力资源和社会保障部和教育行政部门主管，虽然名称上有些相似，但在生成逻辑、制定主体、适用范围等方面有所区别（表3-1）。

表3-1 两种职业技能标准的区别

维度标准	国家职业技能标准	职业技能等级标准
主管部门	人力资源和社会保障部	教育行政部门
制定主体	人力资源和社会保障部及其他相关行政部门	培训评价组织
面向对象	企业职工、社会人员、职业院校（技工院校）应届毕业生	院校内学生及有需要的社会人员

---

① 许远. 基于两类职业技能等级证书的相关标准关系和对接研究[J]. 教育与职业，2021（11）：20-27.

续表

维度标准	国家职业技能标准	职业技能等级标准
适用范围	适用于现行《中华人民共和国职业分类大典》中所列的职业、各类新职业、复合型职业等	适用但不限于"1+X证书制度"试点工作中实施的职业技能等级证书所对应的专业
内容框架	包含职业概况、基本要求、工作要求、权重表	范围、规范性引用文件、术语和定义、适用院校专业、面向职业岗位（群）、职业技能要求等
本质特征	工作任务要求；操作性和实践性强	职业技能要求；专业性和迁移性强
数量	已颁布1200多个，其中2018年后颁布的新职业技能标准有270多个	447个
作用/待遇	技能人才鉴定评价；技能津贴；积分入户等	是从业人员从事职业活动，接受职业教育培训和职业技能鉴定以及用人单位录用和使用人才的基本依据

从上表可以看出，人力资源和社会保障部制定的职业技能标准以工作业绩为重点，更多体现的是职业性，制度渊源是国家职业资格证书制度和职业技能鉴定制度。教育行政部门制定的职业技能等级标准以技能要求为重点，体现的是教育性，制度渊源是"学历证书+职业资格证书"的双证书制度①。但有的专家学者也认为，"X证书"与国家职业资格证书的概念不同，口径不同，划分的等级层次也有不同，所以1+X证书不是双证书制度的延续，也不是双证书制度的"升级版"②。

3.2 跨境电子商务专业涉及的职业技能标准分析

目前来看，我国存在两类职业技能等级标准。一类是国家职业资格证书制度中为职业资格证书颁发提供基准的职业技能标准，由人力资源和社会保障部负责组织开发，之前服务于所有职业院校和院校外机构，而当前主要服务于技工院校和院校外职业技能等级证书的实施；另一类是《国家职业教育改革实施方案》提出的"职业技能等级证书"涉及的职业技能等级标准，由教育行政部门负责组织开发，主要服务于院校内职业技能等级证书的实施。《实施方案》明确指出，"各类职业技能等级证书具有同等效力"。

3.2.1 《电子商务师国家职业技能标准》

根据《中华人民共和国劳动法》，为适应经济社会发展和科技进步的客观需要，立足培育工匠精神和精益求精的敬业风气，人力资源和社会保障部组织有关专家，制定了《电子商务师国家职业技能标准（2022年版）》（以下简称《标准》）。《标准》以《中华人民共和国职业分类大典（2015年版）》为依据，严格按照《国家职业技能标准编制技术规程（2018年版）》有关要求，以"职业活动为导向、职业技能为核心"为指导思想，对电子商务师从业人员的

---

① 许远. 基于两类职业技能等级证书的相关标准关系和对接研究[J]. 教育与职业，2021（11）：20-27.
② 孙善学. 对1+X证书制度的几点认识[J]. 中国职业技术教育，2019（07）：72-76.

职业活动内容进行了细致描述，对各等级从业者的技能水平和理论知识水平进行了明确规定。

《标准》包含网商和跨境电子商务师两个工种。涉及岗位主要包括：①企业网络营销业务（代表性岗位：网络营销人员），主要是利用网站为企业开拓网上业务、网络品牌管理、客户服务等工作；②网上国际贸易（代表性岗位：外贸电子商务人员），利用网络平台开发国际市场，进行国际贸易；③新型网络服务商的内容服务（代表性岗位：网站运营人员/主管），包括频道规划、信息管理、频道推广、客户管理等；④电子商务支持系统的推广（代表性岗位：网站推广人员），负责销售电子商务系统和提供电子商务支持服务、客户管理等；⑤电子商务创业，借助电子商务这个平台，利用虚拟市场提供产品和服务。

通过考试，获得证书，可以获得相应待遇。在《人力资源社会保障部关于进一步加强高技能人才与专业技术人才职业发展贯通的实施意见》中明确：①具备高级工以上职业资格或职业技能等级的技能人才，均可参加职称评审，不将学历、论文、外语、计算机等作为高技能人才参加职称评审的限制性条件。按照国家有关规定取得高级工职业资格或职业技能等级后从事技术技能工作满2年，可申报评审相应专业助理级职称；取得技师职业资格或职业技能等级后从事技术技能工作满3年，可申报评审相应专业中级职称；取得高级技师职业资格或职业技能等级后从事技术技能工作满4年，可申报评审相应专业副高级职称。②探索建立企业内部技能岗位等级与管理、技术岗位序列相互比照，专业技术岗位、经营管理岗位、技能岗位互相衔接机制。各类企业对在聘的高级工、技师、高级技师在学习进修、岗位聘任、职务职级晋升、评优评奖、科研项目申报等方面，比照相应层级专业技术人员享受同等待遇。

《标准》的技能要求和相关知识要求依次递进，高级别涵盖低级别要求（表3-2）。

表3-2 电子商务师（跨境电子商务师工种）分层工作要求

等级	职业功能	工作内容
五级/初级工	产品及服务信息管理	①文字资料采编 ②图片拍摄与处理 ③视频拍摄与处理
	线上店铺设计与装修	①跨境电商网店信息设置 ②跨境电商商品发布
	业务处理	①跨境电商订单基础操作 ②跨境电商商品发货处理
	商务数据分析	①电子商务数据获取 ②电子商务数据整理
四级/中级工	产品及服务信息管理	①文字资料采编 ②图片拍摄与处理 ③视频拍摄与处理
	线上店铺设计与装修	①跨境电商网店首页设计与制作 ②跨境电商商品详情页设计与制作 ③营销活动页设计与制作 ④跨文化装修元素的制作
	营销推广	①店铺与产品推广 ②跨境电商平台活动实施

续表

等级	职业功能	工作内容
四级/中级工	业务处理	①网店账户维护 ②跨境电商选品 ③日常订单处理 ④国际物流选择
	客户服务	①售前咨询交流 ②售后问题处理 ③网店 FAQ（Frequently Asked Questions，问答系统）设置
	商务数据分析	①电子商务数据采集 ②电子商务数据清洗
三级/高级工	产品及服务信息管理	①产品及服务品类信息管理 ②产品及服务组合信息管理 ③产品及服务的价格信息管理
	线上店铺设计与装修	①跨境电商店铺整体风格设计 ②跨境电商店铺布局设计与优化 ③跨文化装修元素设计
	营销推广	①国际搜索引擎推广 ②海外社交媒体推广 ③跨境电商直播推广
	业务处理	①跨境交易促成 ②跨境电商店铺交易管理 ③跨境物流管理 ④跨境电商综合服务
	客户服务	①售后纠纷与投诉处理 ②跨境客户关系管理
	商务数据分析	①电子商务数据加载 ②电子商务数据报表设计制作 ③电子商务数据统计分析
二级/技师	产品及服务信息管理	①产品及服务品类规划 ②产品及服务组合优化
	营销推广	①跨境电商营销策略制定 ②跨境营销实施方案制定 ③跨境全网营销实施管理
	业务处理	①跨境电商运营策略制定 ②跨境电商运营框架设计 ③跨境电商履约管理

续表

等级	职业功能	工作内容
二级/技师	商务数据分析	①电子商务数据分析 ②电子商务数据应用
	技术管理与培训	①人员管理 ②人员培训
一级/高级技师	电子商务战略规划	①行业分析 ②竞争对手分析 ③企业电子商务战略分析
	电子商务模式设计	①电子商务模式分析 ②电子商务模式确定
	商务数据分析	①经营数据分析 ②财务数据分析
	技术管理与培训	①人员管理规划 ②人员培训规划

从《标准》可以看出：

①随着技能等级的提升，同一职业功能工作要求的知识和技能要求的难度和复杂程度逐渐增加。以职业功能"产品及服务信息管理"为例，五级/初级工的知识和技能要求一般为"整理文字信息""使用器材进行图片/视频拍摄""使用工具进行图片/视频处理"。到了三级/高级工阶段，要求是"根据品类规划设置/调整信息""根据组合规划设置/修改信息""进行成本计算、价格调整"。而到了二级/技师阶段，要求是"规划方案""筛选""优化"等。

②对知识和技能要求的权重（表3-3、表3-4），体现不同的技能等级的差异。较低等级的知识和技能主要集中在基础知识、基础技能（包括线上店铺设计装修、业务处理等），高级别的知识和技能主要集中在规划、设计、营销推广、业务处理等能力。四级/中级工和三级/高级工所涉及的知识和技能的覆盖面最广，说明这两个级别是目前技能人员的主体部分，再往上晋升到技师级别会有较大的难度。

表3-3 电子商务师（跨境电子商务师工种）理论知识权重　　　　　　单位：%

项目	技能等级	五级/初级工	四级/中级工	三级/高级工	二级/技师	一级/高级技师
基本要求	职业道德	5	5	5	5	5
	基础知识	30	25	20	5	5
相关知识要求	产品及服务信息管理	10	10	10	10	—
	线上店铺设计装修	20	15	10	—	—
	营销推广	—	10	15	20	—
	业务处理	20	15	15	20	—

续表

项目技能等级		五级/初级工	四级/中级工	三级/高级工	二级/技师	一级/高级技师
相关知识要求	客户服务	—	10	15	—	—
	商务数据分析	15	10	10	20	20
	电子商务战略规划	—	—	—	—	25
	电子商务模式设计	—	—	—	—	25
	技术管理与培训	—	—	—	20	20
	合计	100	100	100	100	100

表3-4 电子商务师（跨境电子商务师工种）技能要求权重　　　　单位：%

项目技能等级		五级/初级工	四级/中级工	三级/高级工	二级/技师	一级/高级技师
技能要求	产品及服务信息管理	20	20	15	15	—
	线上店铺设计装修	35	15	10	—	—
	营销推广	—	15	25	20	—
	业务处理	30	20	20	20	—
	客户服务	—	15	15	—	—
	商务数据分析	15	15	15	25	25
	电子商务战略规划	—	—	—	—	25
	电子商务模式设计	—	—	—	—	25
	技术管理与培训	—	—	—	20	25
	合计	100	100	100	100	100

③《标准》所列明的理论知识和技能要求可作为人才培养的参考，但不能直接用于教学。职业标准中的工作内容是按照工作种类、工作流程或工作对象来进行划分，体现完成职业功能所应做的工作。技能要求是完成每项工作内容应达到的结果或应具备的能力，是工作内容的细分。相关的知识要求是达到每项技能要求必备的知识。这些内容具有较高的可操作性，对从业人员完成本职业具体工作所应具备的技能要求和相关知识要求的描述，是最小技能单元，适用于培训和鉴定评价。职业教育的课程与知识技能要体现完整性、系统性和关联性，因此，《标准》可作为职业导向和基础，但不适宜直接照搬。

3.2.2　跨境电子商务专业适用的职业技能等级标准（1+X证书）

教育部先后公布了四批447个职业技能等级证书作为试点，各类职业院校和应用本科、职业本科高校等参加了试点。适用于跨境电子商务专业的职业技能等级证书主要有以下几种（表3-5）。

表 3-5　跨境电子商务专业适用的职业技能等级证书

序号	批次	职业技能等级证书名称	评价组织
1	三	跨境电商 B2B 数据运营职业技能等级证书	阿里巴巴（中国）教育科技有限公司
2	四	跨境电商 B2C 数据运营职业技能等级证书	阿里巴巴（中国）网络技术有限公司
3	四	跨境电子商务多平台运营职业技能等级证书	厦门优优汇联信息科技有限公司
4	四	跨境电商海外营销职业技能等级证书	北京中清研信息技术研究院有限公司
5	二	电子商务数据分析职业技能等级证书	北京博导前程信息技术股份有限公司
6	二	网店运营推广职业技能等级证书	北京鸿科经纬科技有限公司

注：依据证书的专业相关性排序。

下面以"跨境电商 B2B 数据运营职业技能等级证书""跨境电商 B2C 数据运营职业技能等级证书""跨境电子商务多平台运营职业技能等级证书"和"跨境电商海外营销职业技能等级证书"这四个证书为例，分析技能要求（表 3-6）。

表 3-6　跨境电子商务专业适用的四个职业技能等级证书

证书名称	面向岗位群	职业技能要求	等级	工作领域
跨境电商 B2B 数据运营职业技能等级证书	主要面向跨境电子商务应用和服务企业，涉及工作岗位（群）包括跨境电商平台运营（如跨境电商平台运营店长、运营专员等）、跨境电商全网营销（如跨境电商 SEO——Search Engine Optimization 搜索引擎优化营销专员、SEM——Search Engine Marketing 搜索引擎营销专员、SNS——Social Networking Services 社会性网络服务营销专员等）和跨境电商销售（如跨境电商业务员、跟单员等）等	根据店铺和官方网站的规划，完成跨境电商店铺基础设计、跨境电商平台基础运营工作任务，根据线上跨境交易业务需要，完成跨境交易跟单工作任务	初级	①跨境电商店铺基础设计 ②跨境电商平台基础运营 ③跨境交易跟单
		除具备完成初级岗位工作任务的能力以外，主要完成跨境电商平台店铺运营、跨境交易履约、海外社交媒体营销等工作任务	中级	①跨境电商平台店铺运营 ②跨境交易履约 ③海外社交媒体营销
		除具备完成中级岗位工作任务的能力以外，主要完成跨境电商平台运营与营销、跨境电商全网营销、跨境交易客户管理等工作任务，达成数据经营目标	高级	①跨境电商平台运营与营销 ②跨境电商全网营销 ③跨境交易客户管理
跨境电商 B2C 数据运营职业技能等级证书	主要面向跨境电子商务 B2C 应用和服务企业，涉及工作岗位（群）包括跨境电商运营（如助理、专员和店长等）、跨境电商数据分析（如助理、专员和专家等）和跨境电商数字营销（如助理、专员和专家等）等	根据店铺发展目标，主要完成产品数据采集与整理、产品数据化运营和客户数据化维护等工作	初级	①产品数据采集与整理 ②产品数据化运营 ③客户数据化维护
		除具备完成初级岗位所有工作任务的能力以外，主要完成店铺数据采集与分析、店铺数据化运营和海外流量数据化推广等工作	中级	①店铺数据采集与分析 ②店铺数据化运营 ③海外流量数据化推广

续表

证书名称	面向岗位群	职业技能要求	等级	工作领域
跨境电商B2C数据运营职业技能等级证书	主要面向跨境电子商务B2C应用和服务企业，涉及工作岗位（群）包括跨境电商运营（如助理、专员和店长等）、跨境电商数据分析（如助理、专员和专家等）和跨境电商数字营销（如助理、专员和专家等）等	除具备完成中级岗位所有工作任务的能力以外，主要完成数据运营策略制定、数字营销管理和线上交易数据化管理等工作，逐步推进品牌营销	高级	①数据运营策略制定 ②数字营销管理 ③线上交易数据化管理
跨境电子商务多平台运营职业技能等级证书	●初级主要面向跨境电子商务平台运营助理、选品助理、视觉设计助理、跨境物流助理、客服专员等岗位（群） ●中级主要面向跨境电子商务平台运营专员、选品专员、站外推广专员、数据分析专员、客服主管等岗位（群） ●高级主要面向跨境电子商务平台运营主管、产品经理、站外推广主管、数据分析主管等岗位（群）	完成店铺注册与设置、店铺安全维护、店铺物流设置、产品标题撰写、类目分析与设置、产品页面制作、订单处理与报关报检、咨询回复与产品推荐、订单跟踪与反馈、退换货与评价处理等工作任务，具备店铺设置与维护、产品上架、客户服务能力	初级	①跨境电商店铺设置与维护 ②跨境电商产品上架 ③跨境电商客户服务
		完成产品数据指标采集分析及链接优化、数据化选品、产品链接优化、店铺活动策划、活动方案执行、站内推广执行、站外推广执行、客户信息收集与管理、客户服务信息分析、客户服务异议问题处理、客户服务质量优化等工作任务，具备数据采集分析、营销推广执行、客户管理能力	中级	①跨境电商运营数据采集分析 ②跨境电商店铺活动策划与执行 ③跨境电商营销推广执行 ④跨境电商客户服务管理
		完成店铺定位、产品线规划与选品、利润分析、店铺健康与业绩数据指标值制定、店铺健康与业绩数据诊断、海外客户画像分析、店铺活动方案分析与优化、店铺推广方案分析与优化、营销项目管理等工作任务，具备产品分析与布局、运营数据分析与诊断、店铺营销策划能力	高级	①跨境电商产品分析与布局 ②跨境电商运营数据分析与诊断 ③跨境店铺营销策划与推广

续表

证书名称	面向岗位群	职业技能要求	等级	工作领域
跨境电商海外营销职业技能等级证书	主要面向开展跨境业务、提供跨境电商上下游服务的企业，从事跨境运营、跨境营销推广、跨境销售、跨境客服（初级）、跨境营销策划（高级）等岗位	具备跨境独立站站内运营、营销和视觉方面的基础操作技能；具备海外搜索引擎优化、广告投放等基础操作技能；具备跨境贸易通关、结汇、退税的基础操作能力	初级	①跨境独立站营销基础操作 ②海外搜索营销基础操作 ③跨境贸易通关与结汇
		具备跨境营销调研、站内营销推广、搜索引擎营销、社交媒体营销、展示广告与视频营销、邮件营销的执行能力和海外营销法律风险识别等能力	中级	①跨境独立站营销 ②海外搜索营销 ③海外社交媒体营销 ④展示广告投放与视频营销 ⑤邮件营销 ⑥跨境电商海外营销合规管控
		具备跨境营销市场分析、跨境营销方案策划与执行、跨境独立站营销策略制定与效果分析、搜索引擎优化策略制定与效果分析、搜索广告投放与效果分析、社交媒体策略制定与执行、国际商务争议解决、数字环境下隐私保护和跨境营销项目管理等能力	高级	①跨境营销市场分析 ②跨境独立站营销策略制定与效果分析 ③海外搜索营销 ④海外社交媒体营销 ⑤国际商务纠纷处理与隐私权保护

3.2.3 两类职业技能等级标准的区别

通过前文对国家职业技能标准和职业技能等级标准的对比分析可以看出：

①两种标准的范围不同。国家职业技能标准面向劳动力市场的在职人员、拟就业人员及相关专业应届毕业生，工作要求所标明的知识和技能内容基本覆盖了跨境电商行业的全产业链条，充分体现行业的职业特征。职业技能等级标准是"1+X 证书"制度的体现，更多体现的是对应专业某部分内容的深化，相对范围较窄。因此，职业技能等级标准可以看作是国家职业技能标准的补充和拓展。

②证书等级结构及所取得的证书称谓不同。国家职业技能标准沿用了水平评价类职业资格证书的五级结构（初级工、中级工、高级工、技师、高级技师），企业可根据实际，向下补充学徒工、向上增设特级技师和首席技师，形成新的"八级工"制度。职业技能等级标准设立了三级层次（初级、中级、高级），一般情况下，中职层次对应初、中级；高职层次对应中、高级；本科层次对应高级。对通过国家职业技能考试的人员颁发相应的职业资格证书，"职业名称"通常以"师"结尾，例如，"电子商务师"。对通过职业技能等级考试的人员同样颁发职业技能等级证书，按照《职业技能等级标准开发指南（试行）》说明，证书不宜按"师""工""员"等结尾的职业岗位命名，也不宜直接使用专业名称

命名。

3.3 从职业能力标准到职业课程的转化

如前所述,国家职业技能标准是以职业性为逻辑起点,工作要求为等级划分依据,采用职业功能分析法,突出对客观工作任务的要求;职业技能等级标准以专业性为逻辑起点,以职业技能为划分依据,采用工作任务分析法,重点在于对职业技能的要求。但两者并没有充分体现对个人综合能力的培养,一些职业能力条目缺乏对能力的深度分析与描述,对职业素养、态度和价值观没有一体化体现①。因此,有必要对职业能力的内涵及课程转化进行阐述。

3.3.1 职业能力的含义

有关职业能力的含义,目前也有不同的观点。学者匡瑛(2010)对职业能力进行了横向和纵向的分析,她认为获得特定职业活动所需的职业能力是任何时期、任何国家、任何院校职业教育的核心目标。通过对职业能力内涵的纵向发展和横向比较,得出的结果为:职业能力应包括知识维度、技能维度、态度维度、情境维度等,而且从行为表现性的维度拓展到默会的、潜能的维度,从聚焦于职业岗位本身扩展为职业群,甚至生活领域的相关能力。②谢莉花、余小娟(2020)认为职业标准是健全现代职业教育体系、实现职业教育纵向贯通和横向融通、链接职业人才需求、培养与评价三大体系、保证职业教育人才培养质量与结构、实现产教融合的重要基础,也是解决当前"1+X 证书"制度的核心问题的关键。更进一步地说,"能力"一词通常与"资格"挂钩,意味着从事某种活动所具备的条件、身份;或是由所从事某种活动或工作时间的长短所形成的身份。也可以认为,能力是以相应的标准或是某一具体活动的实际要求为参照,表征从事该活动的个人是否具有完成完整活动的条件,这种条件是个体在参与和实施该活动时综合素质的体现。③

3.3.2 职业能力的分析模型

(1)基于国家职业技能标准衍生的分层化职业能力

1998年,劳动部"国家技能振兴战略"课题组在其主报告中提出了"国家职业技能标准体系分层"的设想,按照适用范围,将职业技能分为职业特定技能、行业通用技能和核心技能三个层次。学者刘永澎(2003)认为在行业通用技能和核心技能之间应再加上一个层次——跨行业职业技能,构成四层职业能力,即职业特定技能、行业通用技能、跨行业职业技能和核心技能④。这四层职业能力之间可以相互迁移,既包含从长远考虑的个性发展所需的一般素质和能力,也包含指向近期的职业流动的职业能力(表3-7)。

---

① 谢莉花,吴扬. 我国职业技能等级标准开发的内容比较与特征分析[J]. 职业技术教育,2021,42(16):21-29.
② 匡瑛. 究竟什么是职业能力——基于比较分析的角度[J]. 江苏高教,2010(01):131-136.
③ 谢莉花,余小娟. 现代职业教育体系建设背景下的职业能力标准:内涵、价值与路向[J]. 高等职业教育探索,2020,19(06):1-8.
④ 刘永澎. 分层化的国家职业标准体系什么样[J]. 职业,2003(10):40-42.

表 3-7 国家职业能力分层设想

类型	基本含义
职业特定技能	强调知识和技能的"专"与"精";从业人员达到技能标准后,能胜任某一专门职业或工种下面一个或数个具体岗位的工作
行业通用技能	即在一个行业内通用的技能,比职业特定技能范围要宽,面向一个工种或职业
跨行业职业技能	指不同行业共同需要的职业技能,比行业通用技能的覆盖面要宽,适用于不同行业
核心技能	是各行各业的从业人员在工作和生活中普遍需要,对其求职和职业生涯的成功具有关键作用的技能

学者周大农等(2008)认为以职业标准为导向,构建四层次一体化的职业能力框架、精心设计学生的知识、能力、素质结构,并构建相应的课程体系,不仅注重对职业岗位所需的职业特定能力的培养,同时关注对学生行业通用能力、核心能力及跨行业职业能力的培养,这样才能使对学生综合职业能力的培养落到实处(图 3-2)。

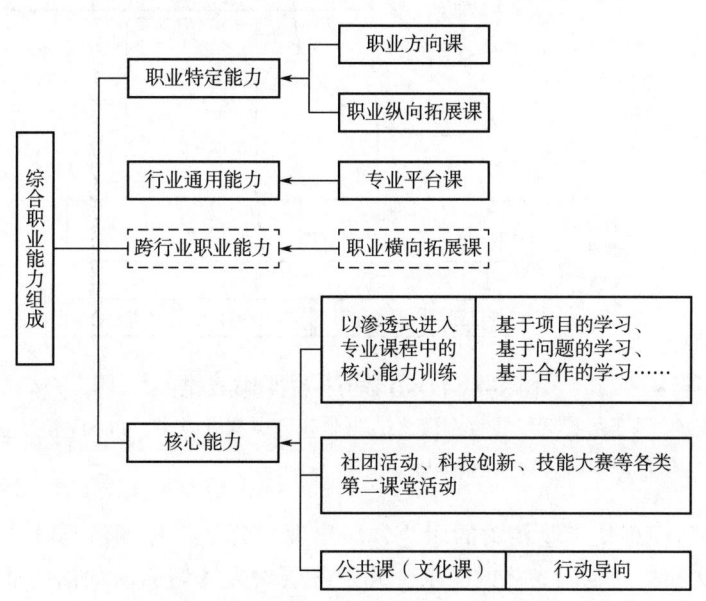

图 3-2 综合职业能力培养体系的课程体系

资料来源:周大农,戚亚光,吴亚萍.分层化国家职业标准理念引导下的高职课程体系重组[J].教育与职业,2008(30):23-25.

(2)基于可持续发展理念构建 PGSD 能力分析模型

基于可持续发展教育理念,学者王春燕(2019)构建了 PGSD 能力分析模型。PGSD 能力表示广义能力的释义,其中,P 代表职业能力(Professional & Vocational Competencies),是胜任职业活动所需的技术技能,是职业人才从新手到熟手必备的能力,以增加存量式教育为目标;G 代表通用能力(General Competencies),包括语言、数学、科技、人文与社会、艺术、运动与健康、信息技术等;S 代表社会能力(Sociology Competencies),包括职业道德、法律法规、安全、环境保护、沟通交流、与人合作、项目管理、跨文化与国际视野、公民责任等；D代表发展能力（Development Competencies），包括学会学习、批判性思维、问题解决、创新思维、创业意识等。PGSD能力是一个有机整体，是高水平职业人才应具备的能力体系。这个能力分析模型（图3-3）与分层化的职业能力模型有相似之处，但更为突出了可持续发展能力，能力条目也更加具体和细化。

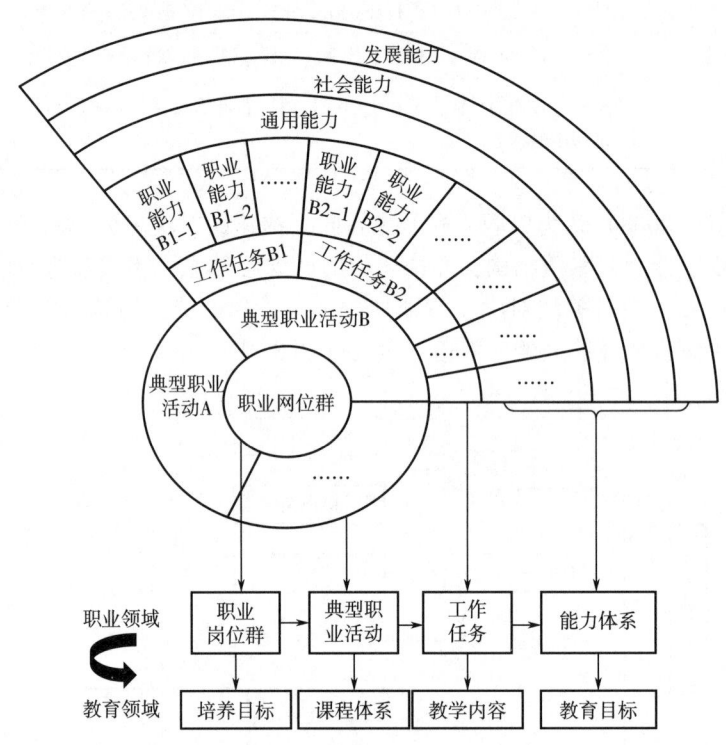

图3-3　PGSD能力分析模型示意图

资料来源：王春燕．基于可持续发展教育理念的职业教育课程开发——PGSD能力分析模型的构建及应用［J］．中国职业技术教育，2019（18）：65-70．

PGSD能力分析模型从专业相关的职业领域出发，分层剖析经济与社会的发展变化中职业领域对不同层次和类型专门人才的需求，确定各层次人才培养所面向的职业岗位群。再通过"鱼骨式"能力分析会，解析典型职业活动、工作任务以及胜任职业活动所需要的职业能力，以此为载体，进而深入挖掘语言、数学等通用能力，职业道德、法律法规等社会能力，批判性思维、问题解决等创新能力。将PGSD能力体系应用于课程体系构建以及促进不同学段课程相互衔接中，通过典型职业活动转化、必备能力分析整合、运用能力解决问题等方式开发课程及教学内容，以能力体系和学生认知规律为主线对课程进行编排，构建出某学段课程体系以及各学段相互衔接的课程体系，将PGSD能力体系贯串于专业人才培养全过程。

（3）由上述分析过程得到的主要专业能力要求

根据教育部颁布的新版《职业教育专业简介》，可以看到跨境电子商务的能力要求如下：

①具有跨境电子商务平台使用能力，完成选品分析、店铺注册、产品发布、店铺运营、站内活动策划、数据分析与应用；

②具有结合产品和品牌特点，制定海外推广策划方案的能力，能够开展搜索引擎营销、

社会媒体营销、广告投放等站外推广；

③具有图形图像处理软件应用能力，根据跨境电子商务运营要求完成店铺、活动的视觉设计与内容优化；

④具有良好的跨文化沟通和外语表达能力，能回复客户咨询、跟踪客户订单、分析客户数据、维护客户关系；

⑤具有制定跨境电子商务物流方案能力，完成产品采购、仓储、发货、服务商管理、进程跟踪、物流数据分析、异常处理、风险预警；

⑥具有诚实守信的职业道德和互联网安全意识，遵守与跨境电子商务相关的法律法规；

⑦具有适应国际贸易数字化发展需求的信息技术、数字技术应用能力；

⑧具有良好的学习能力、表达沟通能力和团队合作精神，具有批判性思维、创新能力和创业能力；

⑨具有探究学习、终身学习和可持续发展能力。

第4章 跨境电子商务专业的课程体系分析

4.1 课程体系的概念及相关研究

课程体系是教学标准的重要部分，是指一个专业不同课程按照门类顺序排列，是教学内容和进程的总和。课程门类排列顺序决定了学生通过学习将获得怎样的知识和技能结构。也可以认为，课程体系是在课程观的指导下，将课程的各个构成要素进行科学的排列组合，使其在动态过程中统一指向人才培养的目标实现[①]。因此，课程体系是实现培养目标的载体，是保障和提高教育质量的关键，同时也是彰显职业教育类型的重要体现。

作为广义课程的范畴，课程体系的构建涉及三个核心内容：如何通过课程体系实现人才培养的目标？应该如何选择课程内容？课程内容的顺序和逻辑关系又是怎样的[②]？所以，课程体系的目标定位、结构优化和内容整合是构建课程体系的关键环节。

构建课程体系的首要工作是做好职业分析，这是职业教育课程与传统学科课程的重要区别。所谓职业分析，就是对职业的工作性质、内容及从业者必须具备的职业能力所进行的层次分析[③]。职业分析所得到的结果是毕业生所必须具备的职业能力，并以此作为出发点设计课程体系。职业分析基于职业的特点和逻辑重构了课程的组织方式，成为将企业一线实践与教育内容相联系的重要桥梁[④]。

4.2 跨境电子商务专业课程体系现存问题

从行业分析和调研情况上看，当前的跨境电子商务专业课程体系及人才培养模式方面还存在以下主要问题。

4.2.1 课程设置缺乏特色，培养目标不明确

由于跨境电子商务是一门综合性、交叉性很强的专业且充分体现着区域特色，因此，不能单纯在国际贸易课程的基础上增加一些电子商务课程，而应该开设特色服务课程和体现专业创新的课程。传统的"国贸+电商+外语"方式培养出来的跨境电商人才同质化比较严重，缺乏特色和优势，难以满足跨境电商行业日益增长的需求。对于这种新兴的业态，高校人才培养所作出的改革和应对还处在探索阶段，对跨境电商人才的需求以及行业用人标准还未有

[①] 李必新，李仲阳，唐林伟. 职业性、开放性与实践性：职业教育课程体系的构建依据[J]. 中国职业技术教育，2021（20）：27-32.
[②] 崔颖. 高校课程体系的构建研究[J]. 高教探索，2009（3）：88-90.
[③] 曲丽娜，王伟. 职业教育课程开发[M]. 北京：高等教育出版社，2016：7.
[④] 谢莉花，彭程. 职业教育课程开发视阈下典型职业分析方法的比较与思考[J]. 中国职业技术教育，2022（11）：5-16.

明确的认识和把握。

传统国际贸易专业的核心课程包括国际贸易实务、外贸单证实务、外贸跟单实务、报关报检以及国际货运代理实务等，这些课程与传统的外贸企业的业务契合度较高，但是跨境电商背景下很多外贸企业的业务模式已经作出了调整，电子商务已经成为企业开拓业务和交易的重要形式。课程体系的不恰当使得国际贸易专业学生无法完全掌握跨境网络营销推广、跨境供应链管理和跨境电商平台操作的相关技能，在求职和工作过程中也会遇到诸多困难。

同时，现行课程体系的同质化问题较为严重。大部分高校的国际贸易专业仍采用传统的课程体系，对于跨境电商的引入也只是在原有课程体系的基础上增添了几门电子商务方面的课程，大多侧重于平台运营、商品推广以及网络营销等知识的讲授，而很少涉及与之配套的选品、数据分析、图片与视频拍摄与处理、跨境直播、供应链管理等课程，难以对学生进行跨境电商核心能力的培养。国际贸易专业的传统课程占比仍有70%以上。课程内容过时，选用的教材与最新的规则存在时滞，未能将前沿性内容引入教学，且课程内容过于理论化，缺乏时效性和实践性。很多高职院校的课程体系的职业特色不强，就是本科课程的微缩版，再加上实操课程，与培养目标还有较大的差距。因此，跨境电商行业企业的实际需求很难得到满足；跨境电商人才培养的滞后性制约了跨境电商行业企业的发展（表4-1）。

表4-1 传统外贸业务能力需求与跨境电商背景下外贸业务能力需求对比

岗位名称	传统外贸业务下		跨境电商背景下	
	岗位职责	任职要求	岗位职责	任职要求
外贸业务员	①熟悉产品，开发新客户 ②询价报价，跟进订单生产过程并解决各种问题 ③安排报检、报关、订舱、出货 ④缮制各类单据 ⑤参加专业展会	①国际贸易、商务英语等相关专业 ②熟练的英语书面及口头表达能力、较强的市场开拓能力和谈判技巧、能熟练使用常用办公软件	①负责阿里巴巴国际站、eBay、亚马逊、速卖通等跨境平台操作 ②了解电商平台运营环境、交易规则和推广方式，负责电商平台产品销售、客户开发 ③负责电商平台日常订单的处理、跟进 ④负责商品运营平台数据收集、分析	①国际贸易、商务英语、电子商务等相关专业 ②熟悉互联网操作，熟练使用网络交流工具和各种办公软件、图片处理软件 ③能够熟练运用英语（其他语种）和国外客户沟通

资料来源：高寿华．跨境电商背景下高职国际贸易专业人才培养改革路径探析［J］．职教通讯，2016（11）：25-28．

4.2.2 人才培养途径单一化，欠缺实操能力

跨境电商是一个复合型行业，涉及国际贸易、市场营销、国际货代、电子商务、国际金融等诸多领域，对复合型人才和实践型人才有着较大的需求量。然而，目前高校跨境电商人才的培养主要还集中在跨境电商行业介绍、跨境电商模式和平台对比以及跨境电商相关政策和平台规则的讲授当中，提供给学生的跨境电商实训和实操的机会则比较少。一般的讲授方式主要有两种：一是由学院专职教师担任；二是由企业讲师担任。无论采取哪种方式，由于

人才的培养没有基于真实产品、真实平台和真实交易，导致所培养的人才与跨境电商行业人才的需求有着较大的差距，还无法在短时期内胜任跨境电商的相关岗位。

当前高职国际贸易实务专业的人才培养目标是，培养能够从事外贸业务操作、外贸单证操作、外贸跟单操作等工作的技术技能人才。人才培养规格主要体现在：要掌握进出口业务、外贸单证、外贸跟单、外贸英文函电、进出口贸易结算、跨境电子商务、国际商务谈判等基本专业知识；具备开展磋商、谈判、报价、签约、履约等工作的能力。可以看出，当前高职国际贸易实务专业的人才培养方案和人才培养规格较为单一，对于跨境电商背景下的创新能力的培养、精准运营营销能力的培养、综合素养及拓展能力的培养涉及很少，依然停留在传统外贸层面上，动态调整不足，人才培养标准不能满足迅速变化的产业需求。

大部分院校的实训体系不够完善，缺少真正的产教融合。经过课题组调研发现，目前高职国际贸易实务专业的课堂教学改革存在不足，课程体系的实训课时不足，实训教材更新滞后于行业变化，大多是以模拟软件操作为主，授课方法没有与时俱进。

究其原因，这首先和跨境电商行业的特点有关。在跨境电商实际运作中，需要有通畅连接境外的网络，真实跨境电商平台账号需要企业注册、商标授权，店铺注册和企业化运营都需要费用，这对学校的教学条件是一个很大的挑战。很多实训实操的课程，只能以买家的身份进行讲授，后台的技能操作只能借助仿真软件。

其次，跨境电商的企业大多以中小企业为主，资金和人力资源有限，没有办法将企业真实项目引入学校，形成深入产教融合。由于实战型人才的短缺，通过企业引进高素质兼职教师也存在困难。因此，跨境电商背景下的真正懂外贸、会营销、能创新的复合能力难以培养。

4.2.3 学校的人才培养与企业需求差距较大

根据清华大学国家服务外包人力资源研究院调研，国内超过70%的跨境电商企业认为，制约企业发展最大的瓶颈是专业人才缺乏。跨境电商综合平台阿里巴巴国际站预测，我国跨境电商专业人才的缺口超过600万。这些人才缺口很大一部分需要依靠学校教育来实现。

从广义上讲，跨境电商可以分为B端和C端。B端一般分为两种形态：一种是跨境电子商务企业对企业直接出口，简称"跨境电商B2B直接出口"，海关监管方式代码为"9710"，适用于跨境电商B2B直接出口的货物；另外一种是跨境电子商务出口海外仓，简称"跨境电商出口海外仓"，海关监管方式代码为"9810"，适用于跨境电商出口海外仓的货物。跨境电商B2C则是出口企业与海外最终消费者之间通过第三方跨境电商平台完成交易的服务，根据平台运营方式，可分为开放平台与自营平台。

根据课题组对企业人士的访谈，企业经营B端还是C端对人才的要求有所不同。B端的主要岗位是企业运营、销售和供应链管理，侧重引流、推广，对销售业务员的要求较高，要负责对外报价、合同洽谈、完成项目付款、订单跟踪以及做好售后的服务工作等内容，同时要求要具备良好的沟通技巧，能通过各类社交平台开发客户，熟悉外贸出口流程与相关单证制作。C端的主要岗位是运营、销售、视觉营销等，对供应链要求不强，更多偏现货的小批量交易，主要负责上传产品，管理店铺，负责外贸网店营销优化，评估、分析产品的关键词，提升产品关键词的搜索排名，提出相关优化方案，还要处理客户订单，跟踪已销售货品物流情况，并及时反馈客户，提供良好客户服务。由此可见，企业对B端和C端人才的工作内容有差别，因而对学生能力的要求也所不同。

在学校的人才培养中，更多的是从基本的素质、基本技能来培养，不能做到精准和个性化。而且学校的人才培养方案是在入学时制定，没有办法及时调整，不可避免存在滞后。比如 TikTok 刚兴起的时候，企业能迅速进入并布局，但院校的课程跟不上，学生接触的机会也比较少。最近几年，大型会展停滞，很多企业只能通过跨境直播的方式推广产品、吸引新客户，对跨境直播的人才需求旺盛。学校的课程没有办法及时调整，无法跟上行业的发展步伐。

企业面对不断变化的新形势，对外贸人才的要求也不断提升，需要具备跨专业知识和技能的新型人才。目前，高职院校外贸人才培养的现状远远不能满足我国跨境电商行业的发展需要。

4.2.4 缺乏"双师型"教师

在跨境电商行业，既懂理论知识，又懂实际操作，同时具备企业工作经验的师资少之又少，这造成了一种困境，即教师主要负责介绍平台知识、规则等内容，同时将操作部分寄希望于仿真软件实训平台。

目前从事跨境电商的师资主要是国际贸易、外语、电商等专业出身，即使个别教师具备外贸企业经验，但基本上不具备跨境电商的从业经历，对跨境电商的知识不熟悉，没有相应的实操经验。大部分教师还未深入跨境电商企业进行落地研究，即使部分教师进入企业、接受相关培训，但因实践教学的限制以及缺乏长期性行业培训，只能用模拟项目或者平台开展课堂教学，这也不能完全解决跨境电商相关问题，影响教学的效果和学生的学习热情。

从其他专业转型而来的教师虽然可以通过中短期的师资培训获得部分的专业知识和技能，但不成体系，难以达到预期效果。学校当然可以从企业聘请实战经验丰富的技术骨干担任兼职教师，但这部分企业导师，缺乏教育教学能力的培训，因而在教学方法的应用、考核评价等方面缺乏相应的知识和经验，影响教学效果和学生培养质量。

第5章　对接职业技能标准构建跨境电子商务专业课程体系

5.1　跨境电子商务典型职业岗位分析

根据王春燕（2019）构建的 PGSD 能力分析模型，职业教育课程的确立是从能力分析开始的。从职业领域出发，分层剖析职业对不同层次和类型专门人才的需求，确定各层次职业教育人才培养所面向的职业岗位群，再通过"鱼骨式"能力分析会解析典型职业活动及职业能力，进而深入挖掘通用能力、社会能力和发展能力；并在全国电子商务职业教育教学指导委员会的指导下，国家级团队共同体组织了企业一线专家、课程专家和院校的骨干教师构成了分析人员，经过前期调研及深度访谈结果，形成了跨境电子商务专业的典型职业活动及工作任务表（表5-1）。

表 5-1　跨境电子商务专业的典型职业活动及工作任务表

序号	岗位	典型职业活动	工作任务					
1	跨境电商运营专员	店铺运营	产品采集	listing 编辑及优化	站内推广	店铺数据优化与管理	采购计划提交	
2		选品分析	产品数据采集与分析	供应商信息采集与分析	定价与销售策略制定	产品销售周期分析		
3	海外推广专员	国际市场推广	营销方案策划	海外社媒运营	搜索引擎优化	广告投放		
4	跨境电商数据分析专员	数据采集分析	竞争对手分析	用户特征分析	产品需求分析	推广效果分析	用户体验分析	提供分析报告
5	跨境电商客服专员	跨境客户服务	售前咨询	订单跟进	客户维护	纠纷处理		
6	视觉营销设计专员	视觉营销设计	视觉方案策划	图文编辑与网页设计	视频拍摄与编辑	视觉效果优化		
7	跨境物流专员	国际物流供应链管理	物流方案设计	发货管理	仓储管理	服务商管理	物流数据分析	采购管理

从上表可以看出，在能力分析会上，企业一线专家从经营管理的实际出发，与院校取得

的调研结果逐步达成一致的结果,认为当前跨境电商行业可划分为主要的六大岗位,分别是跨境电商运营专员、海外推广专员、跨境电商数据分析专员、跨境电商客服专员、视觉营销设计专员和跨境物流专员。这六大岗位所对应的典型职业活动有七项。其中跨境电商运营专员对应的有两项,即店铺运营和选品分析。其余五项分别为国际市场推广、数据采集分析、跨境客户服务、视觉营销设计、国际物流供应链管理。

在每个典型职业活动下,确定了具体的工作任务。以"店铺运营"典型职业活动为例,涉及的工作任务主要包括产品采集、listing 编辑及优化、站内推广、店铺数据优化与管理和采购计划提交这五项。具体工作任务的确定,为后续的能力分析打下基础。

5.2 职业岗位的 PGSD 能力分析表

在分析典型职业活动和工作任务的基础上,分析每一个典型职业活动所在岗位及部门、与其他活动或岗位的协作、工作环境及需要软硬件资源、需取得的职业资格等。通过"应用什么知识、使用什么工具、如何做、达到什么标准"的方法,分析胜任每项工作任务应具备的职业能力,进而深入挖掘完成典型职业活动过程中所需具备的通用能力、社会能力和发展能力。

课题组以"跨境电商数据分析专员"岗位的"数据采集分析"典型职业活动(具体包括:①岗位一般设置在运营部、产品开发部、数据分析部等;②工作环境具备良好的温度湿度、通风性好,具备现代化办公设备环境和数据采集工具;③工作可以独立完成或团队合作,与运营岗位、选品岗位、海外推广岗位等联系紧密)为例。通过企业实际调研与一线专家的建议,详细分析并完成"数据采集分析"典型职业活动,所需要具备的 PGSD 能力(表5-2)。

表 5-2 数据采集分析 PGSD 能力分析表

能力类别	工作任务	内容
职业能力(P)	竞争对手分析	能够熟练使用数据采集分析工具或功能模块(数据采集分析工具如 Jungle Scout、卖家精灵、船长 BI 等;功能模块如阿里巴巴的数据参谋模块、亚马逊的 Business Reports 模块等),通过关键词、价格、销售、图片、评价、库存等采集竞争对手数据,确定竞争对手
		能够对竞争对手的价格、产品、渠道、促销等方面进行调研,多渠道了解市场趋势、市场环境和竞品成本,分析产品毛利,归纳整理调研数据
		能够通过 SWOT(Strengths 优势、Weakness 劣势、Opportunities 机会、Threats 威胁)等方法分析竞争对手的产品及自身产品优势
	用户特征分析	能够通过对目标市场的调研,挖掘其消费群体的消费偏好、年龄分布、社交偏好、购买能力等用户特征
		能够从跨境电商平台所提供的用户行为数据(包括展示、点击、停留时间、PV/UV——Page View 页面浏览量/Unique Visitor 访客数、加购、收藏、下单等),结合平台给出的访客属性,形成消费数据标签,形成对目标市场的认知并进行需求分析

续表

能力类别	工作任务	内容
职业能力（P）	用户特征分析	能够根据用户特征数据，分析市场用户发展趋势，为产品开发部门及运营部门提供数据支撑
		能够收集整理用户信息，明确用户诉求，挖掘用户数据，为产品功能点提供数据依据
	产品需求分析	能够使用平台数据工具及第三方调研工具，采集目标市场数据，达到市场需求分析要求
		能够根据市场数据分析，梳理产品市场需求，根据典型用户特征分析结果，收集用户对产品需求的偏好
		能够了解用户需求、产品需求、产品功能，结合马斯洛需求理论，筛选出产品刚需特点，提供给运营部门和产品开发部门作为依据
		能够通过整理分析需求偏好，提出产品开发的价格区间、功能卖点、产品创新、包装等建议
		能够结合产品本身特性，挖掘用户动机，把产品需求转化为用户需求，提出产品创新的新思路
	推广效果分析	能够根据运营提出的推广需求，对产品进行推广分析
		能够通过对比各个指标的数据进行投放广告的实时分析和优化，并运用各种关键字工具，提高质量得分
		能够运用第三方数据监测、分析工具对推广结果数据进行追踪，记录广告的 CPC（Cost Per Click，按点击付费）、ROI（Return on Investment，投资回报率）、获客成本、付费占比等各项数据，分析结果制定出对应的数据表或其他反馈意见
		能够通过不同的广告推广方案，结合推广效果来校验产品和用户行为
	用户体验分析	能够通过用户访谈或工具软件收集用户体验，进行数据采集和整理，为产品开发部门及运营部门提供数据支撑
		能够跟踪和分析用户对产品的反馈（包括店铺的 Review——对产品的评价/留评，Q&A——问答设置，及社交媒体评论），检测产品使用状况并及时提出改进方案
		能够识别用户关注点及产品机会，组织典型用户参与产品设计，评估产品价值，提出对产品的改善和建议
	报供分析报告	能够使用可视化工具为分析报告提供可视化数据支撑
		能够通过竞争对手分析、用户特征分析、产品需求分析等形成分析报告
		能够制定与实施对应品类的营销方案，跟进推广效果并做出结果分析，提出优化建议
通用能力（G）	竞争对手分析	具备一定的外语基础，能熟练使用翻译软件，能读懂数据相关信息
	用户特征分析	具备信息技术能力，能够处理和搜集数据，熟练使用数据分析工具
	产品需求分析	具备一定的数据感知能力、较强的逻辑思维能力，能对数据真假进行甄别
	推广效果分析	具备一定的跨文化视野和知识
	用户体验分析	具备健康的体魄和积极的心态，具有良好的抗压能力

续表

能力类别	工作任务	内容
社会能力（S）	竞争对手分析	具备良好的职业道德和法律意识，严谨诚实，做好数据保密
	用户特征分析	具备沟通能力和团队合作能力，能高效沟通
	产品需求分析	具备良好的职业道德和精益求精的工匠精神，耐心细致
发展能力（D）	竞争对手分析	具有互联网思维以及问题解决的能力
	用户特征分析	具备分析能力和批判性思维，不断优化工作逻辑和流程
	产品需求分析	具有创新思维，数据分析结果具有一定前瞻性
	推广效果分析	具备自主学习的能力，能不断提高工作效率和优化工作效果
	用户体验分析	具备数据处理模型构建、数据关系模型构建、数据可视化模型构建等能力
	提供分析报告	具备运用各种工具进行数据抓取和挖掘能力

从上表可以看出，"数据采集分析"典型职业活动应具备的职业能力包括熟练使用数据采集工具或功能模块、能够挖掘消费群体的用户特征、能够收集并分析用户对产品需求的偏好、能够根据数据分析推广效果、能够收集用户体验并进行分析、能够结合分析结果撰写报告等。这些能力的描述都非常客观具体，能够覆盖"跨境电商数据分析专员"岗位的"数据采集分析"典型职业活动各个方面。

除了职业能力，其他方面的能力也不可忽视。通用能力包含外语、信息技术、数据感知以及跨文化的知识和视野；社会能力包含职业道德、沟通与团队协作能力；发展能力要求具备分析能力、自主学习能力、创新思维、互联网思维和批判性思维等。这四种能力（PGSD）构成了跨境电子商务专业职业教育的基本能力体系。

5.3 由职业能力到课程的转化

从对行业企业的专业调研，到企业一线专家的集中讨论，在职业分析的基础上，形成与专业相对应的职业能力列表，在此基础上建立课程体系、课程标准与教材等必备条件，教师以此开展教学内容设计、教学过程实施与评价，最后再以学生获得学历证书和职业技能等级证书体现教学成效，形成职业教育的闭环。

职业课程体系成为职业能力的实现载体和实质表现，显得尤为重要。当前，职业教育职业分析及课程开发的成果尚存在以下问题：①注重对职业工作的分析，但对职业工作背后的能力分析还不够深入，对工作过程知识/诀窍性知识的挖掘深度及结构化分析还不够；②结合人才培养规格进行职业工作的能力分析规范还不够成熟；③将融合核心能力与专业能力的综合职业能力转化为职业课程的固定技术还未显性化等[①]。

通过上述分析，课题组建立了人才需求→职业分析→标准分析→职业能力提炼的过程，进一步，将职业能力转化为课程。

---

① 谢莉花，吴扬．由职业能力到职业课程的转化问题及对策研究——来自德国经验的启示［J］．教育发展研究，2022，42（01）：36-46．

(1) 分层化职业能力的课程转化

根据职业技能标准所涵盖的职业能力范围，课题组将职业能力划分为职业特定能力、行业通用能力和核心能力。以跨境电子商务专业为例，职业特定能力的培养可以按方向设定为跨境电商 B2B 方向、跨境电商 B2C 方向和独立站建站运营等方向，以开设拓展类课程的方式实现。行业通用能力的培养可以设置图片/视频拍摄与处理、国际物流选择、跨境电商平台活动实施等课程，学生习得此类知识和能力后，能在本行业的不同岗位上使用。核心能力是指沟通能力、分析解决问题能力、外语应用能力等能力，这需要开设公共文化、素养等课程来实现（表 5-3）。

表 5-3 分层化职业能力的课程转化

职业能力	国家职业技能标准体系		职业教育课程体系
职业特定能力	（方向）职业特定技能：跨境电商 B2B （方向）职业特定技能：跨境电商 B2C （方向）职业特定技能：独立站建站运营	➡	职业方向课程 职业拓展课程 专业核心课程
行业通用能力	图片拍摄与处理；视频拍摄与处理；国际物流选择；跨境电商平台活动实施等	➡	专业平台课程 专业核心课程
核心能力	沟通能力、分析解决问题能力、外语应用能力、计算机运用能力等	➡	公共文化、素养课程

(2) PGSD 职业能力的课程转化

根据对典型职业活动和 PGSD 能力的分析，通过典型职业活动的直接转化、必备知识技能的分析整合和运用知识技能的问题解决三种方式构建课程体系（表 5-4）。课程体系由公共基础课程、专业基础课程、专业核心课程、专业拓展课程构成。其中，公共基础课程内容在达到各级教育行政部门颁布的相关教学文件基本要求的基础之上，依据通用能力要求，深化拓展或者弱化删减相关内容。专业基础课程是为支撑职业岗位需求和专业发展而设置的课程，依据各层次职业教育人才培养对于策略型技术技能在动态行动体系之中的不同要求构建课程，将完成典型职业活动所必需的基础知识、技能和素养经过分析整合而形成的，具有促进职业迁移能力的课程。专业核心课程是由典型职业活动直接转化的课程，包括为完成典型职业活动所必须具备的技术技能而形成的课程。专业拓展课程是为完成企业综合复杂的职业活动，拓展就业岗位与能力，运用所学知识、技能为解决企业综合的、复杂的真实工作任务而设计的综合课程。各类课程确定后，以工作过程的逻辑、能力形成规律和学生的认知规律为线索由易到难、由简到繁进行课程顺序编排，形成课程体系。

表 5-4 PGSD 职业能力的课程转化

典型工作任务	专业核心课程	专业基础课程	专业拓展课程
跨境电商运营	跨境电商运营	跨境电子商务基础 国际贸易基础	新商业文化

续表

典型工作任务	专业核心课程	专业基础课程	专业拓展课程
选品分析	选品管理	商务数据分析	数据可视化 数据化运营
国际市场推广	国际市场推广	市场营销 零售基础 国际商务文化与礼仪	网络消费心理学 文案策划与推广 海外营销
数据采集分析	跨境电商数据分析与应用	商务数据分析	数据可视化
跨境客户服务	跨境电商客户服务	跨境电商外语	商务谈判与沟通
视觉营销设计	视觉营销设计	商务数据分析 国际商务文化与礼仪	商品拍摄与素材处理 艺术鉴赏
跨境供应链管理	跨境供应链管理	国际贸易实务 跨境电商政策法规	跨境通关 海外仓业务实务 商品学基础
其他			项目管理 思维训练 人工智能导论 财税基础 办公软件高级应用

5.4 跨境电子商务专业对接职业技能标准的课程体系

国家职业技能标准是基于职业分类的基础上，根据职业的活动内容，对从业人员的能力水平的规范性要求，充分体现了职业性和权威性。

职业教育的培养目标要与国家职业技能标准分层化的职业能力协调和贯通。课题组在研究制定专业课程体系时，要分析专业相关岗位所需要的素质、知识和能力，并将国家职业技能标准的能力、知识和技能体系融入其中，使毕业生具备扎实够用的理论知识、熟练的专业技能、较强的迁移能力，着眼于其整个职业生涯的发展。要实现这一目标，可以从国家职业技能标准与教学标准衔接、知识和技能要求与教学内容衔接两个方面着手。

5.4.1 国家职业技能标准与教学标准的衔接

国家职业技能标准一般是由人力资源和社会保障部组织编写和发布，标准的起草单位一般要求为依法经营的企业和从事相关专业研究和技术服务的高等院校、科研机构、中介机构和协会。起草小组的专家熟悉相关的专业性工作，具有较高的实践经验和理论水平，并能积极参与标准起草的各项工作，确保标准的适用性、有效性和先进性。

从国家职业技能标准的制定过程可以看出，它具有较高的权威性和适用性。国家职业技能标准制定的目的，一方面是衔接《中华人民共和国职业分类大典》，进行开发、颁布、更新具体职业的国家职业标准[1]；另一方面是为职业技能鉴定提供参照依据。通过数次改革，职业技能鉴定从国家职能部门主管变为社会化等级认定，由相关社会组织或用人单位按标准规范开展职业技能等级评价，逐步形成了国家职业资格、职业技能等级、专项职业能力为核心的多元化技能人才评价体系。

专业教学标准是由国家教育主管部门组织制定并统一颁布实施。专业教学标准是专业建设的基本遵循依据，是专业评价达标的主要依据[2]。职业学校依据专业教学标准指导和管理教学工作，以此规范教学行为，保证人才培养质量。

随着职业教育专业升级与数字化改造的不断深化，教育部在2022年颁布了新版《职业教育专业简介》，涵盖了19个专业大类、97个专业类的1349个专业。新版专业简介在职业面向、专业能力要求、专业课程和职业证书等方面进行了优化调整，更新了课程体系，升级了专业内涵。

以跨境电子商务专业为例，教育部门所制定的专业教学标准或专业简介，从职业面向和职业类别等方面衔接《中华人民共和国职业分类大典》和国家职业技能标准（表5-5）。

表5-5 跨境电子商务专业的职业面向和职业类别

所属专业大类（代码）	所属专业类（代码）	职业面向	主要职业类别（代码）	职业技能等级证书举例
电子商务（5307）	跨境电子商务（530702）	面向国际商务专业人员、电子商务师、互联网营销师等职业，跨境电商运营专员、海外推广专员、跨境电商数据分析专员、跨境电商客服专员、视觉营销设计专员、跨境物流专员等岗位（群）	电子商务师（4-01-06-01）互联网营销师（4-01-06-02）营销员（4-01-02-01）其他批发与零售服务人员（4-01-99）	电子商务师（跨境电子商务师工种）、跨境电商B2B数据运营、跨境电商B2C数据运营、跨境电子商务多平台运营

5.4.2 国家职业技能标准的知识技能要求与课程内容衔接

人力资源和社会保障部备案的职业技能标准证书是由用人单位、社会培训评价组织按有关规定开展的，对象是企业职工、社会人员、职业院校（技工院校）应届毕业生。国家职业技能标准与技能人才评价制度紧密联系，其设计的目的是健全以职业能力为导向、以工作业绩为重点、注重职业道德和知识水平的技能人才评价体系[3]。国家职业技能标准能反映劳动者胜任相应职业工作的情况，定位清晰、可操作性强，得到劳动力市场和用人单位的

---

[1] 唐慧，王继平，刘锦. 我国技能人才评价制度的历史演进、当下构建及逻辑发展［J］. 职业技术教育，2022（13）：6-12.
[2] 江小明，李志宏，王国川. 基于教学标准体系建设的高职专业教学标准研究［J］. 中国职业技术教育，2021（2）：5-9.
[3] 许远. 基于两类职业技能等级证书的相关标准关系和对接研究［J］. 教育与职业，2021（11）：20-27.

广泛认可。

通过教学标准与国家职业技能标准的衔接，最终将知识和技能标准融入课程内容。衔接的目的是解决校内教学与企业工作内容不匹配的问题，构建学生的职业综合能力。将课程内容与职业技能标准的工作内容相衔接，避免课程设置的随意性，从而实现从职业能力到职业课程的转化。衔接的方法是将职业技能标准涉及的知识和技能要求进行教学化处理。将职业技能标准相对零散、碎片化的内容进行组合，形成课程体系。

以跨境电子商务专业为例，该专业是教育部顺应形势发展，于2019年研究确定的九个增补专业之一，并于2020年首次独立招生。截至2022年，全国设立跨境电子商务专业的院校数量已经达到371所，增长速度较快。对于一个新设立的专业，各院校都在摸索课程体系的设置，亟需出台权威的教学标准或专业简介进行针对性指导。

2021年，在全国电子商务职业教育教学指导委员会的指导下，十几所院校经过广泛的调研后和企业一线专家、课程专家进行了深入研讨，确定了跨境电子商务专业对应的六大岗位（群），分别是跨境电商运营、海外推广、跨境电商数据分析、视觉营销设计、跨境物流和跨境电商客服。在企业专家的建议下，各职业岗位确定了典型职业活动，根据典型职业活动梳理出主要的工作任务，并根据PGSD能力分析模型进行课程的转化。

参照相关的研讨内容，根据实际，将专业的课程体系进行模块化的分解和组合，设置了"基础课程模块""运营课程模块""推广课程模块""服务课程模块"以及"拓展课程模块"，各个模块由若干门课程组成，对典型职业活动和工作任务形成了有效的转化。模块化的课程体系一方面连接由企业一线专家和课程专家通过研讨确定的典型职业活动与工作任务，另一方面，院校专业带头人及骨干教师认真分析和梳理国家职业技能标准中的理论知识和技能模块，从而将课程体系与内容有效衔接了国家职业资格体系（图5-1）。

以《电子商务师国家职业技能标准》中"跨境电子商务师工种"的"业务处理"模块为例，它包含了网店账户维护、跨境电商选品、日常订单处理和国际物流选择等四个部分，课题组根据不同的工作内容设置跨境电商基础、跨境电商运营、选品管理以及跨境供应链管理等课程，并将知识和技能要求融入课程教学内容当中（表5-6）。

作为职业教育的主体部分，院校完全可以以国家职业技能标准为依托，改革课程体系和内容，形成良好的衔接。但同时，需要注意的是，要尽量避免对国家职业技能标准的碎片化、边缘化理解，做到全面覆盖、分层递进，着力培养学生的综合职业能力。

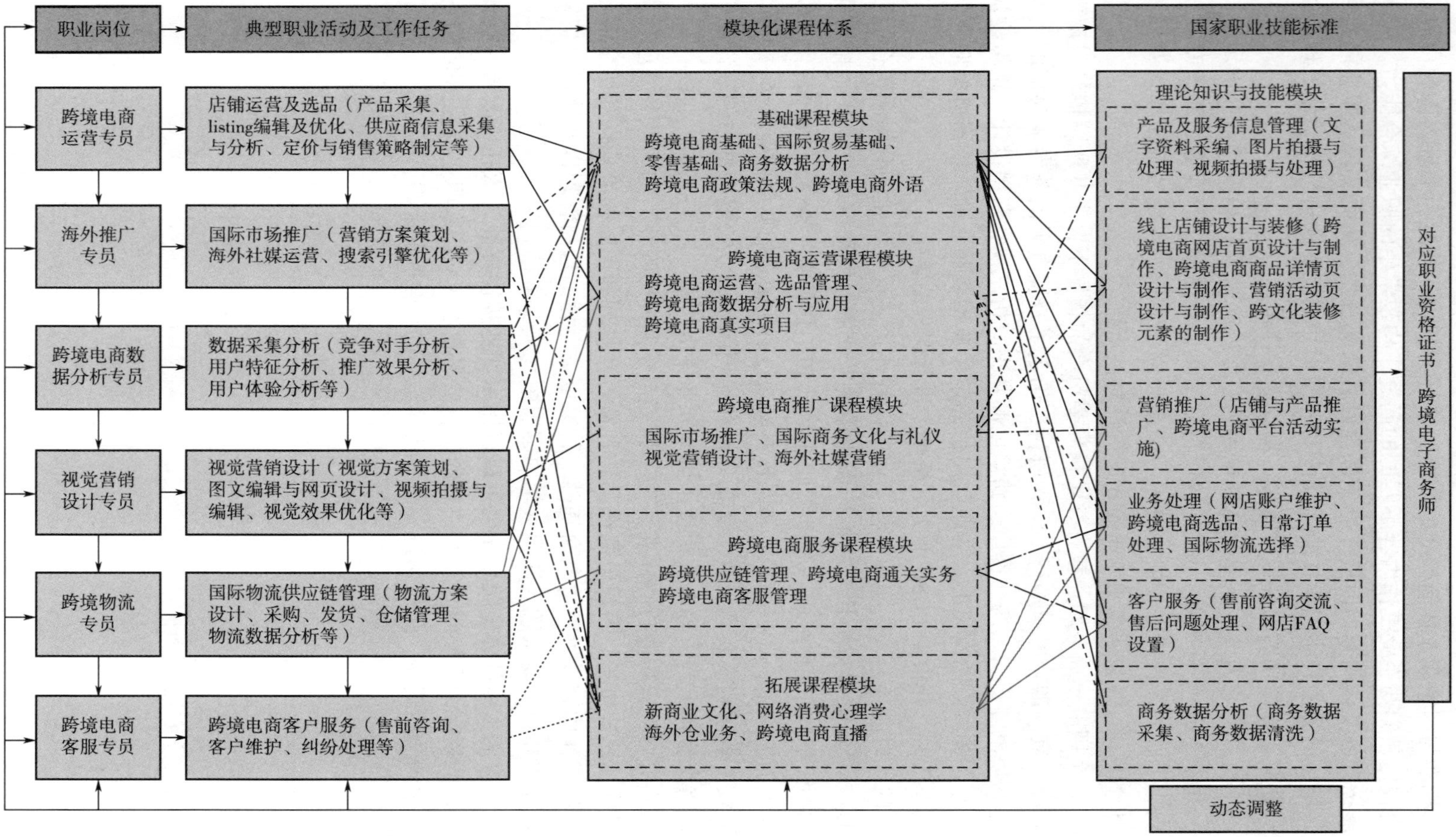

图5-1 对接国家职业技能标准的课程体系构建

表 5-6　对接国家职业技能标准的课程设置

工作内容	技能要求	知识要求	对应课程
网店账户维护	①根据平台政策和规则变动,及时完善店铺的账户信息 ②根据账号关联原因排查账号关联要素,防止账号发生关联 ③根据公司制度和人员变动,设置和维护店铺子账号 ④根据卖家账户表现,及时避免和预判账户中存在的风险	①账户信息完善的内容 ②账号关联的因素 ③防止账号关联的技巧 ④子账号设置的方法 ⑤衡量账户表现的指标	跨境电商基础、跨境电商运营
跨境电商选品	①利用跨境电商平台,选出热销商品和潜力商品 ②使用第三方选品工具,选出热销商品和潜力商品 ③利用社交媒体,选出热销商品和潜力商品	①平台选品的方法 ②第三方选品工具 ③社交媒体选品的技巧	选品管理、跨境电商运营
日常订单处理	①根据店铺退货制度,结合客户退货要求,进行订单退货处理 ②根据店铺换货制度,结合客户换货要求,进行订单换货处理 ③根据订单状态,结合客户要求,进行异常订单处理 ④根据信保订单起草要求,结合合同内容,起草信保订单 ⑤根据信保订单退款处理规则,结合客户退款请求,进行信保订单退款处理	①平台退换货政策 ②退换货处理技巧 ③异常订单类型 ④异常订单处理方法 ⑤信保订单起草流程 ⑥信保订单退款处理方法	跨境电商运营、跨境电商客服管理
国际物流选择	①利用国际运价查询工具,结合出运时间和地点,查询运价信息 ②根据不同物流公司报价,结合商品情况,核算国际运费 ③根据客户要求,结合物流成本和时效,选择合适的国际物流方式	①国际运价查询工具 ②国际运费核算方法 ③国际物流选择方法	跨境供应链管理、跨境电商通关实务

第6章 对接职业技能标准的跨境电子商务专业人才培养方案的制定

6.1 知识能力体系的形成与构建

6.1.1 知识能力体系的形成与构建路径

跨境电子商务专业知识能力体系的形成与构建路径如图 6-1 所示。

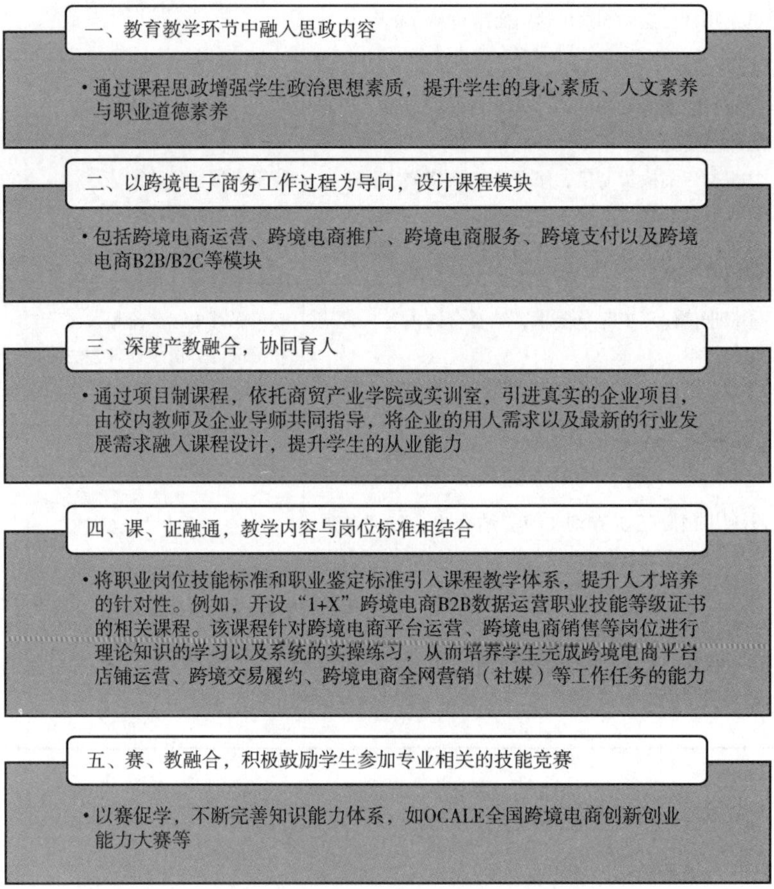

一、教育教学环节中融入思政内容
- 通过课程思政增强学生政治思想素质，提升学生的身心素质、人文素养与职业道德素养

二、以跨境电子商务工作过程为导向，设计课程模块
- 包括跨境电商运营、跨境电商推广、跨境电商服务、跨境支付以及跨境电商B2B/B2C等模块

三、深度产教融合，协同育人
- 通过项目制课程，依托商贸产业学院或实训室，引进真实的企业项目，由校内教师及企业导师共同指导，将企业的用人需求以及最新的行业发展需求融入课程设计，提升学生的从业能力

四、课、证融通，教学内容与岗位标准相结合
- 将职业岗位技能标准和职业鉴定标准引入课程教学体系，提升人才培养的针对性。例如，开设"1+X"跨境电商B2B数据运营职业技能等级证书的相关课程。该课程针对跨境电商平台运营、跨境电商销售等岗位进行理论知识的学习以及系统的实操练习，从而培养学生完成跨境电商平台店铺运营、跨境交易履约、跨境电商全网营销（社媒）等工作任务的能力

五、赛、教融合，积极鼓励学生参加专业相关的技能竞赛
- 以赛促学，不断完善知识能力体系，如OCALE全国跨境电商创新创业能力大赛等

图 6-1 跨境电子商务专业知识能力体系形成与构建路径

6.1.2 素质目标

跨境电子商务专业的素质目标包括以下3个方面：

①政治思想素质。树立正确的世界观、人生观、价值观、劳动观；坚决拥护中国共产党的领导，树立中国特色社会主义共同理想，践行社会主义核心价值观，具有深厚的爱国情感、国家认同感、中华民族自豪感；具有社会责任感和参与意识。

②身心素质和人文素养。具有健康的体魄和心理、健全的人格和运动技能；具有一定的审美和人文素养，具有感受美、表现美、鉴赏美、创造美的能力。

③职业道德和职业素养。具有爱岗敬业、精益求精的工匠精神，崇尚劳动、尊重劳动；具有质量意识、绿色环保意识、安全意识；具有团队精神、创新精神；具有一定的职业沟通能力和信息素养。

6.1.3 知识目标

跨境电子商务专业的知识目标涵盖以下10个方面：

①掌握跨境电商运营知识，了解全球主流跨境电商平台；熟悉跨境电商平台规则，能利用互联网开展国际贸易。

②掌握从事跨境电商工作的基本法律知识；了解从事海外跨境电商工作相关的国际惯例；掌握国际商务礼仪。

③掌握创新创业的知识，能够跟踪学习先进的理念以及具备较强的创新能力。

④掌握跨境电商数据采集与分析方法；能够制定数据采集方案，根据市场调研结果，确定竞争对手；能够挖掘整理消费群体特征，形成对目标市场的认知并进行需求分析。

⑤掌握跨境电子商务专业所需要的英语（或其他语种）知识；能运用基本的英语（或其他语种）听、说、读、写技能。

⑥掌握跨境电商客户服务和数据分析等方法和技巧；能使用英语（或其他语种）准确回复客户提问并使用数据分析软件分析客户市场分布以及客户画像。

⑦掌握跨境电商视觉营销设计方案策划与撰写的方法和技巧；能够制定视觉营销设计整体方案；能可视化图片、视频、网页的视觉展示效果。

⑧掌握物流方案的成本测算方法；能够根据产品的材质、规格，制定合适的物流方案；能够进行发货方式的绩效分析；能够进行物流仓储信息化系统的费用、效益的比较分析。

⑨掌握跨境电商海外推广和数据分析等方法和技巧；能制定结合品牌特点的营销策划方案；掌握短视频推广相关流程，建立并维护品牌社交媒体形象。

⑩掌握跨境支付的工具及其优缺点，了解跨境支付的数据安全等问题。

6.1.4 能力目标

跨境电子商务专业的能力目标包括以下10个方面：

①具有熟练运用英语（或其他语种）进行跨境电商业务洽谈和商务沟通的能力。

②具有跨境电商复合型人才应具备的国际化视野，可从全局角度分析和处理相关事宜的能力。

③具有熟练操作计算机办公软件和相关专业软件的能力。

④具有文化沟通意识，能有效进行人际沟通、商务谈判、营销和市场开拓。

⑤能够熟练应用大数据分析、数据挖掘知识，具有运用计算机软硬件技术进行世界市场数据采集、操作和信息处理的能力。

⑥具有运用跨境电子商务平台从事跨境电商业务流程处理，运营工作的能力。

⑦具有运用跨境电商政策、法规，解决企业相关法律问题的能力。
⑧具有跨境电商的业务处理和应用、连锁经营和业务管理等业务拓展能力。
⑨具有跨境电商运作和组织管理的能力。
⑩能够应对不同的跨境支付场景和风险管理挑战。

6.2 课程地图绘制

6.2.1 课程地图

跨境电子商务专业的课程地图如图6-2至图6-5所示。

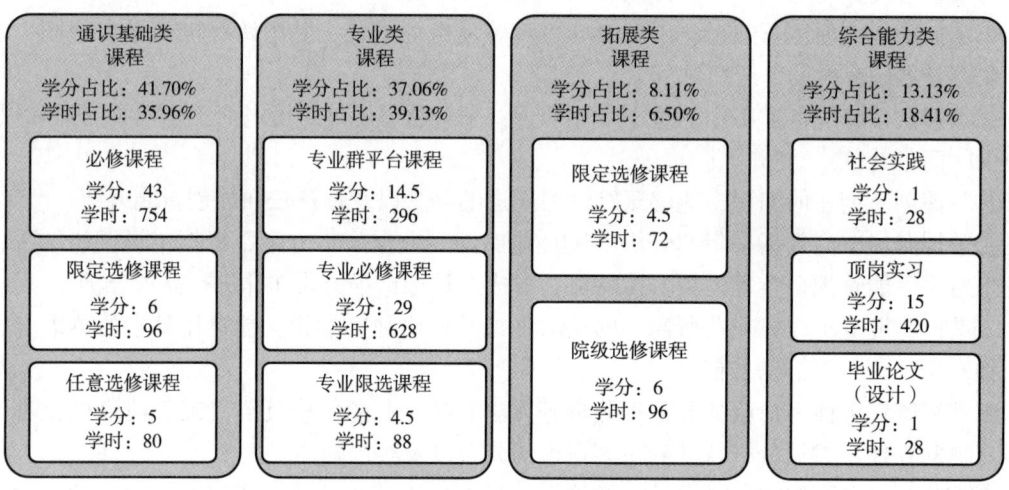

图6-2 跨境电子商务专业各类课程地图

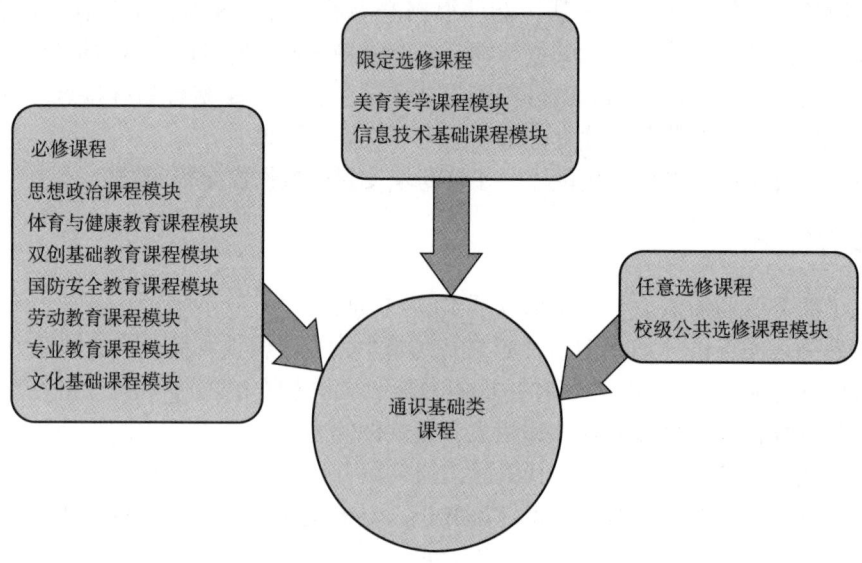

图6-3 跨境电子商务专业通识基础类课程地图

第6章 对接职业技能标准的跨境电子商务专业人才培养方案的制定

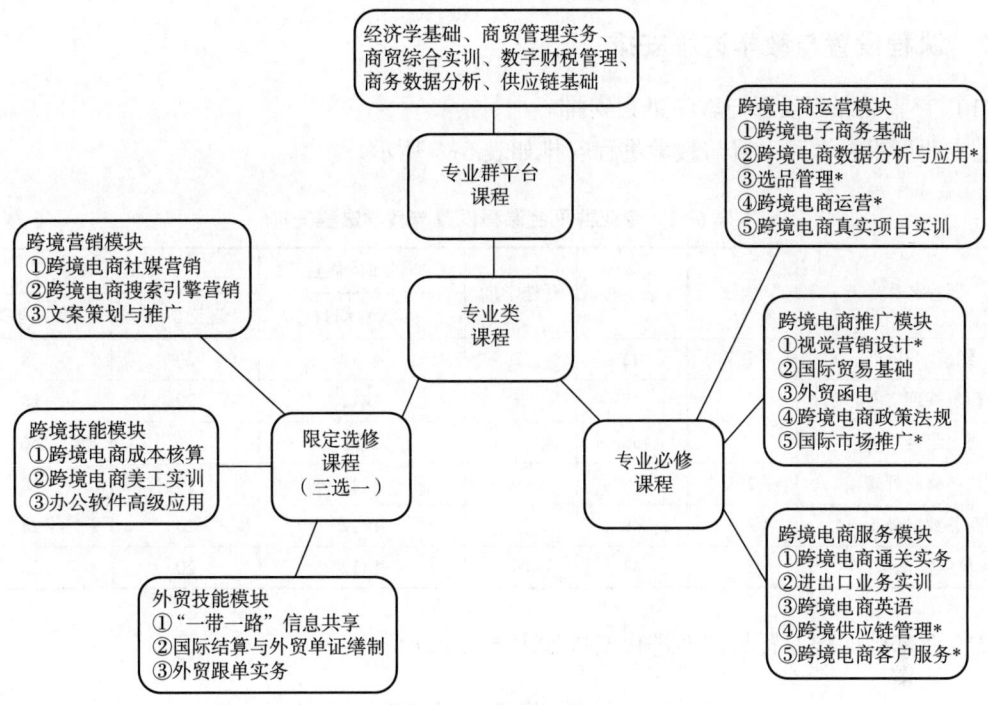

图 6-4 跨境电子商务专业专业类课程地图

（说明：专业核心课程后加"*"号表示，无"*"为专业基础课程）

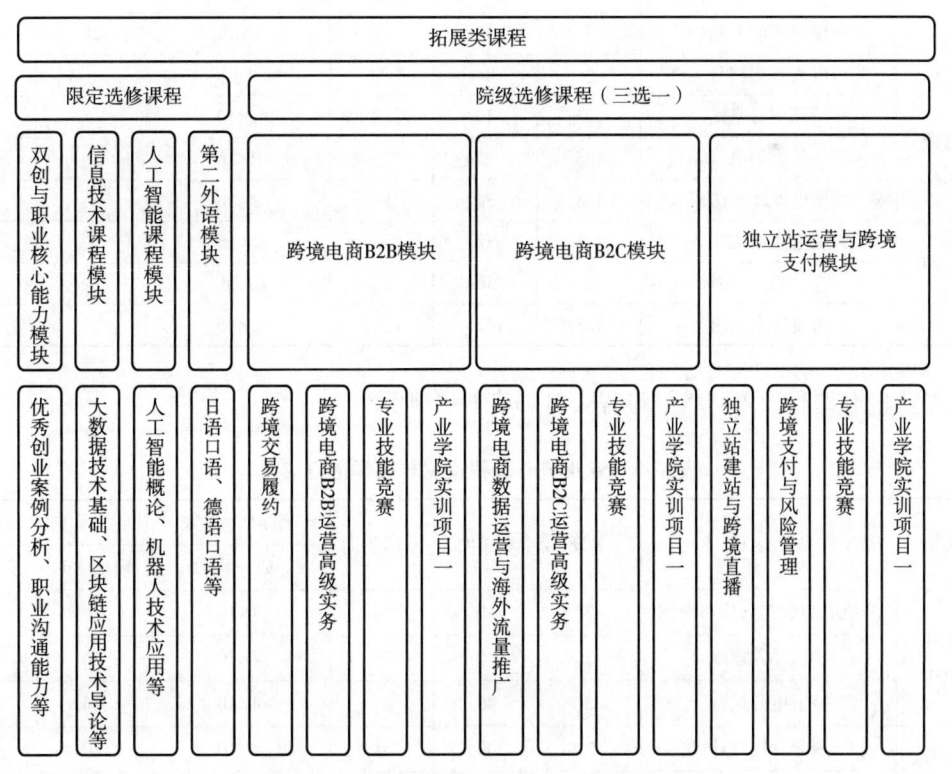

图 6-5 跨境电子商务专业拓展类课程地图

6.2.2 课程设置与教学进程安排

（1）专业类课程设置与教学进程安排

①专业群平台课程设置与教学进程安排如表6-1所示。

表6-1 专业群平台课程设置与教学进程安排

课程名称	学分	总学时	开课学期	周学时×周数（或）周数	课时分配表 理论学时	课时分配表 实践学时
经济学基础	2.5	48	二	4×12	20	28
商贸管理实务	2.5	48	五	4×12	20	28
商贸综合实训	2	56	三	2周	—	56
数字财税管理	2.5	48	四	4×12	20	28
商务数据分析	2.5	48	三	4×12	20	28
供应链基础	2.5	48	四	4×12	20	28

②专业基础课程设置与教学进程安排如表6-2所示。

表6-2 专业基础课程设置与教学进程安排

课程模块	课程名称	学分	总学时	开课学期	周学时×周数（或）周数	课时分配表 理论学时	课时分配表 实践学时
跨境电商运营模块	跨境电子商务基础	2	40	二	4×10	28	12
跨境电商运营模块	跨境电商真实项目实训	3	84	五	3周	—	84
跨境电商推广模块	国际贸易基础	2	40	一	4×10	28	12
跨境电商推广模块	外贸函电	1.5	32	三	2×16	20	12
跨境电商推广模块	跨境电商政策法规	1.5	32	四	2×16	20	12
跨境电商服务模块	跨境电商通关实务	1.5	32	二	2×16	12	20
跨境电商服务模块	进出口业务实训	2	56	二	2周	—	56
跨境电商服务模块	跨境电商英语	1.5	32	三	2×16	12	20

③专业核心课程设置与教学进程安排如表6-3所示。

表6-3 专业核心课程设置与教学进程安排

课程模块	课程名称	学分	总学时	开课学期	周学时×周数（或）周数	课时分配表 理论学时	课时分配表 实践学时
跨境电商运营模块	跨境电商数据分析与应用	2	40	四	4×10	16	24
跨境电商运营模块	选品管理	2	40	三	4×10	16	24
跨境电商运营模块	跨境电商运营	2	40	三	4×10	16	24
跨境电商推广模块	视觉营销设计	2	40	五	4×10	20	20
跨境电商推广模块	国际市场推广	2	40	四	4×10	16	24

续表

课程模块	课程名称	学分	总学时	开课学期	周学时×周数（或）周数	课时分配表 理论学时	课时分配表 实践学时
跨境电商服务模块	跨境供应链管理	2	40	五	4×10	16	24
跨境电商服务模块	跨境电商客户服务	2	40	四	4×10	16	24

④专业类限定选修课程设置与教学进程安排如表6-4所示。

表6-4 专业类限定选修课程设置与教学进程安排（模块三选一）

课程模块	课程名称	学分	总学时	开课学期	周学时×周数（或）周数	课时分配表 理论学时	课时分配表 实践学时
外贸技能模块	"一带一路"信息共享	1.5	24	一	2×12	16	8
外贸技能模块	国际结算与外贸单证缮制	1.5	32	四	2×16	12	20
外贸技能模块	外贸跟单实务	1.5	32	五	2×16	12	20
跨境技能模块	跨境电商成本核算	1.5	32	四	2×16	16	16
跨境技能模块	跨境电商美工实训	1.5	32	四	2×16	—	32
跨境技能模块	办公软件高级应用	1.5	32	三	2×16	—	32
跨境营销模块	跨境电商社媒营销	1.5	32	三	2×16	20	12
跨境营销模块	跨境电商搜索引擎营销	1.5	32	四	2×16	20	12
跨境营销模块	文案策划与推广	1.5	32	四	2×16	20	12

（2）拓展类课程设置与教学进程安排

①拓展类限定选修课程设置与教学进程安排如表6-5所示。

表6-5 拓展类限定选修课程设置与教学进程安排

课程模块	课程名称	学分	总学时	周学时×周数（或）周数	课时分配表 理论学时	课时分配表 实践学时	课程说明
双创与职业核心能力课程模块	创新改变生活、优秀创业案例分析、信息处理能力、职业沟通能力、解决问题能力、团队合作能力、自我管理能力（七选二）	1.5	24	2×12	16	8	至少修满3学分
双创与职业核心能力课程模块		1.5	24	2×12	16	8	至少修满3学分
信息技术课程模块	云计算技术基础、大数据技术基础、VR/AR/MR技术导论、工业互联网技术导论、人工智能技术导论、区块链应用技术导论（六选一）	1.5	24	2×12	12	12	每个专业至少开发出一个模块

续表

课程模块	课程名称	学分	总学时	周学时×周数（或）周数	课时分配表 理论学时	课时分配表 实践学时	课程说明
人工智能课程模块	人工智能概论、机器人技术应用（二选一）	2	32	4×8	32	—	每个专业至少开发出一个模块
第二外语课程模块	日语口语、德语口语、韩语口语（三选一）	1.5	24	2×12	12	12	

②拓展类院级选修课程设置与教学进程安排如表6-6所示。

表6-6 拓展类院级选修课程设置与教学进程安排（模块三选一）

课程模块	课程名称	学分	总学时	开课学期	周学时×周数（或）周数	课时分配表 理论学时	课时分配表 实践学时
跨境电商B2B模块	跨境交易履约	1.5	24	三	2×12	—	24
	跨境电商B2B运营高级实务	1.5	24	四	2×12	—	24
	专业技能竞赛	1.5	24	三	6×4	—	24
	产业学院实训项目一	1.5	24	四	6×4	12	12
跨境电商B2C模块	跨境电商数据运营与海外流量推广	1.5	24	三	2×12	—	24
	跨境电商B2C运营高级实务	1.5	24	四	2×12	—	24
	专业技能竞赛	1.5	24	三	6×4	—	24
	产业学院实训项目一	1.5	24	四	6×4	—	24
独立站运营与跨境支付模块	独立站建站与跨境直播	1.5	24	三	2×12	—	24
	跨境支付与风险管理	1.5	24	四	2×12	—	24
	专业技能竞赛	1.5	24	三	6×4	—	24
	产业学院实训项目一	1.5	24	四	6×4	—	24

③综合能力类课程设置与教学进程安排

综合能力类课程设置与教学进程安排如表6-7所示。

表6-7 综合能力类课程设置与教学进程安排

课程名称	学分	总学时	开课学期	周学时×周数（或）周数	课时分配表 理论学时	课时分配表 实践学时	课程说明
社会实践	1	28	一至四	1周	—	28	第1~2学年寒暑假期间完成
顶岗实习	15	420	六	15周	—	420	
毕业设计（论文）	1	28	六	1周	—	28	

6.2.3 专业核心课程主要教学内容及技能考核要求

专业核心课程主要教学内容及技能考核要求如表6-8所示。

表6-8 专业核心课程主要教学内容及技能考核要求

课程名称	主要教学内容	技能考核项目与要求	参考学时
跨境供应链管理	①海外仓成本、仓储费用计算 ②跨境物流服务商的选择 ③物流服务商客户关系管理 ④跨境物流数据分析 ⑤跨境物流指标数据测算 ⑥跨境采购需求测算	①能够核算海外仓成本，完成对仓位的预警管理 ②能运用仓储费用的计算方法，完成合理仓储费用的提供，为客户节约成本 ③能够在成本、时效、风险评估的基础上，完成对服务商的选择 ④能运用对服务商的抗风险能力分析，完成对服务商服务能力的综合评价 ⑤能运用合适的客户关系管理方法，完成服务商的关系维护，建立长期合作关系 ⑥能运用物流数据分析工具，完成物流信息的收集和处理，为运营决策提供依据 ⑦能运用物流追踪系统，完成货物的妥投率、时效性测算 ⑧能根据采购需求，了解生产制造企业的产品生产流程，完成外协外购物资采购的相关任务	40
选品管理	①跨境电商选品策略 ②跨境电商选品数据分析 ③供应商选择与评估 ④定价策略与销售计划 ⑤产品生命周期	①能够运用站内端口、站外网站、第三方工具等，进行多渠道、多维度数据采集，制作并完善产品数据信息表 ②能够制作可视化分析图表，多重维度进行产品数据化对比分析，选出符合平台要求的优质产品 ③能够对比供应商的产地、品种和质量水平等信息，选择合适的区域供应商，为进一步选择个体供应商奠定基础 ④熟练运用销售计划和定价策略制定通用模型，明确定价和销售额的影响因素，制定合理的价格与销售计划 ⑤掌握不同产品的生命周期规律，并建立不同阶段销售计划和定价策略模型，提高产品的市场竞争力	40
视觉营销设计	①为什么做新媒体营销 ②新媒体营销在电商中的应用 ③视觉对设计和营销的影响 ④产品详情优化指导 ⑤跨境电商平台视觉营销基本内容介绍 ⑥维护店铺页面详情，使其保持高的转化率	①了解新媒体营销的重要性 ②掌握新媒体营销在电商中的应用 ③掌握色彩设计的方法 ④指导产品详情优化 ⑤能够改进店铺页面、产品页面和活动页面，增加页面吸引力	40

续表

课程名称	主要教学内容	技能考核项目与要求	参考学时
跨境电商运营	①跨境电子商务平台（亚马逊、eBay 等）店铺的日常管理、营销、推广、运营、销售等 ②美工设计和客服，分析店铺；统计分析网站流量、产品排名、投放广告最优化 ③跨境电商平台引流、市场营销	①具有与客户沟通洽谈的能力 ②具有产品图像采集与处理的能力 ③具有跨境电商平台物流配送的能力 ④具有运用网络推广工具的能力 ⑤具有制定网络营销策略的能力 ⑥具有跨境电商平台运营的能力	40
国际市场推广	①跨文化交际的要素、内容及框架 ②推广目标、推广渠道、推广计划进度、推广预算 ③短视频推广相关流程 ④海外社媒平台规则 ⑤跨文化语言交际和非语言交际的基本技能 ⑥中国企业出海"一带一路"沿线国家正在进行时的经典案例 ⑦"一带一路"沿线国家的亚文化特点 ⑧跨文化适应的过程	①能够追踪时事热点，结合品牌特点进行营销策划 ②能够针对企业经营目标，采用适当的分析软件开展市场调研与分析，选择合适的行业或者类目 ③能够结合平台特点，从推广目标、推广渠道、推广计划进度、推广预算等方面制定合适的推广方案 ④能够熟悉短视频推广相关流程，熟练掌握海外社媒平台规则 ⑤能够建立并维护品牌社交媒体形象 ⑥能够策划推广活动，与粉丝建立良好互动，提升用户黏性，增加媒体矩阵粉丝数及留存率 ⑦能够利用数据监测与分析搜索引擎优化相关数据 ⑧能够熟练使用英语或当地语言撰写推广文案 ⑨能够通过 SEO 开展品牌宣传 ⑩能够根据品牌的市场定位和发展方向，选择合适的广告投放平台 ⑪能够结合平台特点，挖掘产品卖点并实施广告投放 ⑫能够根据数据反馈及时调整广告推广策略	40
跨境电商数据分析与应用	①跨境电子商务平台的发展现状 ②跨境电子商务数据分析相关概念、意义、过程 ③跨境电子商务数据分析方法、指标、工具 ④跨境电子商务行业数据、竞品数据、竞店数据、用户特征数据、产品需求数据、用户评论数据、推广效果数据的采集渠道与方法 ⑤SWOT 模型、RFM（Recency 消费时间间隔、Frequency 消费频率、Monetary 消费金额）客户价值分析模型、产品需求影响因素模型、漏斗转化模型理论的理论内涵及其应用	①能够熟练使用数据采集分析工具或功能模块、关键词、价格、销售、图片、评价、库存等采集竞争对手数据，确定竞争对手，归纳整理调研数据 ②能够通过 SWOT 等方法分析竞争对手的产品及自身产品优势 ③能够通过对目标市场的调研，挖掘用户特征、用户行为数据，分析市场用户发展趋势，为产品开发部门及运营部门提供数据支撑 ④能够根据运营部门提出的推广需求，对产品进行推广分析 ⑤能够运用第三方数据监测、分析工具对推广结果数据进行追踪，通过不同的广告推广方案，结合推广效果来校验产品和用户行为 ⑥能够使用可视化工具为分析报告提供可视化数据支撑 ⑦能够通过竞争对手分析、用户特征分析、产品需求分析等形成分析报告	40

续表

课程名称	主要教学内容	技能考核项目与要求	参考学时
跨境电商客户服务	①客户分类管理 ②客户评价数据 ③客服服务售前、售中、售后邮件模板 ④跨境电商平台纠纷处理 ⑤统计纠纷数据，核算纠纷成本、分析总结纠纷原因，提出相应改善建议	①能够运用英语或当地语言根据企业产品、生产流程、应用场景等信息及时回复客户咨询 ②能够使用数据分析软件分析客户市场分布以及客户画像，发掘行业诉求和产品竞争力 ③具备外贸及物流知识，能够掌握基础办公软件、常用互联网工具、海外即时通信工具、邮件工具、CRM（Customer Relationship Management，客户关系管理）软件工具的使用 ④能够准确把订单信息传达给供应商，跟踪物流进度，向买家反馈物流状态，提醒买家确认收货直至订单完成 ⑤能够高效与工厂（或者供应商）沟通，督促其保质按时发货，能及时发现订单物流异常并主动和买家沟通、协调处理，减少纠纷发生率 ⑥能够提前预判物流问题或风险，并提出解决方案	40

6.2.4 证书要求

跨境电商专业证书要求如表 6-9 所示。

表 6-9 证书要求

证书类型	证书名称	颁证机构名称（单位）	等级	是否纳入毕业条件（是/否）
通用基本等级证书	广东省高职职业英语合格证书	广东省高职院校公共英语课程教学指导委员会		是
	全国高等学校非计算机专业计算机水平合格证书	广东省普通高校计算机应用水平考试委员会	一级	是
职业技能等级证书、社会认可度高的行业企业标准和证书	电子商务师（跨境电子商务师工种）	在人力资源和社会保障部正式备案的第三方评价机构	中级工（四级或以上）	相关证书选其一
	跨境电商 B2B 数据运营"1+X"证书	阿里巴巴（中国）教育科技有限公司	初级或以上	
	跨境电商 B2C 数据运营"1+X"证书	阿里巴巴（中国）网络技术有限公司	初级或以上	
	跨境电子商务多平台运营"1+X"证书	厦门优优汇联信息科技有限公司	初级或以上	
	跨境电商海外营销"1+X"证书	北京中清研信息技术研究院有限公司	初级或以上	
	互联网营销师	中国轻工业联合会	四级或以上	

6.2.5 实践性教学环节（含独立开设的实训实习课程）

跨境电子商务专业实践性教学环节（含独立开设的实训实习课程）安排如表 6-10 所示。

表 6-10 跨境电子商务专业实践性教学环节（含独立开设的实训实习课程）安排

实践实习项目	实践实习目标	考核要求	场地	时间安排（学期/周数）
社会实践	调查了解专业有关就业岗位信息或社会经济状况	撰写社会实践报告	企业	第一、二学年寒暑假期，不少于2周
进出口业务实训	知识目标： ①熟练掌握出口交易合同应具备的基本知识 ②掌握出口单证流程和方法 ③掌握出口货物流程和方法 ④掌握进口交易合同的程序和方法 ⑤掌握进口单证流程和方法 ⑥掌握进口货物流程和方法 能力目标： ①初步掌握进行出口与进口交易的实际能力 ②具有贸易谈判及合同签订能力 ③具有价格核算、运费、保险费及佣金的计算能力 ④具有根据合同缮制发票、箱单、汇票等相关单证具体操作能力	系统自动进行评分，教师综合考勤及课堂表现给予综合评定。包括函电和单证的制作和填写正确性和完整性，贸易过程的正确性和完整性，库存、盈利和实操的报告等	企业、校内生产性实践基地	第二学期/2周
跨境电商真实项目实训	知识目标： ①掌握电子商务市场调研的基本方法和程序 ②掌握电子商务谈判的基本方法、技巧和策略 ③掌握商品买卖合同的相关知识 ④掌握电子商务采购管理、客户关系管理、平台管理等知识 ⑤掌握电子商务运营的相关知识 ⑥掌握电子商务运营的业务流程 能力目标： ①培养学生电商平台操作的能力 ②培养学生电子商务谈判与合同签订的能力 ③培养学生采购管理、营运管理、仓储管理、信息管理等电子商务实践能力 ④培养学生电子商务运营的能力 ⑤培养学生电子商务沟通的能力	考核包括出勤、岗位任务和实训报告三个部分。过程考核与实践考核相结合	企业、商贸产业学院	第五学期/3周

续表

实践实习项目	实践实习目标	考核要求	场地	时间安排（学期/周数）
毕业设计（实习）	知识目标： ①学会搜集整理顶岗实习中的信息 ②学会对各种信息进行归类总结 ③学会论文的写作规范 ④学会总结分析工作中遇到的问题，并根据自己所学的知识提出解决方案 能力目标： ①培养学生综合运用、巩固所学的基础理论和专业知识的能力 ②能够收集、整理、使用相关信息的能力 ③培养学生总结写作的基本技能	撰写毕业设计	企业、校内生产性实践基地	第六学期/1周
顶岗实习	①能养成良好的职业道德，能够理解和掌握社会道德关系以及关于这种社会道德关系的理论、原则、规范 ②养成良好的职业情感、敬业精神，对所从事的职业及服务对象保持充沛的热情 ③具有良好的职业意志，具有自觉克服困难和排除障碍的毅力和精神 ④具有良好的职业理想，对所从事职业的未来发展，保持健康向上的正能量 ⑤在职业纪律上能遵守国家法律法规和行业的管理规定，遵守实习企业的各项管理制度和规定，遵守顶岗实习工作的各项操作规程，服从实习企业的工作安排，服从实习企业指导教师的指导和安排，服从学校实习指导教师的指导和安排 ⑥在企业文化上能熟悉并融入实习企业的文化，形成与实习企业文化相适应的职业行为习惯和企业价值观	顶岗实习考核应由学校组织，学校、企业共同实施，以企业考核为主，对学生在实习期间的工作表现、工作质量、知识运用和技术技能掌握情况等进行考核。考核结果分为优秀、良好、中等、及格和不及格五个等级，学生考核结果在及格及以上者获得学分。实习成绩由实习基地（企业）和学校两部分考核成绩构成，比例由学校和企业商定	企业	第六学期，学生顶岗实习时间不少于6个月

6.3 教学资源建设

6.3.1 校内实训基地建设

校内实训基地建设基本要求如表6-11所示。

表 6-11　校内实训基地建设基本要求

序号	实训室名称	实训项目	设备配置要求	
			主要设备名称	数量
1	在线贸易中心	跨境电商业务实训 跨境电商操作与经营管理实训 海关报关实训 跨境电商创业实训 外贸项目开发实训	电脑及办公桌椅	25套
			专业实训软件	3套
			服务器	1台
2	商贸综合实训室	跨境电商综合实训 Simtrade（外贸实习平台）综合实训	电脑及办公桌椅	100套
			专业实训软件	4套
			服务器	1台
3	商贸产业学院	跨境电商真实项目运营实训	电脑及办公桌椅	50套
			专业实训软件	1套
			服务器	1台

6.3.2　校外实训基地建设

校外实训基地建设基本要求如表 6-12 所示。

表 6-12　校外实训基地建设基本要求

序号	企业类型	功能	每年接纳学生人数
1	生产型跨境电商企业	专业课程校外实训课堂	30
		学生暑期社会实践	50
		专业实习与毕业顶岗实习	105
2	流通型跨境电商企业	专业课程校外实训课堂	55

6.3.3　教材选用基本要求

严格审查教材选用流程，禁止不合格的教材进入课堂。推荐使用"十四五"高职高专规划教材，优先选用近三年出版的职业教育国家级、省级规划教材和精品教材，根据专业建设开发编写校本特色教材和实践指导教材。

6.3.4　图书与数字资源配备基本要求

图书资源主要包括跨境电子商务专业教材以及《跨境电商研究》《世界经济》等杂志相关资源。数字资源配备基本要求如表 6-13 所示。

表 6-13　跨境电子商务专业数字资源配备基本要求

资源类型	有关要求
①专业群课程资源 　　可建设或使用资源库和在线课程 ②数字电子资源 ● 期刊：知网、万方数据 ● R 语言官网 ● 赢周刊–读览天下 ● 阿里巴巴国际站（外贸政策、海外动态、精品课程等）	数字资源配备 基本要求

6.4　教学实施方案构建

6.4.1　师资队伍

（1）师资队伍结构

师资队伍应以"双师"素质教师为主，聘请行业企业的专业人才和能工巧匠担任兼职教师，逐步形成实践技能课程主要由具有相应高技能水平的兼职教师讲授的机制，构建专兼结合、德技双馨的专业教学团队。

（2）教师任职资格（含政治素质和专业素质）

①专职教师。具有良好的政治思想素质和职业道德；具有较高的师德修养，治学严谨，教书育人，为人师表；具有助教及以上职称，或具有本科及以上学历；满足以下条件之一：

- 所学专业与所任课程相同或相近。
- 具有三年以上的企业工作经历，与所任课程内容相同或相似。
- 经过学校或其他机构组织的针对课程的专门培训，如职业核心能力课程等。
- 具有相关技能证书。
- 具有三年以上讲授该门课程的经历，且教学评价优良。
- 其他胜任该门课程教学的资历或资质。

②兼职教师。具有良好的政治思想素质和职业道德；具有较高的师德修养，治学严谨，教书育人，为人师表；具有助教及以上职称，或具有本科及以上学历（特别优异的，可放宽此条件）；满足以下条件之一：

- 具有三年以上对应企业工作经历或者对口岗位工作经历。
- 企业对应岗位的能工巧匠。

6.4.2　教学方法

采用项目制教学、案例教学、情境教学、模块化教学等教学方法，推广翻转课堂、混合式教学、理实一化教学、仿真虚拟教学模式，运用启发式、探究式、讨论式、参与式等教学方式，打造优质课堂，激发学生的学习兴趣和加强学生的实操能力，以培养学生在跨境电商领域的核心竞争力。

以项目制教学为例，可依托商贸产业学院，通过校企合作引进真实的实训项目进入课堂。利用相对集中的时间，采取多个核心课程的校内教师分阶段教授理论，校外导师指导实践，将多个核心课程通过深度产教融合模式贯穿起来，培养项目化人才。例如，在专业基础类课程模块开设跨境电商真实项目实训，在院级选修课模块开设产业学院实训项目等。

6.4.3 学习评价

课程实施过程性评价与结果性评价相结合，考核因素包括平时成绩、考试成绩、实践成绩等多方面。过程考核权重可根据各类课程具体情况进行适当调整，从而建立科学、有效、可靠的学生评估机制，以激励学生积极参与课堂和实践，提高学生的综合素质和就业竞争力。

6.4.4 质量管理

（1）建立课堂教学质量保证体系

坚持"四位一体三结合"的质量保证体系，在教师自评、学生评价、同行评价、督导评价体系的基础上，"四位一体"与分类评价相结合、"多方"系统与精细评教相结合，监控目标与自我改进相结合，通过学生座谈会、教学检查、教师听评课活动、教学督导、教研活动、课堂教学质量评估等多种方式，帮助教师主动剖析自身差距和共同探讨课堂教学并共享经验，促进教师持续改进、不断提升专业教学能力，提高教学效果与学生学习成效。

（2）建立人才培养目标—标准—课程体系诊改机制

每年定期组织校、行、企多方参与专业人才培养方案修订工作。在制定跨境电商课程标准、顶岗实习标准、实训条件建设标准时，根据产业发展和岗位需求动态调整，促进专业与产业需求对接、课程内容与职业技能标准对接、教学过程与生产过程对接。例如，跨境电商行业日常工作流程中跨境支付相关工作占比比较大，在课程体系的设计中增设跨境支付与风险管理相关课程。

（3）健全学生知识、能力和素质达成的多元化考核评价体系

严格落实培养目标和培养规格要求，设计政、校、行、企多方参与、过程性评价与结果性评价相结合的考核评价体系；利用顶岗实习管理平台对学生实习进行全过程跟踪，强化实习过程管理与考核评价；实施"学历证书+职业技能等级证书"制度试点，将专业课程考试与职业技能等级考核同步考试（评价），促进书、证融通；以国赛、省赛为导向，将竞赛项目内容融入课程教学，促进赛、教结合，以学促赛，以赛促学，合理评价学生掌握知识、技能、素质能力。

（4）建立毕业生跟踪调查机制

根据麦可思（Mycos，专注于高等教育调查与研究、高校咨询服务）《专业人才培养质量报告》，分析相应数据，反思专业培养的各个环节，不断改进专业人才培养标准。每学年至少召开1次校外专家课程咨询会议，邀请企业工程师、同类院校专家、毕业校友对课程开设情况进行审查和论证，根据行业发展需求，增设行业紧缺的课程内容，删除或调整不适合行业需求的课程，并确定专业课程标准，作为课程调整的重要参考。

(5) 制定学业预警办法

制定学业预警办法，通过对学生每学期的学习情况进行分析，对可能或已经发生问题或完成学业有困难的学生进行预警，将学业预警分为三级，预警程度由低到高依次为Ⅰ级预警、Ⅱ级预警、Ⅲ级预警。告知学生本人及家长可能产生的不良后果，并针对性地采取相应补救和帮扶措施，帮助学生顺利完成学业。

第7章　职业教育专业教学资源库建设研究

《职业教育专业教学资源库建设指南》指出，教学资源库是一种数字化学习资源中心，提供海量、优质的数字化学习资源，支持在线课程开发、教学辅助、自主学习等多种应用场景。

《国家职业教育改革实施方案》则将教学资源库视为职业教育的重要基础设施，它以数字化、网络化、智能化等手段汇聚、整合、优化职业教育资源，推动职业教育信息化发展，提高职业教育的质量和效益。

总之，职业教育专业教学资源库在教育学中可以被定义为一种集成了教学资源、教学策略、教学评价以及职业导向的多维度平台。这个平台的目标是满足职业教育专业领域内的教与学需求，提升教学质量，并推动职业教育的持续发展。

7.1　职业教育专业教学资源库的建设意义

职业教育专业教学资源库对于职业教育的发展具有重要的意义。

第一，职业教育专业教学资源库是推动信息化教育改革的先锋。专业教学资源库的建设可以推动信息化教育改革的深入发展。通过数字化、网络化的教学资源，可以促进信息技术与职业教育的深度融合，推动教育信息化进程，提高教育的现代化水平。

第二，职业教育专业教学资源库是促进教育公平的抓手。专业教学资源库的建设可以实现职业教育教学资源的共享，使得不同地区、不同学校的学生都可以享受到优质的课程内容、职业标准、职业场景、新技术新规范等教育资源。这有助于缩小不同地域的教育差距，有力推动教育公平。

第三，职业教育专业教学资源库是推动职业教育发展的发动机。专业教学资源库的建设与职业导向紧密结合，使得教学内容更加贴近实际工作场景，提高学生的职业适应能力。同时，教学资源库的建设也可以促进职业教育与产业需求的对接，推动职业教育的持续发展。

第四，职业教育专业教学资源库可有效提升教师教学能力。专业教学资源库为教师提供了高质量的教学辅助工具。教师可以利用教学资源库中的案例、课件、教辅等资源，提高教学效果，同时也可以通过共享资源，学习借鉴其他教师的教学经验和方法，提升自身教学能力。

第五，职业教育专业教学资源库是促进产教融合的有效载体。专业教学资源库的建设可以促进职业教育与产业需求的对接，实现产教融合。教学资源库中的案例、实践课程等资源可以引入实际工作场景中的知识和技能，使得学生更好地理解和掌握实际工作的需求，提高职业适应能力。

第六，职业教育专业教学资源库是培养高素质技术技能型人才的有效手段。专业教学资源库切实落实了"以学生为中心"的理念。使用教学资源库可以帮助学生有效实现自主学习。学生可以根据自己的学习需求和兴趣，自主选择学习资源，自主安排学习进度，提高学习的主动性和积极性。同时，教学资源库中的多种形式的教学资源也可以帮助学生更好地理解知识、掌握技能，提高学习效果。这有助于培养出具备创新精神和实践能力的高素质人才，为经济发展和社会进步提供强有力的人才支撑。

第七，职业教育专业教学资源库是推动职业教育国际化的有效载体。通过共享我国职业教育优质教学资源，可以促进国际间的教育交流与合作，引进国外先进的教学资源和方法，推动我国职业教育的国际化发展。

总之，职业教育专业教学资源库的建设对于提高教学质量、促进教育公平、推动职业教育发展、培养高素质人才、促进职业教育走向国际化等方面都具有重要的意义和贡献。

7.2 职业教育专业教学资源库的设计

7.2.1 教学资源库建设的教育理论

职业教育教学资源库依据教育理论进行设计与实施，实际实施中依据的是常见的建构主义理论。

建构主义理论是一种深入探讨知识、学习和认知的理论。它主张知识不是被动地接受，而是由认知主体主动地建构起来的。这种建构是通过新旧经验的相互作用而实现的。建构主义理论强调认知主体在与周围环境相互作用的过程中，通过"同化"与"顺应"的方式，逐步建构起关于外部世界的知识，从而使自身的认知结构得到发展。建构主义理论包括激进建构主义和社会建构主义两个主要流派。激进建构主义以皮亚杰（J. Piaget）的思想为基础，进一步发展了建构主义的理论。它的核心原则是知识是由认知主体主动建构的，而非被动接受。这种建构是通过新旧经验的相互作用而实现的。激进建构主义认为，世界的本来面目是我们无法知道的，而且也没有必要去推测它，我们所知道的只是我们的经验。因此，个体为了适应不断扩展的经验，其图式会不断进化。所有的知识都是在这种个体与经验世界的对话中建构起来的。社会建构主义则强调了社会性在知识建构过程中的重要性。它认为学习是社会性的，是通过与他人的互动和交流而实现的。社会建构主义注重实际情境教学和协作学习。它认为学习者以自己的方式构建自己对事物的理解，使不同的人看到事物的不同方面，没有单一的标准理解。教学过程中要聚焦急需解决的重要问题，注重提供充足的资源。

在教育实践中，建构主义理论对教学理念产生了深远影响。以学生为中心的教学是建构主义的核心观点之一。它强调学生是信息加工的主体和意义的主动建构者，而非外部刺激的被动接受者和灌输对象。教师应从传统的知识提供者转变为学生学习活动的促进者，帮助学生主动建构知识。同时，教师还应注重实际情境教学和协作学习，以促进学生的主动学习和深度思考。

项目团队在资源库的构建中主要依据了社会建构主义理论。社会建构主义关注社会文化因素在知识建构和认知过程中的作用，认为知识是在社会文化背景下，通过个体与个体之间的互动和交流而建构起来的。

社会建构主义的理论基础主要源自于皮亚杰的认知发展理论和维果茨基（L. Vygotsky）的社会文化理论。皮亚杰的认知发展理论关注个体在认知过程中的主动性和建构性，认为个体通过与周围环境的互动和交流，逐步建构起对外部世界的理解。而维果茨基的社会文化理论则强调了社会文化因素在认知过程中的重要作用，认为人类认知是在社会文化背景下，通过语言、符号等工具而得以发展的。社会建构主义认为，认知过程并非个体独立进行的，而是受到社会文化因素的影响。在社会建构主义的视角下，知识不是被动的接受，而是由认知主体主动建构的。这种建构是通过个体在社会文化背景中与他人的互动和交流而实现的。在这种建构过程中，社会文化因素起到了关键的作用，它为认知主体提供了符号、语言等工具，帮助其理解和表达对外部世界的认识。

社会建构主义在专业教学资源库的建设中具有广泛的应用价值。它启示我们在专业教学资源库的构建中要注重建设实际教学情境和鼓励学生之间进行协作学习，以促进学生的主动学习和深度思考。同时，教师还应关注学生的社会文化背景，了解其认知发展阶段和特点，为其提供适合的教学资源和支持。

7.2.2 教学资源库的建设原则

为建设科学、规范、实用、新颖的教学资源库，为职业教育教学提供强有力的支持和保障，职业教育专业教学资源设计和建设中应遵循以下原则。

一是科学性原则，教学资源库的内容应符合教育规律和认知科学理论，体现科学的教育理念和方法。

二是系统性原则，教学资源库的建设应从整体出发，注重内容的全面性、层次性和系统性。同时，应注重不同学科、不同学段之间的资源整合和共享。

三是实用性原则，教学资源库的建设应从实际需求出发，注重资源的实用性、针对性和可操作性。同时，应考虑不同地区、不同学校之间的差异，满足多样化的需求。

四是开放性原则，教学资源库应具备开放性和共享性，鼓励广大师生积极参与建设，实现资源的共建共享。同时，应制定相应的规范和标准，保证资源的规范性和质量。

五是创新性原则，教学资源库的建设应注重创新，鼓励师生探索新的教育理念和方法，开发具有特色的教学资源。同时，应注重与国际接轨，吸收国际先进的教育资源，推动我国教育水平的提高。

六是安全性原则，教学资源库的建设应保证信息的安全性、可靠性和保密性，确保资源的安全存储和传输。同时，应建立健全的权限管理和审核机制，保障教育资源的合法使用。

7.2.3 教学资源库的构成要素

职业教育专业教学资源库的构成要素通常包括资源内容、资源运营、平台管理等几个方面。

首先，教学资源库的核心是资源内容，它包括各类数字化媒体素材、教学活动设计、教学评价与反馈、教学支撑工具等。这些资源内容应该符合教育规律和认知科学理论，具有科学性、系统性和实用性。

其次，资源运营中主要包括教师教学设计与实施、资源库的评价与反馈两个部分。教师教学设计与实施包括基于资源库的教学策略设计、教学资源的使用、教学方法的课堂应用、学生自主学习进程的设计等。资源库运营中要做好基于教学资源库的教学设计，以提高教学资源库的应用效果。针对教学资源库和基于教学资源库教学的评价反馈是教学资源运营的另一方面。教学资源库建设时应设计完善的评价反馈机制，了解用户对资源库的评价和反馈意见，以便及时改进和完善。同时，应鼓励用户积极参与评价反馈活动，提高资源库的质量和实用性。

最后，教学平台是资源库物理体现形式。做好教学平台管理包括用户界面管理、技术支持、运营维护三部分。用户界面是教学资源库的重要组成部分。教学资源库应具备直观、易用的用户界面，方便用户进行资源的查询、浏览和下载；同时，应注重用户体验，提供个性化的推荐和搜索功能,提高用户的使用效率和满意度。技术支持是指教学资源库需要具备稳定、可靠的技术支持,包括服务器、存储设备、网络设备等硬件设施,以及相应的软件平台和工具。这些技术支持应保证资源的安全存储和传输,保障教学资源库的稳定性和可用性。同时,教学资源库需要进行长期的运营维护,包括资源的更新、审核和管理等方面;还应建立完善的信息安全和隐私保护机制,保障用户信息和资源的安全性。

总之,资源内容、资源运营、平台管理共同构成了教学资源库的基本框架,通过不断完善和优化这些要素,可以提高教学资源库的质量和效益,为教育教学提供更好的支持和保障。

7.3 职业教育专业教学资源库的内容与分类

7.3.1 教学内容的选取原则

职业教育专业教学资源库内容选取应该遵循需求导向、科学性、多元性、实时性和可扩展性原则,以确保资源库的内容符合现代职业教育的需求和发展趋势,为提升学生的职业能力和职业素养提供有力保障。

资源库内容的选取应该以职业教育的实际需求为导向,紧密结合专业培养目标,以提升学生的职业能力和素质为目标,选取符合职业标准、具有职业针对性的教学资源,确保资源库的内容能够满足职业教育的需求。在具体实施时,应紧密联系"产业高端",将新技术、新业态、新工艺等作为重要知识点,引入资源库内容。通过基于校企合作的"岗、课、赛、证"融通,进而确立知识体系,也是选取资源库内容的有效手段。

资源库内容的选取应该具有科学性,符合教育规律和认知规律,能够帮助学生掌握职业知识和技能,同时培养学生的创新能力和可持续发展能力。在选取教学资源时,应该注重资源的科学性、准确性、严谨性和实用性。

资源库内容的选取应该具有多元性,涵盖多元化的领域和知识点,包括不同类型的教学资源,如文本、图像、视频、音频、案例等。同时,应该注重不同工作领域之间的交叉和融合,以便于学生进行跨岗位学习和拓展职业素养。

资源库内容的选取应该具有实时性,及时更新教学资源,反映行业和企业的发展动态和最新技术,以便于学生掌握最新的职业知识和技能。同时,应该注重"政、校、行、企"融合,引入实际案例和项目,支持开展"项目式""任务式"教学,以便于学生体验实际工作环境和要求。

资源库内容的选取应该具有可扩展性,能够随着职业教育的发展和需求变化进行更新和完善。因此,在建设资源库时,应该注重制定标准和规范,以便于资源的共享和扩展。

7.3.2 教学内容的分类方法

职业教育专业教学资源库的教学内容应该按照教学内容类型、教学内容层次和教学内容形式进行分类组织。

按照教学内容类型,可以将教学资源库的教学内容分为理论教学内容和实践教学内容。理论教学内容主要包括专业基础课程、专业核心课程、专业拓展课程等,重点在于传授理论知识,帮助学生建立完整的知识体系。实践教学内容主要包括实验、实训、课程设计、综合实践等，重点在于培养学生的实践操作能力、问题解决能力和创新能力。

按照教学内容层次，可以将教学资源库的教学内容分为平台型、基础型和专业型三个层次。平台型主要指专业基础课程和基本技能训练，面向全体学生，重点在于夯实基础，培养学生的基本技能和职业素养。基础型主要指专业核心课程和专业技能训练，面向大部分学生，重点在于强化专业核心知识和技能，提高学生的职业能力和竞争力。专业型主要指专业拓展课程和综合实践项目，面向部分优秀学生，重点在于提高学生的专业知识和技能，培养学生的职业能力、创新能力和可持续发展能力。

按照教学内容形式，可以将教学资源库的教学内容分为文本、图像、视频、音频、案例等类型。文本类型主要包括教材、讲义、课件等文字资料，是传递知识的主要形式。图像类型主要包括图片、图表、漫画等，有助于学生更好地理解抽象的概念和原理。视频类型主要包括教学录像、微课、MOOC（Massive Open Online Courses，大规模开放在线课程）等，可以呈现真实的工作场景和操作过程，提高学生的直观感受和理解能力。音频类型主要包括录音、播客等，可以提供语音讲解和指导，方便学生在移动设备上随时随地学习。案例类型主要包括实际案例、项目报告等，可以帮助学生更好地了解实际工作环境和要求，提高学生的实践能力和问题解决能力。

7.4 职业教育专业教学资源库的共建与共享

7.4.1 教学资源库共建的参与者及其作用

职业教育专业教学资源库的共建需要各方主体共同参与，包括职业院校、行业企业、教师和学生等，各参与者在资源库的建设过程中发挥各自的重要作用。通过合作共建，可以促进教学资源的共享和交流，提高教学质量和效益，推动职业教育的持续发展。

职业院校是职业教育专业教学资源库建设的核心主体，负责组织教师和学生参与资源库的建设，提供各种教学资源和技术支持，推动教学资源的共享和交流。同时，职业院校还是与行业企业开展深度合作的牵头单位，引入实际案例和项目，加强实践教学，提高教学资源库的实际应用价值。

行业企业是职业教育专业教学资源库建设的重要合作伙伴，应为教学资源库提供实际的工作场景和操作过程，为教学资源库提供宝贵的实践经验。同时，行业企业还可以为教学资源库的建设提供技术支持和资金支持，促进教学资源的更新和完善。

教师和学生是职业教育专业教学资源库建设的核心参与者。教师负责设计、制作和整理教学资源，并为学生提供学习和使用这些资源的指导。学生则是教学资源库的主要使用者，他们可以利用这些资源进行自主学习和拓展知识面。同时，教师和学生还可以为教学资源库提供反馈和建议，促进其不断改进和完善。

7.4.2 教学资源库共享的意义和模式

（1）教学资源库共享的意义

教学资源库共享是指教育工作者通过建立和维护共享平台，将各类教学资源整合、分享和交流的过程。教学资源库共享对于职业教育有着重要的意义。

首先，教学资源库共享为教育工作者提供了丰富的教学素材和资源。教学资源库中可以集聚各类优质的教材、教案、多媒体教学资源等，为教育工作者提供了广泛且多样化的选择。通过共享，教育工作者可以相互借鉴、参考和启发，提升自身的教学能力和水平。

其次，教学资源库共享可以促进教育教学的创新和发展。通过教学资源库共享，不同地区、不同学校、不同学科的教育工作者可以交流教学理念、经验和方法，共同探索和研究创新的教学策略和模式。这有助于促进教育教学的不断改进和更新，提高教育质量和效果。

最后，教学资源库共享也可以提高资源利用的效率和公平性。通过共享平台，教育资源可以被更多的教育工作者充分利用，避免了资源的重复制作和浪费。同时，资源的共享也有利于缩小不同地区、不同学校之间的教育资源差距，提升教育公平性。

（2）资源库共享的模式

在模式上，教学资源库可以采取集中管理和分布式管理相结合的方式。集中管理可以由教育机构或专业组织负责维护和更新资源库，确保资源的质量和可靠性；而分布式管理则可以鼓励教育工作者积极贡献和分享自己的教学资源，提高整个资源库的多样性和广度。教学资源库常见的共享模式包括开放式共享模式、专业组织共享模式、区域合作共享模式等。

开放式共享模式的主要特点是通过建立一个开放的在线平台，让教育工作者可以自由上传、下载和分享各类教学资源。该平台可以设立权限管理机制，确保资源的可靠性和质量。教育工作者可以根据自身需求在平台上搜索和获取需要的教学资源，也可以将自己制作的资源上传至平台分享给其他教育工作者使用。

专业组织共享模式的主要特点是鼓励教育专业组织建立自己的教学资源库，并将其开放给会员进行资源共享。该模式通过专业组织的筛选和审核，可以提供高质量的教学资源，并促进教育工作者之间的交流和合作。专业组织还可通过组织研讨会、研讨班等活动，进一步推动资源共享和教学方法的交流。

区域合作共享模式的主要特点是在区域范围内建立教学资源库，各个学校、机构可以将本地区优质的教学资源进行整合和共享。该模式促进了区域间的资源共享和合作。同时，区域性的教学资源库还可以在本地区进行资源更新和维护，更好地适应当地的教学需求。

需要注意的是，无论采用何种模式，教学资源库共享要注重保护版权和知识产权，确保资源的合法合规。同时，还需要进行资源管理和评价，对资源进行筛选和审核，确保资源的质量和适用性。最重要的是要营造一个积极的共享氛围，鼓励教育工作者积极参与共享，加强合作，推动教育教学的持续发展。

总之，教学资源库共享不仅为教育工作者提供了更多的教学素材和资源，也促进了教育教学的创新和发展，同时提高了资源的利用效率和公平性。这一理念在职业教育领域具有重要的意义，应得到广泛的推广和应用。

7.4.3 教学资源库共建共享的机制与政策建议

职业教育专业教学资源库的共建共享需要建立完善的机制和政策建议，包括教育行政部门的统筹和指导、职业院校与行业企业的合作、教学资源库共建共享的机制、质量标准和管理规范的制定以及教师和学生的培训和能力提升等方面。通过这些措施的实施，可以促进职业教育专业教学资源库的共建共享，提高教学质量和效率，推动职业教育的持续发展。

第一，教育行政部门应该加强对职业教育专业教学资源库建设的统筹和指导。制定相关的政策和规划，引导和推动职业院校与行业企业合作，提供资金和资源支持，促进教学资源库的建设和更新。同时，加强对教学资源库的建设和使用的监督和管理，确保其质量和安全。

第二，职业院校应该加强与行业企业的合作，共同推进教学资源库的建设。职业院校可以与行业企业建立战略合作关系，引入实际案例和项目，加强实践教学，提高教学资源库的实际应用价值。同时，职业院校还可以通过与行业企业合作，共同开发教学资源，提高教学资源的针对性和实用性。

第三，建立教学资源库共建共享的机制。教育行政部门和职业院校应该建立教学资源库共建共享的机制，包括资源共享、知识产权保护、利益分配等方面。通过建立共建共享机制，可以促进教学资源的共享和交流，提高教学资源的利用效率和教学质量。

第四，制定教学资源库建设的质量标准和管理规范。教育行政部门和职业院校应该制定教学资源库建设的质量标准和管理规范，包括教学资源的设计、制作、审核、发布等环节。通过制定规范和标准，可以保证教学资源的质量和安全性，提高教学资源的使用效果。

第五，加强教师和学生的培训和能力提升。教师和学生是教学资源库的主要参与者和使用者，他们的能力和素质直接影响到教学资源库的建设和使用效果。因此，应该加强教师和学生的培训和能力提升，提高他们的信息技术素养和教育教学能力。

7.5 职业教育专业教学资源库的效益评估与持续改进

职业教育专业教学资源库的效益评估与持续改进是提高教学质量和教学效果的关键环节。通过科学有效的评估和改进措施，可以不断优化资源库的功能和内容，促进教育教学的创新和发展。

7.5.1 效益评估的方法与工具

教学资源库效益评估中会使用大量的数据分析工具。通过数据分析，可以了解教学资源库的使用情况、学生和教师的需求和反馈，以及教学资源的优化和改进等方面的问题。

使用数据分析工具评价资源库的使用效益，首先要明确教学资源库的评估目标，如提高资源使用率、降低教学成本、提高学生学习效果等。这些目标将为评估提供方向和基准。其次做好教学资源库使用情况的数据收集，包括学生和教师的访问量、下载量、使用时长、反馈意见等。这些数据可以通过教学资源库管理系统或数据采集工具进行收集。再次，对收集到的数据进行清洗、整理和分析。最后，将分析结果以图表、报告等形式呈现，以便更好地理解和评估教学资源库的使用效益。根据分析结果，可以制定具体的改进建议，如优化资源类型和数量、提高资源质量、改进访问速度等。根据制定的改进建议，实施相应的措施并进行跟踪评估。通过不断改进和优化教学资源库，可以提高其效益和使用效果，并为学生和教师提供更好的教学支持和服务。

7.5.2 持续改进的目标与策略

持续改进的资源库建设应该以提高学生和教师满意度、提高资源质量和效率为目标。为了实现持续改进的资源库建设目标，在资源库建设中常常采取以下策略。

首先，实施定期评估。定期对教学资源库进行评估，了解学生和教师对资源库的满意度、资源质量和使用效率等方面的情况，以便及时发现问题并采取改进措施。其次，建立有效的用户反馈机制，鼓励学生和教师对教学资源库提出意见和建议，及时了解用户需求和反馈，以便进行改进。根据用户反馈和评估结果，不断优化教学资源库的结构和功能，提高使用效率和师生满意度。再次，积极引入新技术和新方法，如人工智能、大数据分析等，对教学资源库进行升级和改进，提高资源的质量和效率。最后，对学生和教师进行培训和指导，提高他们对教学资源库的认识和使用技能，以便更好地利用资源库进行学习和教学。

具体的改进措施通常包括：根据用户反馈和评估结果，对教学资源进行重新分类和整理，以便用户更容易地查找和使用所需资源；根据学生需求和学习反馈，增加学习辅导类资源，如习题库、在线测试、学习指导等，帮助学生更好地掌握知识和技能；加强对教学资源的质量把控，建立严格的审核机制，确保新添加的资源质量符合要求；通过优化服务器配置、分流等技术手段，提高教学资源库的访问速度，为用户提供更好的使用体验；引入在线讨论、互动问答等功能，增加教学资源库的互动性，方便学生和教师进行交流和讨论等。

7.6 职业教育专业教学资源库建设实例分析

本节以广东轻工职业技术学院为第一主持单位建设的"跨境电子商务专业教学资源库"为例进行分析。

7.6.1 建设目标与思路

（1）建设目标

项目团队紧密围绕中国"十四五"数字贸易强国建设目标，依托跨境供应链产业，科技引领，深度产教融合，遵循"能学、辅教"功能，按照"一体化设计、结构课程、颗粒化资源"的逻辑，采用先进的数字开发技术，结合先进教育理念，构建以学习者为中心、中高本一体化设计的交互式、共享型，具有科学性、先进性、适用性、开放性、可持续性的全国一流、有国际影响力的专业教学资源库，展现跨境电子商务中国标准和输出中国职教资源。

（2）建设思路

项目团队以"跨境电子商务"专业标准制定为契机，突破"资源建设缺乏标准和规范""行业企业深度参与不足""难以形成共建共享共赢"等瓶颈问题，构建面向跨境电子商务岗位群、对接职业技能标准、中高本衔接一体化、培养跨境电商行业可持续发展人才的动态专业资源库。

①以全国"跨境电子商务"专业标准制定为契机，形成跨境电子商务专业一体化顶层设计。依托跨境电商国家职业技能标准，根据"职业岗位群—典型工作活动—工作任务—对接课程"的课程体系研究与构建方法，对跨境电子商务教学资源库进行顶层设计，构建基于职业工作过程的跨境电商核心课程体系。在此基础上，通过对职业岗位能力的分解、分级、重构，构建中职与高职的中高教育衔接、高职与本科的专本教育衔接，将中职、高职、本科继续教育"一体化设计"，形成支撑纵向贯通、横向融通的现代职教体系的"一体化"资源库。

②以资源库为载体推动跨境电子商务专业国家标准落地。以全国"跨境电子商务"专业标准制定为契机，进行"结构化"课程建设、"颗粒化"资源建设，展现教学内容与课程体系改革成果，融入思想政治教育与创新创业教育，推动跨境电子商务专业国家标准落地。

同时，根据岗位能力和学习领域对结构化课程进行颗粒化，形成最小单元为独立的知识点和完整表现的素材库。素材库包括基本资源、拓展资源两部分。基本资源涵盖专业教学标准（或专业教学基本要求）规定内容、覆盖专业所有基本知识点和岗位基本技能点，颗粒化程度较高、表现形式适当，能够支撑标准化课程的资源。拓展资源是指基本资源之外针对产业发展需要和用户的个性化需求开发建设的资源。拓展资源应反映行业发展的趋势的特色、前沿技术、最新成果，并能够保持先进性。

③追踪行业技术发展，实时调整资源，建成动态先进的资源库。在国内大循环为主体、国内国际双循环相互促进的新发展格局下，粤港澳大湾区跨境电子商务快速发展。同时跨境电子商务中新技术（如独立站、区块链技术）、新贸易规则（如平台规则、全球消费市场治理和全球知识产权治理）不断涌现，为了保证专业教学资源库的适用性，在常态化、多形式的调研基础上，要能及时根据社会需求的变化、行业技术的进展，实时调整教学内容、典型案例、规范标准、工艺技术等，使专业教学资源库与专业技术发展同步，保持时效性、动态性和先进性（图7-1）。

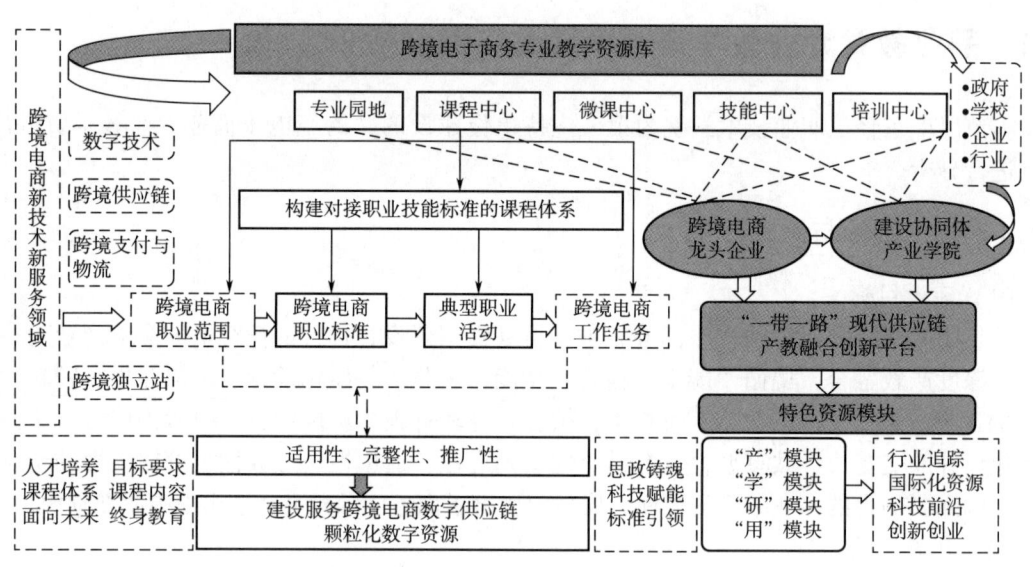

图7-1 跨境电子商务专业教学资源库

④能学辅教，满足用户多样性需求。跨境电子商务专业教学资源库服务平台是一个支持课前、课中、课后学习的开放的、可扩展的在线学习平台，改变了传统的"灌输"式教学模式，实现以学习者为中心的教学模式转变。教师针对不同的学习者和课程要求，利用资源库灵活组织教学内容、辅助实施教学过程，实现教学目标；学生可以在课堂上学习以外，还可以通过使用资源库巩固所学知识、实现拓展学习。采用PC（Personal Computer，个人电脑）、APP（Application，应用程序）、O2O（Online to Offline从线上到线下/Offline to Online从线下到线上）三种学习方式，能够全面覆盖学习者各个学习环节，有效构筑适用于不同类型学习者学习专业知识的学习环境，并为学习者提供个性化便捷服务。资源库提供线上与线下学习过程的管理与服务功能，帮助学习者自主高效学习。不同学习者通过自主使用资源库可实现系统化、个性化学习。

⑤以点带面，推动混合教学改革。以教学与课程改革为基础，发挥O2O混合式教学作

用。将项目建设团队院校在跨境电子商务专业建设中所取得的教学改革成果，尤其是在人才培养模式、教学模式、教学内容、实践教学等方面的改革成果，结合资源库建设与应用特点，融入所建设的各类资源之中，体现资源库建设的示范效应；结合高职商务英语专业实践教学占比大、实训条件不足等特点，利用最新的虚拟仿真技术和手段，推动网络学习、线上线下混合式教学，充分发挥线下传统资源与线上数字资源各自的优势，高效应用资源库。

7.6.2 建设内容

跨境电子商务专业教学资源库的建设内容包括以下三个方面。

（1）重构跨境电子商务专业人才培养方案和课程体系

项目团队将以全国"跨境电子商务"专业标准制定为契机，联合参建单位，对接职业技能标准、技术标准，共同制定并实施适应跨境电商行业发展需求的国家专业教学标准、专业人才培养方案，优化专业课程体系。

①思政铸魂。项目团队依托本校作为全国高校思政研究会高职高专专业委员会副会长单位（广东省会长单位）的优势，围绕习近平总书记提出的"培养什么人、怎样培养人、为谁培养人"根本问题，将习近平新时代中国特色社会主义思想融入粤港澳大湾区发展和跨境电商行业发展的实践，全面落实课程思政，铸造跨境电子商务专业教学资源库的灵魂。

②科技赋能。项目团队依托与浪潮等业界领先企业合作共建的"北斗+"跨境电商协同创新中心（包括跨境供应链数据分析实验室、"区块链+"跨境支付创新应用实验室等），运用资源库现有的区块链、北斗导航等行业前沿技术课程，积极开发跨境电商相关运用的课程资源：在跨境电商上游产业链，利用区块链技术开发跨境电商产品溯源的课程资源；在跨境电商下游产业链，利用区块链技术开发跨境电商财务管理与结算的课程资源，利用北斗导航技术开发跨境运输定位、授时与监控的课程资源。以科技优化跨境电商全产业链、赋能跨境电子商务专业教学资源库，保障资源库的先进性和行业引领性。

③标准引领。首先，打造国内领先、国际一流的跨境电商职业技能标准。依托本项目团队作为教育部第二批国家级职业教育教师教学创新团队（跨境电子商务教师团队）的优势，积极发挥本团队所在院校作为跨境电商国家职业技能标准制定副组长单位的作用，与跨境电商国家职业技能标准制定小组各单位密切合作，全面调研阿里巴巴、怡亚通供应链有限公司等跨境电商和跨境供应链龙头企业，了解跨境电商职业需求和职教痛点，制定基于职业工作过程的跨境电商国家职业技能标准。

其次，构建基于职业工作过程的资源库核心课程体系。依托跨境电商国家职业技能标准，根据"职业岗位群—典型工作活动—工作任务—对接课程"的课程体系研究与构建方法，对跨境电子商务专业教学资源库进行顶层设计，构建基于职业工作过程的跨境电商核心课程体系。

依托跨境电商核心课程体系和职业技能标准，对资源库现有课程体系进行优化升级，对资源库当前的跨境电商四大岗位群（跨境电商产品开发与采购、跨境电商平台美工与编辑、跨境电商平台运营和跨境电商物流与客服）进行典型职业活动设计，建设对接跨境电商职业技能标准和职业岗位工作过程的跨境电商核心课程体系。

重构后的跨境电商核心课程体系将升级为跨境电商七大岗位群（跨境电商运营、选品分析、国际市场推广、数据采集分析、跨境客户服务、视觉营销设计、跨境供应链管理），如图7-2所示。

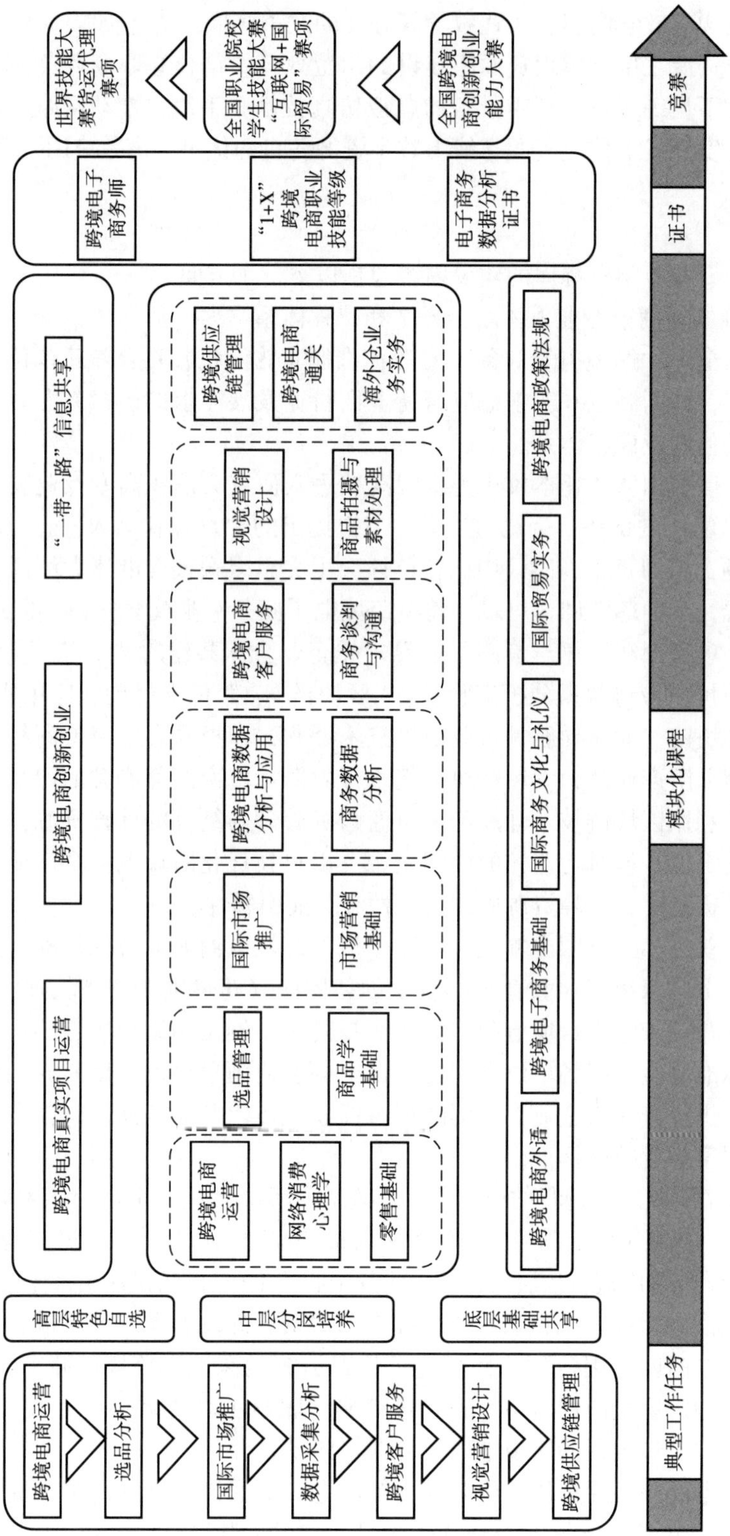

对接职业技能标准的跨境电子商务课程体系构建与教学资源开发

图 7-2 重构后的跨境电商核心课程体系

再次，对接职业技能标准和教学标准，重构跨境电商课程体系。依托数字供应链等课程模块串联跨境电商数字产业链，围绕核心课程体系，以底层基础共享课程为支撑、以跨境电商为引擎，辐射带动智慧物流、智能财会等上下游产业链，打造跨境电商七大岗位群，服务跨境电商数字产业链课程体系。

（2）依托新课程体系，进行四层次整合组织

依托新课程体系，按照社会需求分析、行业企业信息分析、专业建设分析、课程与辅助资源开发、教学组织与实施等措施汇集资源，以分解的颗粒化资源为基础，按照教育部发布的国家教育信息化技术规范，根据资源文件属性、教学属性、用户属性等对资源进行有效管理，进一步完善资源库建设，面向用户需求，对现有资源进行四层次重新整合组织。

①深入建设行业企业信息层。产业和行业信息的建设有助于高等职业院校培养符合产业需求、行业要求的技术技能型人才，也有助于细化人才培养目标、精准制定人才培养方案。通过积极对接新发展格局下跨境电商行业和企业的发展需要，进一步明确跨境电子商务专业建设的目标、方法和途径。产业和行业信息的建设也有助于教师、学生、企业、社会学习者掌握在新发展格局下行业的发展动态，了解跨境电商企业信息，学习相关行业企业知识。具体建设内容如表7-1所示。

表7-1　行业企业信息建设内容

序号	项目主要内容	建设内容描述
1	行业信息	"一带一路"倡议下行业领域的动态、政策、发展概况、人才需求情况、专业技术领域相关网站链接
2	企业信息	①专业领域知名企业、合作企业、学生就业企业的基本信息 ②企业人才需求信息 ③知名企业家信息 ④知名企业网站链接 ⑤合作企业与专业相关的案例
3	职业岗位信息	①知名企业的主要职业岗位信息 ②主要职业岗位的典型工作任务描述 ③岗位工作规范、工作标准
4	企业文化及发展	①企业文化及理念 ②相应企业发展信息 ③企业发展过程中的代表人、物、事件
5	新技术、新装备、新工艺、新应用介绍	新技术、新装备、新工艺、新应用介绍
6	政策法规	产业、行业发展相关政策法规
7	其他	其他与行业、产业相关的信息

②深入建设专业背景层。专业标准化建设遵循职业竞争力导向的专业开发流程,为职业院校专业开发具有国家标准的人才培养方案,使相关人员可按照本专业教学资源库所提供的建设方案进行人才培养方案的开发和教学条件的配置,建设内容主要包括调研标准化表格、人才培养目标及规格、专业课程体系设计规范、课程开发规范以及教学条件建设标准等普适性资源,以适应不同区域的职业院校开展职业岗位分析、人才培养方案制定等个性化需求。具体建设内容如表7-2所示。

表7-2 专业标准化建设内容

序号	项目	主要建设内容
1	社会需求调研	社会对人才需求情况,主要就业岗位及次要岗位,典型工作任务的统计分析
2	相关学校专业调研	①相关学校专业建设情况调研 ②就业面向、培养目标、规格、课程等调研
3	职业岗位分析	岗位能力分析材料
4	专业培养目标及规格	专业培养目标与规格
5	指导性人才培养方案	专业人才培养方案
6	专业标准	①教学团队配置标准 ②实验实训实习设备设施配置标准 ③校内外实训基地建设标准
7	专家论证报告	对专业人才培养方案的论证报告

③深入建设结构化课程层。在现有专业教学资源库的基础上,依托跨境电商核心课程体系和职业技能标准,对资源库现有课程体系进行优化升级,在对跨境电商七大岗位群(跨境电商运营、选品分析、国际市场推广、数据采集分析、跨境客户服务、视觉营销设计、跨境供应链管理)的工作任务、职业能力进行归纳分析的基础上,对确定的跨境电商行业工作任务进行梳理、归类,依照其岗位特点、职业成长规律进行学习领域转换,改革和设计新型课程体系。首先分析归纳关键能力对应的知识与技能要求,然后按照知识和技能的关联度,合并归属分析形成"职业能力—学习领域"对应关系,再按照从易到难、由简单到复杂和知识技能的内在逻辑关系,编排设计课程内容,形成专业课程体系。依托典型工作任务,以职业活动为主线,充分考虑工作任务的实用性、可操作性及可拓展性等因素,紧密结合跨境电商行业标准、职业资格标准,围绕跨境电商企业工作流程及岗位工作标准,构建基于岗位工作过程的课程体系。

现行跨境电子商务专业教学资源库基本可以覆盖目前跨境电子商务专业的核心课程。随着数字技术在贸易中的广泛应用,海外数字化营销类岗位崭露头角,跨境电商独立站运营等新业态也开始欣欣向荣。依照其岗位特点、职业成长规律进行学习领域转换后拟新建或扩建相应课程。

④深入建设颗粒化资源层。颗粒化资源层主要包括基本资源、拓展资源和培训资源三部分。基本资源是涵盖专业教学标准规定内容、覆盖专业基本知识点和技能点,颗粒化程度较高、表现形式恰当,能够支撑标准化课程的资源。拓展资源是在基本资源之外,针对产业发展需要和用户个性化需求,开发建设的特色性、前瞻性资源。培训资源是服务于全体社会学

习者的技术技能培训资源。目前培训资源包括"全国职业院校技能大赛——互联网+国际贸易赛项"资源、"跨境电子商务 BTOC——为海外客户提供跨境购物交易一站式服务的网络运营平台"资源、"1+X 证书"培训和课程资源。支持各类学习者通过资源库学习，获取多类职业技能等级证书，提升业务水平和可持续发展能力。

目前颗粒化资源中占比较高的是视频、音频、微课、动画类资源，占比达 58.4%。其次是文本和 PPT（演示文稿）类素材，占比为 40.95%（表 7-3）。在后期建设中，要继续提高视频类、微课类、动画类资源的比例。资源数量在建设期内以每年 10%的速度递增。

表 7-3 颗粒化资源统计

序号	主要内容	建设内容描述
1	视频、微课素材	视频类素材注重叙事性和完整性，以"微课程"为主要形式，用于讲解知识点或技能点
2	音频素材	收集与制作专业行业相关的音频类素材，包括教学用音频、学习用音频、新技术新方法推荐类音频等
3	动画素材	动画类素材注重逻辑规律运动的形象表达，将抽象微观黑箱的概念可视化，用于演示抽象概念、复杂结构、复杂运动等
4	虚拟仿真、富媒体素材	虚拟仿真类素材和富媒体类素材能给学生沉浸式体验，生动呈现课程内容
5	文本素材	收集与制作专业行业相关的文本类素材，包括教学资料、学习心得、案例分析等
6	图形/图像类素材	收集与制作专业行业相关的图形/图像类素材，包括教学用图形/图像、学习用图形/图像、拓展类图形/图像等
7	PPT 素材	收集与制作专业行业相关的 PPT 类素材，包括教学用 PPT、学习用 PPT、新技术新方法推荐类 PPT 等
8	其他	其他资源

（3）进一步开发建设专业教学资源库网站

专业教学资源库网站是资源库运行的关键要素，提供满足学生学习、教师教学的教学资源需求，为职业教育提供优质的教学资源与服务，实现导学导用功能。同时，资源库将会开发基于自主学习的移动客户端，满足在移动互联网时代用户利用碎片化时间"移动学习"的需求。

资源库建设课程思政、专业基础、课程中心、微课中心、素材中心、技能训练中心、用户学习中心七个模块，建设期内拟进一步补充建设模块。

①课程思政。"立德树人"是教育的根本任务，跨境电子商务专业教学资源库是以全员、全程、全课程育人格局形式，将各类课程与思想政治理论课程构建为同向同行的良好载体。为形成协同效应，该资源库建设课程思政模块，目前建设全国轻工职业教育教学指导委员会课程思政示范课程 1 门，校级思政示范课程 5 门，课程思政微课 20 余个。

后续建设中将进一步丰富课程思政资料，通过深化课程目标、内容、结构、模式等方面的改革，把政治认同、国家意识、文化自信、人格养成等思想政治教育导向与跨境电商课程固有的知识、技能传授有机融合，实现显性与隐性教育的有机结合，促进学生的自由全面发展,充分发挥资源库教育教书育人的作用。

②专业基础。目前专业基础模块划分为专业标准、专业调研、行业标准、行业信息、技能竞赛、职业认证、名师名家、专业资料八个部分。主要内容包括：职业院校各类国家标准、人才培养目标及规格、专业课程体系设计规范、课程开发规范及教学条件建设标准等普适性资源，各类行业规范、行业标准，专家、教学名师信息，主要成果，一线教育专家的视频教学讲座等资源。

后续建设中将进一步完善各类专业资料，使得该资源库可以服务于各类职业院校专业开发具有国家标准的人才培养方案，使用户可按照本专业教学资源库提供的建设方案进行人才培养方案的开发和教学条件的配置，以适应不同区域的职业院校开展职业岗位分析、人才培养方案制定等个性化需求。

③课程中心。课程中心功能定位于"能学、辅教"，每门课程都包含完整的教学内容和教学活动，包括教学设计、教学实施、教学过程记录、教学评价等环节，支持线上教学或线上线下混合教学。

现行跨境电子商务专业教学资源库基本可以覆盖目前跨境电子商务专业的核心课程。拟新建、扩建一批课程。

④微课中心。微课是微型课程的简称，是围绕某个知识点/技能点或某个教学环节的教学内容及实施的教学活动的总和。它包括按一定的教学目标组织起来的教学内容，也包括按一定的教学策略设计的教学活动及其进程安排。在职业教育专业教学资源库中，微课被视为积件资源。微课作为学习者非正式学习的重要形式，学习者按照个性化学习、按需选择学习，既可查缺补漏又能强化巩固知识。各课程建设团队将对课程进行整体规划，选择合适的知识点或技能点进行微课制作。微课主题必须突出，学习针对性和有效性强，充分发挥其"短小精悍"的特点。在微课教学活动设计时，教师要对教学内容、教学方法进行合理的组织，有针对性地设计出最佳的教学模式进行教学。

⑤素材中心。素材中心是一个边建设、边使用、边充实、边完善的素材仓库。素材资源按照媒体类型可划分为文本类素材、图形/图像类素材、音频类素材、视频类素材、动画类素材、PPT（演示文稿）类素材和其他素材。素材中心可以确保资源类型多样、分布合理，文本类和图形/图像类资源数量占比少于50%，各类素材使用合理。单体结构完整的"颗粒化资源"是资源库建设的基础，库内资源要在保障科学性和有效性的前提下尽可能设计成较小的学习单元，便于检索、学习和组课。素材中心将会建设涵盖专业教学标准（或专业教学基本要求）规定内容、覆盖专业所有基本知识点和岗位基本技能点的资源，也将会建设针对产业发展需要和用户的个性化需求开发建设的资源。素材资源应力求丰富多样，在数量和类型上超出标准化课程调用的资源范围，以方便教师自主搭建课程和学生拓展学习。

⑥技能训练中心。技能训练中心依托教育部"1+X"跨境电商B2B数据运营、跨境电商B2C数据运营、网店运营推广、电子商务数据分析等职业技能等级证书的考点，以及教育部、财政部"职教师资优质省级基地""广东省专业技术人员继续教育基地"等国家级和省级职业培训平台，为继续教育、社会学习者自学提供服务。

建设期内技能训练中心拟建成包括行业技能等级评价、行业技能大赛、企业培训包、培训课程四个模块，用于量身定制跨境电商企业员工专项技能培训、员工新技术应用培训、企业管理培训等，同时也用于指导跨境电子商务专业学生参加技能大赛、专项技能培训、技能等级评价等。目前技能训练板块包含阿里巴巴国际站、Wish平台、亚马逊平台等。

在建设期内拟根据跨境电商岗位群的设置，建设跨境电商运营、选品分析、国际市场推广、数据采集分析、跨境客户服务、视觉营销设计、跨境供应链管理七大技能模块群。

⑦用户学习中心。跨境电子商务专业教学资源库调研学生、教师、企业及社会学习者四类用户的学习需求，制作用户需求清单，以此开发资源库用户学习中心分中心及相应子栏目，用户需求导向是跨境电子商务专业教学资源库建设的基本理念，满足各类用户的共性需求及个性需求，在各类用户学习过程中发挥"能学、辅教""便捷应用"功能，是跨境电子商务专业教学资源库建设的目标。

基于四类用户的不同需求，跨境电子商务专业教学资源库在用户学习中心分设学生用户中心、教师用户中心、企业用户中心及社会学习者用户中心四个分中心。每个中心依"用户需求"构建"平台栏目"用于支持其实际使用功能的逻辑关系构建。本书重点介绍学生用户中心和教师用户中心。

基于"岗、课、赛、证"全方位育人体系构建学生用户中心（图7-3）。

平台上"素材资源"不登录即可观看，"课程/微课"登录后学习；用户登录后可申请加入对应的班级及加入教师开设的云课堂、MOOC、SPOC（Small Private Online Courses，小规模限制性在线课程）课程进行学习，或者查看素材资源；学生、教师（想要学习同行课程）、企业用户和社会学习者均可自行注册并登录学习。学生在课程中可查看公告完成课程内容的学习、完成小组讨论、完成课堂作业、参加考试；平台记录用户的所有学习行为，用户可以清楚了解自己的学习进度、活动参与度和学习成绩；提供手机端，支持学生随时随地学习。根据对学生资源库使用的需求调研，跨境电子商务专业教学资源库将学生需求归纳为自主学习需要、外贸实训需要、职场体验需要与职业考证需要四方面，以此在学生用户中心分设专业课程、专业赛事、"1+X"证书、职场体验、个人中心等栏目，以满足融合"岗、课、赛、证"的学习需求。

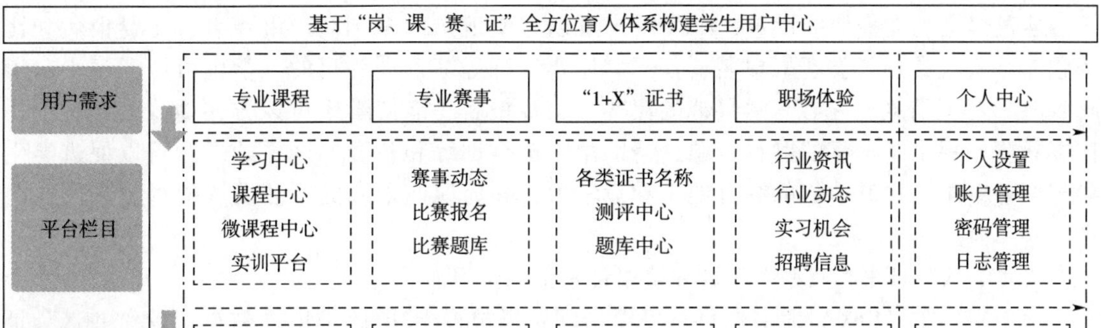

图7-3 学生用户中心

A."专业课程"栏目服务于专业课程的学习需求。

● 学习中心：在学习中心提供专业课程的学习资源和学习支持，这包括课程教材、学习大纲、课程计划、学习指南、作业题库等。学生可以通过学习中心获取所需的学习材料，了解课程的学习进度和要求。

● 课程中心：课程中心是学生访问具体课程的入口。在这里，学生可以浏览课程的介绍、教学团队、学习目标等信息，选择自己感兴趣的 SPOC、MOOC 等多种形式的课程资源。学生可以根据自己的学习计划加入相应的课程。

● 微课程中心：微课程中心提供专业课程的重难点讲解视频和微课程资源。学生可以通过观看微课程来加深对某些知识点或者某些前沿、最新动态的学习内容的理解和掌握。微课程可以针对课程中的重要概念、实例和案例进行讲解，帮助学生解决学习中的难点问题。

● 实训平台：依托省级"一带一路现代供应链综合实训平台""跨境电子商务实践平台实训平台""商贸综合实训平台"等多个专业平台，资源库为学生提供虚拟仿真实训的环境和工具，满足跨境电商产品开发与采购、跨境电商平台美工与编辑、跨境电商平台运营和跨境电商物流与客服等主要岗位的实训需求，促使学生积极参与、自主学习，为学生检测自主学习的效果，实际操作跨境电子商务相关业务的各项具体技能提供支撑。

B."专业赛事"栏目服务于全国各类型技能赛事、专业赛事的学习需求。

● 赛事动态：在该板块中，学生可以了解到全国范围内的各种职业赛事信息，卖场销售与管理等大赛介绍、比赛流程、比赛内容、评比标准以及其他相关内容（包括比赛类型、时间、地点、参赛要求等）。学生可以选择感兴趣的赛事并了解更多详情。

● 比赛报名：比赛报名板块提供了学生参加赛事的报名通道。学生可以在这里查看即将举行的比赛，并进行在线报名。学生需要填写相关信息并提交报名申请。

● 比赛题库：比赛题库板块为学生提供各类比赛的题目资源和训练材料。学生可以浏览不同赛事的题库，选择感兴趣的题目进行练习和备赛。比赛题库包括历年比赛的真题、模拟题、题目解析等内容。

通过以上功能板块的设置，学生用户可以方便地访问全国/省/市赛事、比赛报名和比赛题库，实现参加各类赛事报名、备赛、比赛训练等综合训练目的。学生可以通过平台了解到各种赛事信息，并参与感兴趣的比赛。比赛报名功能使学生可以方便地报名参赛，而比赛题库则提供了丰富的题目资源，帮助学生进行训练和备赛。这样的平台可以促进学生参与职业赛事，提升他们的综合能力和竞争力，并为他们未来的职业发展提供更多的机会和经验。

C."1+X"证书栏目服务于职业资格证考证的学习需求。

学生用户在"1+X"证书栏目，可以访问跨境电商 B2B/跨境电商数据运营"1+X"证书、跨境电子商务多平台运营"1+X"证书、跨境电商海外营销"1+X"证书等功能板块，从而获得各类职业证书考试的相关信息，包括考试大纲、考试内容、考试形式、考试难度、考试时间、考试地点等。学生用户可以通过平台报名参加考试，并获得备考资料和指导，以便顺利通过职业资格证书考试，提升自己的职业竞争力。

D."职场体验"栏目服务于职场规划的学习需求。

在"职场体验"栏目为学生用户设置以下功能板块，以满足他们获取职业信息、培养职场体验和提升职业素养的需求。

- 行业资讯：提供各行业的最新资讯和行业趋势，包括市场动态、政策变化、技术创新等方面的信息。学生用户可以及时了解行业的最新动态，把握行业发展方向。
- 行业动态：学生用户可以获取特定行业的实时动态和热门话题。他们可以浏览行业专家的观点和评论，参与讨论，深入了解行业动态和趋势。
- 实习机会：提供学生实习的机会信息，包括各行业的实习岗位、实习公司、实习要求等。学生可以通过平台浏览并申请感兴趣的实习机会，积累实际工作经验。
- 招聘信息：学生用户可以查看各行业的就业招聘信息，包括公司招聘岗位、招聘要求、薪资待遇等。他们可以通过平台了解就业市场的情况，寻找适合自己的职位。

通过以上功能板块的设置，学生用户可以在"职场体验"栏目方便地获取各类资讯信息，培养职场体验，提升职业素养。他们可以浏览行业资讯和动态，了解行业发展趋势；同时，他们可以查看实习机会和招聘信息，积累实践经验并寻找就业机会。这些功能板块的设置将为学生用户提供一个全面的职场体验平台，帮助他们更好地了解职业领域，提升自己的职业素养。

E. "个人中心"栏目服务于学生用户个人管理需求。

在学生用户的个人中心，提供以下功能和设置，以满足他们的个人需求和学习管理。

- 个人设置：学生用户可以进行个人设置，包括上传个人头像、设置个人签名、选择偏好等。这样可以个性化他们的个人资料，展示自己的特点和兴趣。
- 账户管理：学生用户可以进行账户管理，包括账户注册、绑定手机号、邮箱等。他们可以管理自己的账户信息，确保账户安全和准确性。
- 密码管理：允许学生用户进行密码管理，包括修改密码、重置密码等。他们可以定期更换密码，保障账户安全。
- 日志管理：学生用户可以查看自己的学习日志，包括学习记录、活动参与记录、成绩记录等。通过查看学习日志，他们可以了解自己的学习进度和活动参与情况。学生用户可以获得对个人学习情况的动态反馈，如学习进度、活动参与度等。这样他们可以及时了解自己的学习情况，做出调整和改进。学生用户可以观察自己在学习中的学分排名，了解自己在学习群体中的位置和进步。这可以激励他们更加努力学习，争取更好的成绩和排名。

通过以上功能板块的设置，学生用户可以方便地管理自己的个人信息和账户，保障账户的安全和准确性。他们可以观察自己的学习情况和成绩，及时调整学习策略。同时，多平台支持也为他们提供了随时随地的学习环境，促进泛在学习（U-Learning）的实现。这样的个人中心设置将为学生用户提供一个便捷而个性化的学习管理平台。

基于"三教改革"赋能职业教育构建教师用户中心。

资源库开发基于"能学、辅教"的教学定位，助力"三教改革"提升职业教育质量的建设目标，为教师用户提供从课程整体教学活动设计到单元教学活动设计的标准化教学资源。同时教师也可在资源库获取业务培训、自我提升以及教学比赛的资源和素材，支持教师个人能力的提升，真正赋能职业教育改革和创新。设置和调用各类资讯信息，以实现自由组课：供专业教师学习使用；提供教学大纲、多媒体课件、教学案例等各项教学资源，帮助教师组织实施教学活动；提供课程考核方案、单元考核方案、习题库、试题库，为教学评价环节提供资源支持。跨境电子商务专业教学资源库将教师需求归纳为课程建设、教学设计、业务培训及教学比赛等四方面的需求，以此在教师用户中心分设课程建设、教学设计、业务培训、教学比赛、个人中心等栏目以满足融合"三教改革"赋能创新的教学需求。

A. "课程建设"栏目服务于构建课程的教学需求。

- 专业建设：提供标准化教学资源，包括教学大纲、多媒体课件、教学案例等，帮助教师进行课程整体教学活动设计和单元教学活动设计。
- 课程中心：提供多层次教学资源，包括素材、积件、模块和完整课程。教师可以根据需要选择合适的教学资源进行课程建设，支持线上或线上线下混合教学。
- 微课程中心：提供微课程资源，教师可以获取适合的微课程教学素材和教学设计，以丰富课堂教学形式。
- 资源中心：支持调用国家资源库素材和题库，同时允许教师调用和管理自有资源。教师可以通过资源中心获取丰富的教学资源，以支持课程建设和教学实施。

B. "教学设计"栏目服务于翻转课堂的教学需求。

- 课程中心：提供丰富的教学资源和素材，包括教学大纲、课件、教案等，支持教师进行课程设计和教学活动的组织和实施。
- 微课程中心：提供适合微课程教学的资源和设计支持，教师可以通过微课程中心开展在线学习和课堂互动。
- 资源中心：教师可以通过资源中心获取多样化的教学资源，包括素材、案例、模拟实验等，以支持教学设计和教学实施。
- 题库中心：提供丰富的题库资源，教师可以使用题库中心的题目来组织课堂讨论、作业和考试，以评价学生的学习情况。

教师用户还可以利用教学设计栏目完成教学日志管理、学生课堂管理、学生成绩管理和学生表现评价等教学活动的支持手段。通过这些功能板块，教师可以灵活地进行教学设计和评价管理，并实现线上线下教学的混合使用，提供多样化的教学体验和支持。

C. "业务培训"栏目服务于提升自我的继续教育需求。

教师用户在业务培训栏目可以通过以下功能板块获得开展自身继续教育及产教融合行业洞察的所需支持，以实现师资培训资源、教学改革资讯、三教改革案例、课堂革命案例等教学改革创新手段及方式方法的自我提升支持。

- 业务培训：提供专业培训课程，包括由名师主讲的课程建设与实施的培训，涵盖课程整体设计、教学单元设计、课堂教学技巧运用等内容，三教改革成果、课堂教学案例等帮助教师提升执教能力和业务水平。
- 职教动态：提供与职业教育相关的最新资讯和动态，包括政策解读、教育改革的趋势和发展等方面的信息，帮助教师了解行业动态和趋势。
- 互动交流：提供教师之间的交流平台，教师可以在这里互相学习、交流先进教学经验、专业教学资讯，分享教学资源，促进彼此的成长和提升。
- 产教融合：提供产教融合方面的资源和支持，包括案例分享、实践经验等，帮助教师了解产业与教育的融合，掌握相关知识和技能，以更好地满足行业需求。

通过这些功能板块，教师用户可以获取业务培训的资源和支持，了解最新的职业教育动态，参与互动交流，同时也可以获得关于产教融合的信息，以提升自身的教学能力和专业素养，适应教学改革的需要，并探索创新的教学方式和方法。

D. "教学比赛"栏目服务于教学能力提升的备赛需求。

在教学比赛栏目可以通过设置以下功能板块获得开展比赛资源存储、上传及评审教学比赛及全程培训所需的支持。

• 教学比赛资讯：提供最新的教学比赛信息，包括比赛的时间、地点、主题、参赛要求等，帮助教师了解各类教学比赛的机会和挑战。

• 教学比赛案例：分享教学比赛的成功案例，包括优秀教师的经验分享、教学方法和策略等，为教师提供参考和借鉴，以提升教学水平。

• 比赛报名通道：提供比赛报名的通道和流程，教师可以通过平台直接进行报名，了解报名要求、提交材料等，并获取相关的参赛信息和指导。

• 教学比赛题库：提供教学比赛相关的题库，包括各类比赛常见的题型和题目，教师可以从中选择适合自己教学比赛的题目，用于比赛准备和培训学生。

通过这些功能板块，教师用户可以获得教学比赛的最新资讯，了解成功案例，进行比赛报名，同时还可以利用教学比赛题库进行题目的选择和准备，以全程培训学生并评审教学比赛。这样的支持和资源有助于教师提升教学质量，激发学生的学习兴趣和动力，促进教学创新和教育改革。

E. "个人中心"栏目服务于教师用户个人管理需求。

可以通过设置以下功能板块，使教师用户获得开展支持账户管理、支持 PC/移动端所需的支持。

• 个人设置：教师用户可以在个人设置中进行个性化的设置，如头像、个人简介等，以展示自己的个人特色和信息。

• 账户管理：教师用户可以管理自己的账户信息，包括账号绑定、邮箱设置、手机号码绑定等，确保账户的安全和可靠性。

• 密码管理：教师用户可以进行密码的修改和重置，以确保账户的安全性和私密性。

• 日志管理：教师用户可以查看自己的教学日志，记录教学过程中的关键信息和反思，以便进行教学改进和提升。

通过个人中心的功能板块，教师用户可以灵活地管理自己的个人信息和账户设置，保障账户安全和个人隐私。同时，提供了方便的日志管理功能，帮助教师记录和反思教学过程。此外，支持 PC 端和移动端的访问，使教师能够随时随地进行教学活动和管理。这些功能的提供有助于教师更好地管理和利用平台资源，提升教学效果和教学体验。

7.6.3 共享方案

(1) 完善资源入库、评审、持续更新机制

①建立资源入库三级评审机制。为提高入库资源的质量，需要对各参建单位资源提供者提供的资源进行评审，因而建立由各院校专业带头人、专家、系统管理员组成的三级评审机制（图7-4）。首先由专业带头人对资源提供者提供的资源格式、规范、内容的准确性进行初审；初审通过后，将资源分发给相关专家，对其科学性、艺术性与适应性进行评审；专家评审通过后，由系统管理员对资源的编目情况进行审核，审核通过的资源方可进入资源库。三级评审机制不仅能保证入库资源的质量，而且还能确保资源易于检索、方便

利用。

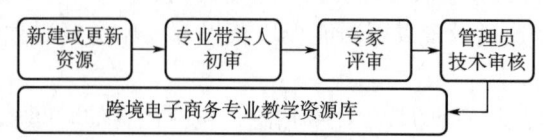

图7-4 资源入库三级评审机制

②建立可持续发展更新机制。按照共建共享、边建边用的原则，建立资源库可持续发展更新机制，确保教学资源持续更新以满足教学需求和技术发展的需要。

第一，建立资源使用的评价反馈机制。构建资源使用—用户评价—评价结果分析—评价结果反馈—资源更新完善—资源使用的闭环系统，实现评价结果的动态反馈，促进资源质量和适应性的循环提升。

第二，建立基于用户需求挖掘的资源更新机制。紧盯用户对资源库的深层次需求和因用户知识结构变化引起的对资源库的需求变化，有针对性地更新教学资源，确保教学资源不断更新，满足教学需求和技术发展的需要。

第三，建立资源库运营管理机制。单独设置资源库资源更新预算，确保资源库资金来源的持续性与稳定性。

③多元化、终身化构建共享范围。

第一，校际共享，推进职业教育体系完善。包括高职院校间共享和中高职衔接共享。

高职院校间共享：依托资源共建共享联盟，完善联盟单位协作机制，推进资源库建设和共享服务，充分运用需求导向建立一系列联盟共享机制，重点建设学分互认共享机制、定期交流沟通机制、新技术推广应用机制、资源使用绩效评价机制、线上学习管理机制等，确保资源库在联盟院校内部使用顺畅，并逐步向其他高职院校推广。

中高职衔接共享：逐渐架起中职、高职人才培养体系之间的衔接桥梁，逐步实现高职承认中职课程学分。中职学生完成资源库相关课程学习，等同于在对接的高职院校内学习；中职学生升入高职后可免修该课程，实现中高职有效衔接，探索打通职业教育的"立交桥"。

第二，专业共享，实现专业互联互通。包括同类专业共享和不同类专业共享。

同类专业共享：不同院校同类专业学生在资源库学习相关资源、参加相关测试，所得成绩和学分应被学生所在院校认可，实现通过资源库跨校专业互联互通、共同学习、共同发展，从而真正实现师资共享、资源共享。

不同类专业共享：非跨境电子商务专业的学生，可以通过资源库在线学习跨境电子商务专业的相关课程，经在线考核合格，可以获得课程进修证书；完成全部跨境电子商务所有核心课程学习，可以获得跨境电子商务专业结业证书。实现资源库在不同类专业共享，鼓励学生拓展知识面，促进多元化学习。

第三，社会开放共享，服务终身化学习。包括服务于企业用户和社会学习者用户。

企业用户：依托全国商贸职教集团、东中西部商贸类高职院校联盟、江苏商贸职教集团等平台，通过相互间的资源互通共享，建立起学历教育、专业技能培训、岗位能力提升培训之间的相互联系，推广在线认可学习制度。企业员工在完成资源库中的相关在线学习后，通过考核，可获取相关课程的学习证书、技能证书、学历进修证明、专业结业证书，从而促进行业、企业从业人员岗位技能的提升，促进资源库平台的应用及推广。

社会学习者用户：由主持单位组织、牵头开展资源应用宣讲交流活动、学习者应用资源交流活动、教师运用资源教学经验交流活动、资源库论坛互动交流、资源共享研讨会等，为社会学习者通过资源库进行自我学习、跨专业学习提供有效帮助。社会学习者通过资源库相关课程学习，可获得资源库课程学习证书；具有相应的岗位能力和素质，通过技能考核者，可获得技能证书；达到规定学分，具有技能证书者，可申请商务数据分析与应用专业结业证书及就业推荐证明，从而建立支撑终身学习服务体系，促进专业教学资源在各领域的共享。

（2）创新基于资源库的联盟运行机制

依托由广东省发展和改革委员会主管的广东省产教融合促进会跨境电商专业委员会，广东轻工职业技术学院联合各参建单位建立共享联盟。资源库内容将对用户开放使用权限，资源库内容也不用于商业目的，以服务为导向，满足不同用户的资源检索、方案推送、过程管理、讨论互动、跟踪评价等功能需求。同时包括人才培养方案、教学文件、网络课程、项目培训、企业案例、教学课件等在内的资源库核心内容均无偿使用，所有提供的功能和服务全部免费。

共享联盟内部成员边建边用，以需求为导向，将资源使用融入各联盟学校的专业教学全过程，推动教师率先使用，引导学生全面使用，在联盟内探索基于资源库学习的校际学分互认共享形式。同时探索跨校组建学习班级，安排专业教师通过云课堂授课，实现优质资源的全国性流动，改善成员单位办学条件，提高人才培养质量。

行业企业技术人员或社会人员在完成资源库中的相关在线学习后，通过考核，均可获取相关课程认证证书、结业证书；完成培训认证的线上学习任务，通过线上考核，可以代替其理论考试成绩；完成某课程的学习并通过考核，可获取该课程的学分记录及认证证书；系统学习各课程并逐一通过考核，可以取得资源库学习证明，并可以申请主持院校的专业学习结业证书。

（3）建立资源库应用推广机制

通过建立和完善资源库的应用推广机制，提高资源库的使用率，使资源库真正成为院校教学和企业培训的有效支撑，为促进跨境电商行业人才培养奠定基础。建立绩效考核机制，通过平台能够统计资源的使用频率和用户对资源的评价，以及各参建院校资源库的使用情况，推行资源库应用推广激励制度，推动专业教学资源库的应用，形成主持单位率先使用、合作院校积极应用、合作企业推广应用的良好局面。鼓励教师首先使用，将资源库全面应用于备课、教学设计、课堂作业设计、课程考核等教学环节，力争使资源库的课堂使用率达到80%以上；引导学生主动使用资源库，使资源库成为课程自主学习、课程答疑、课程练习和成绩评定等学习活动的平台；依托广东省产教融合促进会跨境电商专业委员会、广州跨境电商协会、深圳跨境电商协会，建立行业企业培训机制，召开资源库应用推广会议，利用专业教学资源库对从业人员进行培训，充分发挥资源库的信息化教学优势，使从业人员随时能够利用手机客户端进行学习。

（4）加强知识产权保护

资源库属于职务作品，建设单位享有资源的著作权，并保证资源内容没有侵犯他人知识产权和其他合法权益；参与建设的个人对其原创的资源享有署名权。建设单位、参建人员、运行平台应商定和签署知识产权保障协议。通过建设自主知识产权利益机制、激励机制、运行机制、监督机制，解决学校、行业企业、出版社等多家联合建设单位共同建设、使用教学资源产生的知识产权问题，真正实现教学资源库的共享共建，以及教学资源的无界化服务问题。加强知识产权保护，应做到以下三个方面。

①提高知识产权意识。在整个资源库建设团队内部加强知识产权宣传，并进行培训，全面提高团队的知识产权意识。

②产权清晰、权责明确。坚持原创性，首先在资源制作时，强调资源的原创性，在源头上保证形成高质量的拥有自主知识产权资源，明确资源著作人与资源使用用户的权利与责任，制定资源的所有权、使用权及资源发布到互联网上共享使用的范围等，签订多方协议。

②加强过程监控。建设的资源存储与引用平台，从资源的上传到应用环节有完整的在线审核过程，确保上传资源的质量，避免产权纠纷。通过网络技术实现资源使用"实名制"，在资源的下载与应用环节防止资源被非法下载或传播。

7.6.4 项目建设

（1）建设步骤

项目规划建设周期内，采取"多头并进，分段递进"的方式，分为项目孵化与培育、开发与试用、运行与申报、应用与推广、优化与验收、维护与更新，即"两期六阶段"（图7-5）。具体建设步骤如表7-4所示。

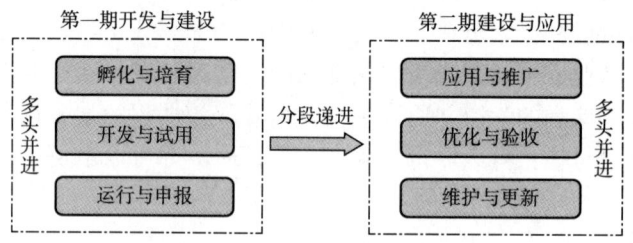

图7-5 项目建设整体规划

表7-4 建设步骤一览表

序号	进度安排	建设进度	主要任务
1	孵化与培育	资源库顶层设计与开发准备	①项目建设团队组建 ②项目顶层设计研讨 ③课程体系设计 ④资源库体系设计 ⑤平台框架搭建 ⑥调研、交流与培训
2	开发与试用	资源库开发建设与上线试用	①初步完成课程体系内课程资源的设计、制作 ②初步完成资源库体系资源的设计、制作 ③收集、审核、上传资源 ④通过线上线下混合课堂试运行课程资源 ⑤依据试用情况，调整、修改资源

续表

序号	进度安排	建设进度	主要任务
3	运行与申报	启动项目建设	①召开项目启动会，进行建设项目分工 ②设计项目总体框架 ③制定项目建设方案与实施计划 ④深度调研行业、企业
		资源收集与标准确定	①申报省级教学资源库项目 ②制定资源标准、开展调研工作 ③依据资源库课程体系、资源体系、课程与项目标准修订人才培养方案 ④依据院校、企业及培训机构优质资源，针对性地进行产教融合深度开发与整合优化
		资源审核及上传	①对收集与建设的资源进行上传、审核 ②对问题资源提出整改意见 ③对旧资源进行更新、整合优化 ④对审核通过的资源组织及时上传
		资源库使用	①依据人才培养方案，面向专业群全面运行资源库 ②面向参建院校进行资源库教学 ③面向社会进行广泛宣传、试用
4	应用与推广	资源库应用与推广	①在参建院校使用资源库教学的基础上，采取多方式、多渠道进行项目应用推广 ②采用新技术实现自动化学习导向、智能联想检索、虚拟仿真实训、实现网络远程教育等新功能
5	优化与验收	资源优化	①聘请专家对项目建设情况进行评审、鉴定 ②收集用户反馈信息，完善改进
		资源验收	①准备验收材料 ②召开资源库验收启动会，布置工作任务 ③参加资源库验收答辩
6	维护与更新	资源库运营维护	①成立运营管理小组，制定运营方案 ②运营实施及改进 ③全方位收集用户反馈信息，不断完善提高
		资源库持续更新	实施资源库更新机制，以每年不低于10%的更新比例，持续资源更新

（2）项目分工

项目团队分工（图7-6）依据管理流程、项目任务，以"三级三层"模式展开，逻辑清晰、职责明确、任务清晰、连横合纵。具体而言，依据管理流程，第一级为建设项目指导小组，负责项目的顶层设计、组织管理与协调，并负责把控项目整体进度与质量；第二级为项目主持单位，负责子项目课程、素材、标志性资源等统筹规划、组织协调；第三级为项目承建单位，包括子项目承建学校、企业与教研室，负责子项目的颗粒化资源的制作、修改、完善与试用、使用。依据项目任务，三级管理层依次对应为规划统筹层、核心执行层、延伸拓展层。

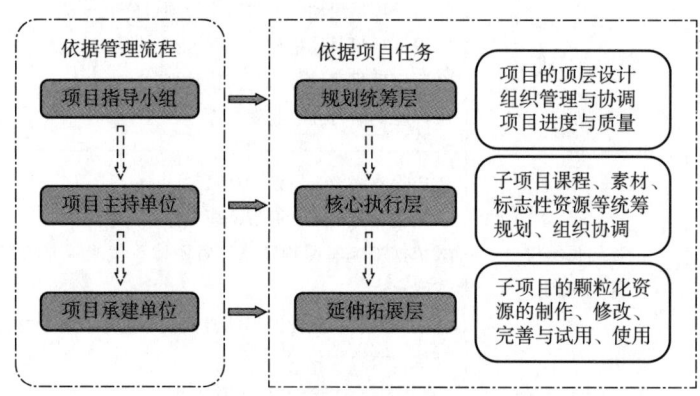

图 7-6　教学资源建设团队任务分工图

新建、扩建标准化核心课程建设任务分工，如表 7-5 所示。

表 7-5　新建、扩建标准化核心课程建设任务分工表

编号	课程性质	课程名称	微课(个)	录音(个)	PPT(个)	动画(个)	培训资源(个)	考证资源(个)	网站建设(个)	调研等其他费用	主持单位	负责人	参建单位
1	专业核心课程	跨境电商运营											
2		跨境电商数据分析与应用											
3		跨境供应链管理											
4		国际市场推广											
5		跨境电商客户服务											
6		视觉营销设计											
7		选品管理											
8	专业基础课程	市场营销基础											
9		零售基础											
10		跨境电商英语											
11		商务数据分析											
12		跨境电子商务基础											
13		国际商务文化与礼仪											
14		国际贸易基础											
15		跨境电商政策法规											

第8章 跨境电子商务专业核心课程标准开发理论基础

8.1 课程标准的定义与作用

8.1.1 课程标准的定义

课程标准是对每门课程的教学过程进行规范化、标准化、科学化的文件，它规定了该课程的教学目标、教学内容、教学方法、教学资源等方面的要求[①]。课程标准是依据国家教育方针和政策，结合学校实际情况、专业特点和职业标准而制定的，它是实施教学过程的重要依据。

8.1.2 课程标准的作用

（1）指导教师教学

课程标准是教师进行教学的重要依据，它规定了教师需要完成的教学任务和教学目标，为教师提供了清晰的教学方向和目标。同时，课程标准还为教师提供了教学方法和策略的建议，帮助教师更好地组织教学，提高教学效果。

（2）规范学生学习

课程标准规定了学生的学习目标和内容，为学生提供了清晰的学习方向和目标。同时，课程标准还为学生提供了学习方法和策略的建议，帮助学生更好地掌握知识和技能，提高学习效果。

（3）促进专业建设

课程标准是专业建设的基础，它反映了该专业领域的新发展、新趋势和新需求，为专业建设提供了基础支撑。通过制定和实施课程标准，可以推动专业的更新和发展，提高专业的竞争力和适应性。

（4）推动职业发展

课程标准反映了行业和企业的实际需求和标准，它规定了学生需要掌握的职业技能和素质，为学生未来的职业发展提供了基础支撑。通过制定和实施职业教育课程标准，可以帮助学生更好地适应职业发展的需求，提高职业竞争力和可持续发展能力。

---

① 袁从贵，徐淑琼，曹勇，张正强."岗课赛证"融通综合育人课程标准制定研究［J］.科学咨询（科技·管理），2023，（09）：58-60.

8.2 课程标准设计的基本原则

8.2.1 基于学生的发展需求

（1）满足学生的职业发展需求

课程标准设计应考虑学生的职业发展需求。在制定课程标准时，应深入了解行业和企业的需求，将调研的相关职业岗位的知识、技能和素质要求融入课程标准设计中。

（2）考虑学生的个性差异

课程标准设计应充分考虑学生的个性差异，尊重学生的主体地位，为学生提供多样化的学习选择和个性化的学习体验。教学实施过程中应采用多样化的教学手段，如通过翻转课堂等，增加学生的课堂参与感。

（3）强化学生的实践能力

课程标准设计应强化学生的实践能力。在课程中应设置实践教学环节，通过校企合作开发教学资源，将企业实践与学校教学相结合，使学生能够更好地了解行业和企业的实际需求，提高其职业适应能力。

8.2.2 科学的职业教育课程结构与内容设置

（1）优化课程结构

课程标准的设计应紧紧围绕人才培养目标、行业和企业的最新技术和标准进行。将新知识、新技术、新工艺及时纳入课程标准设计中，以职业岗位所需的技能和素质为重点，突出实践性和创新性。以职业能力培养为核心，注重课程之间的衔接和渗透，形成系统化的课程体系。此外，还应根据行业和企业的发展变化及时调整课程结构，更新课程内容，以适应社会和经济发展的需求。

（2）更新课程内容

在课程内容设置上，应关注课程内容的内在逻辑性和系统性，使学生能够系统地掌握知识和技能。课程内容方面应注重教材、课件、案例、数字资源等多元化资源的建设。在教材方面，应选择符合职业教育特点的教材，注重实用性和可操作性；在课件方面，应制作符合课程特点的多媒体课件，提高教学效果；在案例方面，应收集和整理与课程内容相关的企业真实案例，帮助学生更好地理解、掌握及运用知识；在数字资源方面，可利用教学资源库、智慧职教等平台资源。通过多元化的教学资源建设，为教师教学和学生学习的过程提供全面的支持。

8.2.3 科学的职业教育课程评价评估机制设计

课程标准的评价方式应多元化，注重过程性评价和结果性评价相结合、定量评价和定性评价相结合、内部评价和外部评价相结合等方式。过程性评价包括平时作业、课堂表现、实验报告等；结果性评价包括期末考试、综合设计等。定量评价主要依据评分标准对学生的各项表现进行评分；定性评价则关注学生的能力发展、学习态度、团队合作等方面。同时，应将教师评价、学生自评和学生互评等多种评价方式相结合。通过多元化的评价方式全面反映学生的学习成果和教师的教学效果。

同时，还应建立持续改进机制，对教学质量进行持续监控和改进，通过不断优化课程结构、内容设置、完善评价机制等措施来提高教学质量和效果，实现职业教育的可持续发展。

8.3 课程标准设计的步骤与方法

（1）课程分析

对课程的目标、内容、结构、特点、评价方式以及课程实施条件等进行深入研究，以明确课程定位和培养目标，为后续的课程标准设计提供基础。

（2）教学目标确定

明确学生应该掌握的知识和技能，以及应该具备的能力和素质，从而确定课程的核心目标，即学生应该达到的学习成果。教学目标应具有明确性、具体性、可达成性和可评估性等特点。例如，教学目标可以细分为知识目标、技能目标、素质目标等，每个目标都要有具体的描述和量化的指标，以便于评估学生的学习成果。

（3）教学策略设计

根据教学目标和评估方法，设计具体的教学活动，包括案例、例题、问题、课后练习题、课堂活动、视频或文字资料等，以便于学生掌握学习内容，达到学习目标。教学策略应具有针对性、实用性和有效性等特点。

（4）教学实施

按照设计的课程标准和教学活动进行授课，同时根据学生的实际情况和课堂反馈及时调整教学策略和方法，以保证教学效果的最佳化。

（5）评估方法设计

评估方法用于教学过程中评估学生的学习成果。评估方法应具有多样性、客观性和公正性等特点，同时应关注学生的个体差异和全面发展。教学过程中可以使用多种方法来评估学生的学习成果，如平时作业成绩、课堂表现、期中考试成绩和期末考试成绩等。这些评估方式的综合使用可以提供全面的学生评估结果。此外，还可以采用多种评估标准，如完成时间、完成质量和创新性等，来评估学生的学习表现和能力水平。

第 9 章　跨境电子商务专业核心课程标准

9.1　跨境电商数据分析与应用课程标准

课程标准制定人：广东轻工职业技术学院张艳婷
课程名称：跨境电商数据分析与应用
适用专业：跨境电子商务
课程学分：3
参考学时：56（理论学时 24，实践学时 32）
课程类别：专业核心课程
课程属性：专业必修课程
课程类型：B 类（理论+实践）
产教融合课程、校企合作课程：是 ☑　　否 ☐
双语课程：是 ☐　　否 ☑

9.1.1　课程定位

跨境电商数据分析与应用是跨境电子商务专业的专业核心课程。本课程重点讲授财贸类专业人才在跨境电商运营中所必须具备的数据分析新技能、新技术，从跨境电商数据分析专员岗位的职业技能需求出发，让学生熟练运用数据化的工具、技术和方法，通过在跨境电商重点环节应用数据分析技术，培养学生的数据化思维和商务数据分析能力，以适应跨境电商行业的新业态、新技术要求。此外，本课程将数据伦理与道德规范等内容贯串教学的始终，帮助学生建立起数据普适的原则和文明指引，预防出现侵犯个人隐私和滥用数据等违背道德甚至违法的行为。

本课程的前置课程为经济学基础、商务数据分析、国际贸易基础、跨境电子商务基础、跨境电商通关实务等，后续课程为跨境电商运营、跨境电商客户服务、跨境电商真实项目实训、商贸管理实务等；前置、后续课程衔接得当。

9.1.2　课程目标

（1）知识目标
①了解跨境电子商务平台的发展现状。
②理解跨境电子商务数据分析相关概念、意义、过程。
③熟悉跨境电子商务数据分析方法、指标、工具。
④掌握跨境电商行业数据、竞品数据、竞店数据的采集及分析方法。
⑤掌握用户特征数据、产品需求数据、用户评论数据、推广效果数据的采集及分析方法。

⑥理解 SWOT 模型、RFM 客户价值分析模型的理论内涵及应用。
⑦理解产品需求影响因素模型、漏斗转化模型理论的理论内涵及其应用。

（2）能力目标

①能够熟练使用数据采集分析工具或功能模块、关键词、价格、销售、图片、评价、库存等采集竞争对手数据，确定竞争对手，归纳整理调研数据。
②能够通过 SWOT 等方法分析竞争对手产品及自身产品优势。
③能够通过对目标市场的调研，挖掘用户特征、用户行为数据，分析市场用户发展趋势，为产品开发部门及运营部门提供数据支撑。
④能够根据运营部门提出的推广需求，对产品进行推广分析。
⑤能够运用第三方数据监测、分析工具对推广结果数据进行追踪，通过不同的广告推广方案，结合推广效果来校验产品和用户行为。
⑥能够使用可视化工具为分析报告提供可视化数据支撑。
⑦能够通过竞争对手分析、用户特征分析、产品需求分析等形成分析报告。

（3）素质目标

①具有管理和发展自我的能力。
②具有与人共事相处的能力。
③具有交流沟通的能力。
④具有完成任务和解决实际问题的能力。
⑤具有运用数字技术的能力。
⑥具有运用软件编程的能力。
⑦具有创新和设计的能力。

9.1.3 课程设计理念和思路

（1）课程设计理念

本课程围绕跨境电子商务职业技能标准、跨境电子商务"1+X"证书制度、数据分析新技术新领域，进行"岗、课、赛、证"的一体化设计。通过分析跨境电子商务岗位群，梳理出典型的职业能力活动，并运用 PGSD 模型进行职业能力分析，形成"行业现状分析—企业岗位调研—职业技能和素质分析—确定人才培养目标—制定专业教学标准—重构课程体系—重构课程教学内容"的分析链条。

（2）课程设计思路

本课程运用 PGSD 模型，依据跨境电子商务数据分析专员的典型职业活动，提取典型工作任务，序化课程的核心内容。此外，课程瞄准跨境电子商务岗位群（跨境电子商务数据分析专员、跨境电子商务运营专员、跨境电子商务选品专员）需求变化，对接职业技能标准和工作过程，注重培养具有职业迁移能力的技术技能人才，促进人才培养质量全面提升。同时本课程通过教学内容模块化、教学组织团队化来进行教学整体设计。

①教学内容模块化。本课程依据跨境电商数据分析工作流程所需的知识、技能以及素质需求组织教学内容，设计七大内容模块，即跨境电商数据分析基础、行业市场与竞争对手分析、用户特征分析、产品需求分析、用户体验分析、推广效果分析、数据可视化及数据分析报告，旨在"基础性内容熟练掌握""数据处理分析技能提升""新业态理论创新"三个方面

助力提升学生的数据技能。

②教学组织团队化。教授本课程的教师分模块、项目化、协作式开展教学。教师在整体把握教材和教学内容的基础上，重点专注于某一个或几个模块，成为一个或几个领域理论学习与钻研的"专业户"。在备课、授课、教材编写及教学资料的制作中，所有教师都能发挥相对优势，提升教学效果。这也能推动教师更好地进行教学科研活动，做到教学、科研相互促进、共同进步。

9.1.4 课程内容、教学要求与学时分配

跨境电商数据分析与应用课程内容、教学要求与学时分配如表9-1、表9-2所示。

表9-1 跨境电商数据分析与应用课程内容、教学要求与学时分配总表

序号	教学单元名称	能力训练项目	学时
1	项目一：跨境电商数据分析认知	技能1：跨境电商数据分析基础	6
2	项目二：跨境电商数据分析应用	技能2：行业市场与竞争对手分析 技能3：用户特征分析 技能4：产品需求分析 技能5：用户体验分析 技能6：推广效果分析	42
3	项目三：跨境电商数据分析及展示	技能7：数据分析报告	8
合计	3个单元	7个技能点	56

第 9 章 跨境电子商务专业核心课程标准

表 9-2 跨境电商数据分析与应用课程内容、教学要求与学时分配细则

单元名称	训练项目	学习任务	知识要求	技能要求（含素质要求）	教学方法与手段建议	学时分配	实践场所名称（含校外）	特色说明
项目一：跨境电商数据分析认知	技能训练1：跨境电商数据分析基础	任务1-1：初识跨境电商数据分析	了解跨境电商、跨境电商数据分析的概念、意义及过程	了解数据分析的发展前景	理论教学	2	校内	思政改革特色：未来的跨境电商向合规化、品牌化、数字化和全球化的方向发展，在电商出海的过程中，要深入了解不同国家的政策、风险合法规的问题。强调跨境电商从业者要在合法合规的基础上开展经营业务，特别注重对客户信息的保护
		任务1-2：跨境电商数据分析方法、指标与工具	了解常用数据分析方法、指标	能够使用数据分析工具和指标解读数据	案例教学	4	校内	思政改革特色：在教学中强调要履行平等、公正、法治、爱国、敬业、诚信等社会主义核心价值观，在岗位中奉行爱岗敬业、守信的职业道德规范，同时要遵循数据分析的真实可靠性，维护商业及个人的数据和信息安全
项目二：跨境电商数据分析应用	技能训练2：行业市场与竞争对手分析	任务2-1：行业数据采集与分析	①了解行业数据采集渠道 ②掌握行业数据分析的内容及指标	①能选用合适的分析工具 ②利用行业数据指标进行分析	案例教学	4	校内	思政改革特色：将数据伦理与道德规范贯穿教学的始终，帮助学生建立起数据适用的原则和文明指引，预防出现侵犯个人隐私和滥用数据等背道德甚至违法的行为
		任务2-2：竞品数据采集与分析	①了解竞品数据分析的含义 ②掌握竞品数据分析的内容 ③掌握竞品数据分析指标	①掌握竞品数据采集的方法 ②掌握竞品数据分析指标	案例实操	4	校内	
		任务2-3：竞店数据采集与分析	①了解竞店数据分析的内容 ②掌握竞店数据分析指标	①掌握竞店数据采集的方法 ②掌握竞店数据分析指标	案例实操	4	校内	

续表

单元名称	训练项目	学习任务	知识要求	技能要求（含素质要求）	教学方法与手段建议	学时分配	实践场所名称（含校外）	特色说明
项目二：跨境电商数据分析应用	技能训练3：用户特征分析	任务3-1：用户属性与数据采集	了解跨境用户特征收集的作用与难点	掌握客户特征数据采集的方法	案例实操	2	校内	产教融合教学特色：引入SHEIN（希音，"新国潮"品牌）打开中东市场的案例，解读跨境电商企业在出入国外市场前如何深入了解国外文化、客户特征、客户偏好等
		任务3-2：用户特征数据整理与分析	①了解客户画像的含义及应用 ②掌握RFM客户价值分析模型的理论及意义	能够通过用户数据的采集、整理和分析形成客户画像	案例实操	4	校内	
	技能训练4：产品需求分析	任务4-1：产品需求数据来源	理解跨境电商产品需求分析的基本理论	①能够完成跨境电商产品需求分析的数据指标体系的设计 ②能够利用第三方软件采集跨境电商平台的产品需求数据	案例教学	2	校内	思政改革特色：培养学生的跨文化视野和知识，树立国际责任中安善处理问题。强调职业诚信守法、爱岗敬业、务实创新的职业规范，增强自我管理。培养实践创新能力和精益求精的工匠精神，团队合作与沟通能力
		任务4-2：产品需求数据处理	①掌握线性回归模型原理 ②掌握Excel数据处理方法	能够规范处理并保存产品需求数据资料	案例实操	4	校内	
		任务4-3：产品需求数据分析	掌握跨境电商产品需求分析的数据指标体系	能够建立线性回归模型并进行产品需求分析	案例实操	4	校内	

项目	任务	知识要求	能力要求	教学方法	学时	教学场地	思政融入点
项目二：跨境电商数据分析应用	任务5-1：用户体验数据采集	①理解跨境电商用户访谈设计方法 ②掌握跨境电商用户访谈资料整理的方法与工具	①能够完成跨境电商用户访谈方案设计 ②能够准确判断跨境电商用户体验数据来源	案例实操	2	校内	思政改革特色：培养学生的跨文化视野和知识，树立文化自信，能在国际交往中妥善处理问题。强调遵守诚信规范、爱岗敬业，务实创新的职业精神。培养创新能力和精益求精的工匠精神、团队合作与沟通能力
	任务5-2：用户体验数据处理与分析	①熟悉亚马逊商品评论数据采集方法与工具 ②掌握亚马逊商品评论数据分析方法与工具	①能够完成亚马逊平台用户评论数据采集 ②能够完成亚马逊平台用户评论数据分析	案例实操	4	校内	
	技能训练5：用户体验分析						
	任务6-1：推广效果数据采集与整理	①理解跨境电商平台在不同产品周期里推广分析的作用、目的、内涵 ②理解推广投放营销漏斗的转化模型	①能够对推广结果数据进行追踪，采集广告的曝光量（E）、点击量（C）、广告订单量（B）、广告项点价（O）等各项数据 ②掌握数据整理核心，能够按要求把推广采集数据整理成具有广告分析指标，如CPC、ROI、获客成本、付费占比等的表格	案例实操	4	校内	思政改革特色：教导学生在进行数据分析时始终坚持"以人为本"，以提高人类幸福为目标，要把人的发展作为分析的标准。项目中引入"文化茅台"海外建设的思政案例，培养学生的爱国情怀和文化自信
	技能训练6：推广效果分析						

续表

单元名称	训练项目	学习任务	知识要求	技能要求（含素质要求）	教学方法与手段建议	学时分配	实践场所名称（含校外）	特色说明
项目二：跨境电商数据分析应用	技能训练6：推广效果分析	任务6-2：推广效果数据分析	①理解推广投资回报率（ROI）、曝光点击率（CTR）、推广投入产出比（ACoS）、点击转化率（CVR）之间的含义与关系 ②理解推广效果的精准优化	①掌握各个指标数据的对比分析与优化标准，并合理运用各种关键词调研工具 ②能够根据推广转化结果，校验产品和用户行为	案例实操	4	校内	思政改革特色：始终坚持"以人为本"目标，要把人的发展作为分析率福为目标的标准。项目中引入"文化茅台"海外建设的思政案例，培养学生的爱国情怀和文化自信
项目三：跨境电商数据分析及展示	技能训练7：数据分析报告	任务7-1：数据可视化	①理解数据可视化的意义和内涵 ②熟悉数据可视化过程中的配色方案 ③熟悉数据分析常用的可视化图表 ④掌握数据透视表的使用	①能够使用可视化工具为报告制作可视化图表 ②具备信息技术能力，熟练使用数据分析工具	案例教学	4	校内	思政改革特色：传递不怕苦不怕累的劳动精神，严谨细致的"大国数据工匠"精神，启发学生思考如何运用所学知识为社会作贡献，通过可视化图表、配色方案制作，提升学生的美学素养
		任务7-2：跨境电子商务数据分析报告	掌握跨境电子商务数据分析报告的撰写	①能通过竞争对手分析、用户特征分析、产品需求分析等形成分析报告 ②能够制定与实施对应品类的营销方案，跟进推广效果并做出结果分析，提出优化建议	案例教学	4	校内	

9.1.5 教学实施建议

（1）教材选用建议

本课程选用校本教材《跨境电商数据分析与应用》；本课程备选教材为《跨境电商数据运营与管理》（邹益民，旷彦昌．跨境电商数据运营与管理［M］．北京：人民邮电出版社，2021.）。

（2）教学场地

本课程教学在计算机机房进行。

（3）教学方法与手段

①教学方法。本课程采用项目任务驱动法、案例教学法等教学方法。

②教学手段。本课程利用仿真与虚拟教学相结合的信息化教学手段，开发和使用 MOOC 资源，开展"线上+线下"一体化教学。

（4）师资要求

本课程的师资要求如下：

- 应具备高校教师资格证书。
- 应具备一定的跨境电商数据分析实践经验。
- 应师德高尚、治学严谨，具有丰富的实践经验、教学经验和较强的科研能力，执教能力强、教学效果好，能及时跟踪专业最新发展动向和跨境电商行业动态，有较强的创新意识与能力，能采用工学结合、"教、学、做"一体化的教学模式阐述所要讲授的技能和知识，指导学生边练边学、边讲边学。
- 应具有中级以上职业资格证书或相应技术职称和较高的数据分析能力，以及丰富的实践经验和实践能力。

（5）考核评价

本课程采用"过程考核+实践考核"（总评＝过程考核成绩×40%＋实践考核成绩×60%）的考核形式。其中，过程考核成绩包括课堂到课、讨论发言情况和个人项目实训完成情况。实践考核成绩，即实践作业成绩。具体评价细则如表 9-3 所示。

表 9-3　考核评价细则

序号	学习任务	评价方式	评分标准	分数分配
1	任务 1-1：初识跨境电商数据分析	过程考核+实践考核	学习态度好、回答问题正确、动手能力强	5
2	任务 1-2：跨境电商数据分析方法、指标与工具	过程考核+实践考核	学习态度好、回答问题正确、动手能力强	5
3	任务 2-1：行业数据采集与分析	过程考核+实践考核	学习态度好、回答问题正确、动手能力强	5
4	任务 2-2：竞品数据采集与分析	过程考核+实践考核	学习态度好、回答问题正确、动手能力强、熟练软件操作、规范完成作业	5
5	任务 2-3：竞店数据采集与分析	过程考核+实践考核	学习态度好、回答问题正确、动手能力强、熟练软件操作、规范完成作业	8
6	任务 3-1：用户属性与数据采集	过程考核+实践考核	学习态度好、回答问题正确、动手能力强、熟练软件操作、规范完成作业	5

续表

序号	学习任务	评价方式	评分标准	分数分配
7	任务3-2：用户特征数据整理与分析	过程考核+实践考核	学习态度好、回答问题正确、动手能力强、熟练软件操作、规范完成作业	8
8	任务4-1：产品需求数据来源	过程考核+实践考核	学习态度好、回答问题正确、动手能力强、熟练软件操作、规范完成作业	5
9	任务4-2：产品需求数据处理	过程考核+实践考核	学习态度好、回答问题正确、动手能力强、熟练软件操作、规范完成作业	5
10	任务4-3：产品需求数据分析	过程考核+实践考核	学习态度好、回答问题正确、动手能力强、熟练软件操作、规范完成作业	8
11	任务5-1：用户体验数据采集	过程考核+实践考核	学习态度好、回答问题正确、动手能力强、熟练软件操作、规范完成作业	5
12	任务5-2：用户体验数据处理与分析	过程考核+实践考核	学习态度好、回答问题正确、动手能力强、熟练软件操作、规范完成作业	8
13	任务6-1：推广效果数据采集与整理	过程考核+实践考核	学习态度好、回答问题正确、动手能力强、熟练软件操作、规范完成作业	5
14	任务6-2：推广效果数据分析	过程考核+实践考核	学习态度好、回答问题正确、动手能力强、熟练软件操作、规范完成作业	8
15	任务7-1：数据分析可视化	过程考核+实践考核	学习态度好、回答问题正确、动手能力强、熟练软件操作、规范完成作业	8
16	任务7-2：跨境电子商务数据分析报告	过程考核+实践考核	学习态度好、回答问题正确、动手能力强、熟练软件操作、规范完成作业	7
合计				100

（6）课程资源的开发与利用

课程团队开发和建设了"跨境电商数据分析与应用"课程的网络课程、精品资源共享课程，有关本课程的教学资料（如电子教案、课件、案例、作业、测试题、实训项目资料等）可供学生随时随地学习，内容丰富，充分满足学生自主学习的需求。课程网站具有良好的运行管理机制，并经常更新有关内容，满足学生持续学习需求。在课程网站中设置在线答疑平台、网上作业和在线考试等互动教学资源，能实现教师与学生网上教学交流、答疑目的，有利于推动翻转课堂，促进学生自主学习。

①课程资源开发。本课程资源包括教材、配套PPT、试题库、项目任务库等资料，并充分利用电子书籍、电子期刊、数据库、数字图书馆、教育网站和电子论坛等网上信息资源，不断增加教学资源的品种，提高教学资源的针对性。

②课程资源利用。学生可利用智慧职教网站进行学习，或是参考以下相关教材。

［1］叶鹏飞．亚马逊跨境电商数据化运营指南［M］．北京：中国铁道出版社，2020．

［2］耿勇．EXCEL数据处理与分析实战宝典［M］．北京：电子工业出版社，2017．

［3］边洁英．大数据环境下跨境电商发展前景研究［M］．长春：吉林人民出版社，2019．

［4］速卖通大学．跨境电商数据化管理：阿里巴巴速卖通宝典［M］．北京：电子工业出版社，2016．

［5］邱如英．大数据视角下的跨境电商［M］．广州：南方日报出版社，2018．

［6］恒盛杰电商资讯．出口跨境电商：速卖通SEO精准引流与数据化运营［M］．北京：机械工业出版社，2017.

［7］冯宪伟．电商数据挖掘及应用研究［M］．长春：吉林出版集团，2018.

［8］林科炯．Excel在电商运营数据管理中的应用［M］．北京：中国铁道出版社，2017.

［9］陈海城．Excel电商数据分析与应用（微课版）［M］．北京：人民邮电出版社，2021.

［10］阿里巴巴商学院．电商数据分析与数据化营销［M］．北京：电子工业出版社，2019.

［11］宁芳儒．跨境电商亚马逊是如何运营的［M］．北京：人民邮电出版社，2022.

［12］张杰．EXCEL数据之美：科学图表与商业图表的绘制［M］．北京：电子工业出版社，2016.

9.2 跨境电商运营课程标准

课程标准制定人：广东轻工职业技术学院刘钧炎
课程名称：跨境电商运营
适用专业：跨境电子商务、国际经济与贸易、电子商务等
课程学分：2
参考学时：40（理论学时26，实践学时14）
课程类别：专业核心课程
课程属性：专业必修课程
课程类型：B类（理论+实践）
产教融合课程、校企合作课程：是☑   否☐

9.2.1 课程定位

本课程是跨境电子商务、国际经济与贸易、电子商务等专业的核心课程。通过本课程的学习，学生可以掌握跨境电商的团队运营、产品运营、内容运营、新媒体运营、数据化运营和品牌化运营六大职业能力。

本课程的前置课程是国际贸易实务、市场调查与分析、国际商务沟通和跨境电子商务基础等，后续课程是跨境电商创业实训、跨境电商市场推广和跨境电商数据化运营等。

9.2.2 课程目标

（1）能力目标
①掌握跨境电商团队KPI绩效管理的技能。
②掌握跨境电商出口选品的策略和技能。
③掌握运用站内频道、第三方工具进行多渠道数据采集和出口选品的技能。
④掌握图片、图像处理的技能，能够制作运营推文。
⑤掌握跨境电商直播运营的技能。
⑥掌握使用Excel进行跨境电商数据运营的技能。
⑦掌握跨境电商品牌运营的技能。
（2）知识目标
①理解跨境电商运营的概念和内涵。

②了解跨境电商运营团队的类型和分工。
③理解标题、关键词、详情页的设置要求和编辑技巧。
④熟悉店铺绩效考核指标的内涵,以及主流平台的店铺运营指标。
⑤熟悉跨境电商数据化分析的步骤和方法。

(3) 素质目标

①具有发现新事物、认识新事物的职业素质。
②具有不断学习的职业能力。
③具有细心耐心的习惯,以及良好的服务意识。
④具有良好的职业道德和精益求精的工作态度。
⑤具有团队精神,能够与团队成员和谐相处。
⑥具有热爱工作、遵守规律的职业道德。

9.2.3 课程设计理念和思路

(1) 课程设计理念

本课程以思政铸魂、产教融合、科技引领和"岗、课、赛、证"融通为设计理念。每个项目都以中华传统文化进行思政引领,以跨境电商行业和企业数据等实现产教融合,以跨境电商领域的最新技术实现科技引领,在跨境电商工作岗位中融入跨境电商 B2C 数据运营等"1+X"证书内容、OCALE 全国跨境电商创新创业能力大赛等竞赛内容,实现"岗、课、赛、证"融通。

(2) 课程设计思路

本课程按照"一体化设计、结构化课程"的设计思路,以跨境电商运营岗位为依托、以岗位所需的跨境电商产品运营和店铺运营为核心组织教学内容,基于跨境电商的团队运营、产品运营、内容运营、新媒体运营、数据化运营和品牌化运营六大职业能力,构建出六个训练项目化课程模块;各个课程模块相互支撑,系统化地重构了跨境电商运营岗位的职业能力体系;各个课程模块又相对独立,有特定的教学目标,内容相对完整。通过六个训练项目的学习,学习者可以掌握跨境电商运营岗位基本的六大操作技能;每个训练项目对应了一个完整的工作内容,具有一定的独立性,学习者可以根据工作需要选择具体的训练项目进行学习。

9.2.4 课程内容、教学要求与学时分配

跨境电商运营课程内容、教学要求与学时分配如表9-4、表9-5所示。

表9-4 跨境电商运营课程内容、教学要求与学时分配总表

序号	教学单元名称	能力训练项目	学时
1	项目一:跨境电商运营团队和产品	技能1:跨境电商运营认知	6
		技能2:跨境电商产品体系建设与运营	8
2	项目二:跨境电商运营方法	技能3:跨境电商内容运营	6
		技能4:跨境电商新媒体运营	6
		技能5:跨境电商数据化运营	8
		技能6:跨境电商品牌化运营	6
合计	2个单元	6个技能点	40

第9章 跨境电子商务专业核心课程标准

表9-5 跨境电商运营课程内容、教学要求与学时分配细则

单元名称	训练项目	学习任务	知识要求	技能要求（含素质要求）	教学方法与手段建议	学时分配	实践场所（校内、校外）	特色说明
项目一：跨境电商运营团队和产品	技能训练1：跨境电商运营认知	任务1-1：初识跨境电商运营	掌握跨境电商运营的方法	能够区别运用跨境电商经验化运营和数据化运营	启发引导法、分组讨论法、任务驱动法，利用仿真与虚拟教学相结合的信息化教学手段	2	校内跨境电商工作室、校内多媒体教室	①跨境电子商务展现贸易国际化 ②为跨境电商大赛做准备 ③了解跨境电商运营的概念，为创业做准备
		任务1-2：跨境电商运营团队分工	熟悉跨境电商运营的类型和分工	能够制定跨境电商运营团队的岗位工作职责		2	校内跨境电商工作室、校内多媒体教室	①跨境电子商务展现贸易国际化 ②为跨境电商大赛、双创赛做准备 ③了解跨境电商团队，为创业做准备
		任务1-3：跨境电商运营团队建设	掌握跨境电商团队KPI绩效管理的方法	能够进行跨境电商团队KPI绩效管理		2	校内跨境电商工作室、校内多媒体教室	①跨境电商运营合规 ②为跨境电商大赛、双创赛做准备 ③了解团队管理，为创业做准备
	技能训练2：跨境电商产品体系建设与运营	任务2-1：跨境电商出口选品	掌握跨境电商出口选品的策略和方法	能够运用站内频道、第三方工具等，进行多渠道数据采集和出口选品		4	校内跨境电商工作室、校内多媒体教室	①跨境电子商务展现贸易国际化 ②融入跨境电B2B、B2C数据运营1+X等级证书相关内容 ③了解选品方法，为创业做准备
		任务2-2：跨境电商产品管理	掌握关键词收集与筛选的方法	能够熟练制作与整理关键词表、编辑产品标题，进行产品发布	启发引导法、分组讨论法、任务驱动法，利用仿真与虚拟教学相结合的信息化教学手段		校内跨境电商工作室、校内多媒体教室	①跨境电子商务展现贸易国际化 ②为跨境电商大赛、双创赛做准备 ③了解产品管理方法，为创业做准备
		任务2-3：跨境电商店铺运营	熟悉主流平台的店铺运营指标	能够实时了解并跟踪店铺绩效，促进店铺良性运营		2	校内跨境电商工作室、校内多媒体教室	①跨境电子商务展现贸易国际化 ②为跨境电商大赛、双创赛做准备 ③了解店铺运营指标，为创业做准备

续表

单元名称	训练项目	学习任务	知识要求	技能要求（含素质要求）	教学方法与手段建议	学时分配	实践场所（校内、校外）	特色说明
项目二：跨境电商运营方法	技能训练3：跨境电商内容运营	任务3-1：跨境电商站内内容运营认知	熟悉跨境电商站内内容运营的数据指标	掌握跨境电商站内内容运营的数据指标	案例教学法、启发引导法、分组讨论法、任务驱动法，利用虚拟仿真与信息化教学相结合的信息化教学手段	2	校内跨境电商工作室、校内多媒体教室	①海外市场调研展现贸易国际化②为跨境电商大赛、双创赛和三创赛做准备
		任务3-2：跨境电商站内内容运营	熟悉跨境电商站内内容运营的策略	能够进行跨境电商站内内容运营		2	校内跨境电商工作室、校内多媒体教室	①体现产教融合特色，海外市场定位紧跟产业发展②为跨境电商大赛、双创赛和三创赛做准备③了解站内内容运营准备
		任务3-3：跨境电商站外内容运营	熟悉跨境电商站外内容运营的策略	能够进行跨境电商站外内容运营		2	校内跨境电商工作室、校内多媒体教室	①为跨境电商大赛、双创赛和三创赛做准备②了解站外内容运营准备
	技能训练4：跨境电商新媒体运营	任务4-1：跨境电商新媒体运营认知	熟悉新媒体的特征	掌握电商底层媒体逻辑	案例教学法、启发引导法、分组讨论法、任务驱动法，利用虚拟仿真与信息化教学相结合的信息化教学手段	2	校内跨境电商工作室、校内多媒体教室	①为跨境电商大赛、双创赛和三创赛做准备
		任务4-2：跨境电商短视频运营	掌握跨境电商短视频引流的方法	能够进行跨境电商短视频引流		2	校内跨境电商工作室、校内多媒体教室	①为跨境电商大赛、双创赛和三创赛做准备②了解跨境电商直播平台，为创业做准备
		任务4-3：跨境电商直播运营	掌握跨境电商直播运营的方法	能够进行跨境电商直播运营		2	校内跨境电商工作室、校内多媒体教室	①为跨境电商大赛、双创赛和三创赛做准备②了解跨境电商直播平台，为创业做准备③融入中华优秀传统文化，实现思政铸魂，培育人才

项目	技能训练	任务	知识目标	技能目标	教学方法	学时	教学场所	说明
项目二：跨境电商运营方法	技能训练5：跨境电商数据化运营	任务5-1：初识跨境电商数据化运营	了解跨境电商数据化运营的步骤	掌握跨境电商数据化运营的步骤	案例教学法，启发引导法、任务驱动法、分组讨论法，利用虚拟仿真与教学相结合的信息化教学手段	2	校内跨境电商工作室、校内多媒体教室	①融入跨境电商B2B数据运营1+X等级证书相关内容 ②融入跨境电商B2C数据运营1+X等级证书相关内容 ③了解跨境电商数据分析，为创业做准备 ④为跨境电商大赛、双创创赛和三创赛做准备 ⑤理论与实际操作相结合，体现理论结合实践
		任务5-2：运用Excel进行跨境电商数据化分析	掌握Excel图表分析方法	能够运用Excel进行图表分析		2	校内跨境电商工作室、校内多媒体教室	
		任务5-3：跨境电商数据化分析案例	熟悉跨境电商市场划分分析方法	能够进行跨境电商销售市场划分、弹性分析		4	校内跨境电商工作室、校内多媒体教室	
	技能训练6：跨境电商品牌化运营	任务6-1：策划品牌创意	掌握品牌战略规划方式	能够进行企业的品牌战略规划	案例教学法，启发引导法、任务驱动法，分组讨论法，利用虚拟仿真与教学相结合的信息化教学手段	2	校内跨境电商工作室、校内多媒体教室	①为跨境电商大赛、双创创赛和三创赛做准备 ②了解跨境电商品牌知识，为创业做准备
		任务6-2：打造品牌形象	熟悉品牌形象含义、内容及评价	能够打造企业品牌形象		2	校内跨境电商工作室、校内多媒体教室	
		任务6-3：传播品牌影响力	熟悉品牌传播的法则	能够进行品牌传播		2	校内跨境电商工作室、校内多媒体教室	

9.2.5 教学实施建议

（1）教材选用建议

本课程建议选用教材《亚马逊跨境电商精细化运营》（叶鹏飞.亚马逊跨境电商精细化运营［M］.北京：中国铁道出版社，2021.）。

（2）教学场地

本课程教学在校内跨境电商实训室进行。

（3）教学方法与手段

①教学方法。本课程采用案例教学法、启发引导法、分组讨论法、任务驱动法等教学方法，做到在学中做、在做中学。

②教学手段。本课程采用仿真与虚拟教学相结合的信息化教学手段，在虚拟的项目和任务中穿插知识点，再用多媒体、智慧职教线上平台等信息化教学手段进行呈现。

（4）师资要求

本课程师资由校内教师和校外专家构成。

①校内教师。担任本课程教学的主讲教师，要求具备讲师以上职称，熟悉跨境电子商务相关理论与操作，具备较高的政治素质、崇高的师德和敬业精神、较高的文化科学素养，同时具备全面的业务工作素质、丰富的情感素质、较强的科研能力。

②校外专家。承担本课程实践教学和担任本课程顾问。校外专家要求具有丰富的跨境电商实战经验和部门经理或以上职位。

（5）考核评价

本课程考核由过程性评价和结果性评价两部分组成。具体评价细则如表9-6所示。

表9-6 考核评价细则

序号	学习任务	评价方式	评分标准	分数分配
1	任务1-1：初识跨境电商运营	过程考核+实践考核	学习态度好、回答问题正确、动手能力强	5
2	任务1-2：跨境电商运营团队分工	过程考核+实践考核	学习态度好、回答问题正确、动手能力强	5
3	任务1-3：跨境电商运营团队建设	过程考核+实践考核	学习态度好、回答问题正确、动手能力强	5
4	任务2-1：跨境电商出口选品	过程考核+实践考核	学习态度好、回答问题正确、动手能力强，熟练相关操作，规范完成作业	5
5	任务2-2：跨境电商产品管理	过程考核+实践考核	学习态度好、回答问题正确、动手能力强，熟练相关操作，规范完成作业	10
6	任务2-3：跨境电商店铺运营	过程考核+实践考核	学习态度好、回答问题正确、动手能力强，熟练相关操作，规范完成作业	5

续表

序号	学习任务	评价方式	评分标准	分数分配
7	任务3-1：跨境电商内容运营认知	过程考核+实践考核	学习态度好、回答问题正确、动手能力强，熟练相关操作，规范完成作业	5
8	任务3-2：跨境电商站内内容运营	过程考核+实践考核	学习态度好、回答问题正确、动手能力强，熟练相关操作，规范完成作业	5
9	任务3-3：跨境电商站外内容运营	过程考核+实践考核	学习态度好、回答问题正确、动手能力强，熟练相关操作，规范完成作业	5
10	任务4-1：跨境电商新媒体运营认知	过程考核+实践考核	学习态度好、回答问题正确、动手能力强，熟练相关操作，规范完成作业	5
11	任务4-2：跨境电商短视频运营	过程考核+实践考核	学习态度好、回答问题正确、动手能力强，熟练相关操作，规范完成作业	5
12	任务4-3：跨境电商直播运营	过程考核+实践考核	学习态度好、回答问题正确、动手能力强，熟练相关操作，规范完成作业	5
13	任务5-1：初识跨境电商数据化运营	过程考核+实践考核	学习态度好、回答问题正确、动手能力强，熟练相关操作，规范完成作业	5
14	任务5-2：运用Excel进行跨境电商数据化分析	过程考核+实践考核	学习态度好、回答问题正确、动手能力强，熟练相关操作，规范完成作业	5
15	任务5-3：跨境电商数据化分析案例	过程考核+实践考核	学习态度好、回答问题正确、动手能力强，熟练相关操作，规范完成作业	10
16	任务6-1：策划品牌创意	过程考核+实践考核	学习态度好、回答问题正确、动手能力强	5
17	任务6-2：打造品牌形象	过程考核+实践考核	学习态度好、回答问题正确、动手能力强	5
18	任务6-3：传播品牌影响力	过程考核+实践考核	学习态度好、回答问题正确、动手能力强	5
合计				100

（6）课程资源的开发与利用

①微课建设（精品在线开放课程资源）。本课程现有课程资源（如视频、作业题等）如表 9-7 所示。

表 9-7 精品在线开放课程资源统计

序号	资源类型	数量	备注
1	视频	300 多个	
2	单元	6 个	
3	课程标准	1 份	
4	作业题	200 道	
5	试题	2 套	
6	PPT	18 套	
7	配套教材	1 本	

②在线开放课程。关于本课程的在线开放课程详情可访问智慧职教网站。

9.3 跨境电商供应链管理课程标准

课程标准制定人：昆明冶金高等专科学校周霞霞
课程名称：跨境电商供应链管理
适用专业：跨境电子商务专业、电子商务专业
课程学分：3
参考学时：45（理论学时 30，实践学时 15）
课程类别：专业核心课程
课程属性：专业必修课程
课程类型：B 类（理论+实践）
产教融合课程、校企合作课程：是 ☑　　否 ☐

9.3.1 课程定位

本课程作为跨境电子商务的专业拓展课程，侧重培养学生能够具备跨境电子商务物流岗位的基本工作能力，课程主要内容为跨境电商 B2C 模式下的主要物流方式和操作实训。本课程的前置课程是跨境电子商务基础，后续课程是跨境电子商务运营。本课程以跨境电商物流工作流程为主线，重点培养学生制定跨境电子商务物流方案，进行跨境物流成本核算、跨境物流仓储管理、跨境物流采购管理、海外仓管理、跨境物流信息系统管理、国际物流运输管理的能力。

9.3.2 课程目标

（1）能力目标
①能分析不同跨境电商企业的供应链类型和结构、不同类型的供应链合作伙伴关系，能

够按照一定的原则构建供应链合作伙伴。

②具有输出地物流运作、国际段物流运作以及输入地物流运作的能力。

③能掌握跨境电子商务的仓储管理要点，掌握跨境电子商务物流包装的要点，明确跨境供应链管理系统的作用、分类及应用。

④能准确掌握邮政物流、国际快递、专线物流、国内物流的国际服务的特点，根据实际需求选择合适的物流快递服务。

⑤能准确掌握运费模板设置和线上发货与线下发货的流程与特点，熟悉物流的咨询方式和售后投诉。

⑥能准确掌握海外仓的含义与特点，掌握海外仓的选品规则，准确计算海外仓的费用。

⑦能熟练掌握多种跨境电子商务进口物流的直邮模式、保税模式。

⑧了解各平台工具、规则，能根据企业的需求制定符合企业需求的物流方案。

⑨能根据目标国海关相关规定、国际物流法律法规、国外贸易政策等知识，规避企业物流风险。

⑩能够运用国际航运、陆运、空运基础知识，完成运力、配载等测算。

⑪能够根据物流方案，完成拣货、贴标、装箱、制单、预约服务商、提货等发货流程操作。

⑫能够运用多种方法，实现跨境电子商务采购的成本控制。

⑬能够完成出入库管理、盘点货物库存、仓库5S（Seiri 整理、Seition 整顿、Seiso 清扫、Seikesu 清洁、Shisuke 素养）管理等工作。

⑭能够运用物流仓储信息化系统的费用、效益进行调研和比较分析，完成若干备选方案的建立。

⑮能够在成本、时效、风险评估的基础上，完成对服务商的选择。

⑯能运用物流数据分析工具，完成物流信息的收集和处理，为运营决策提供依据。

⑰能够完成报关单据、发货单据、其他相关票据等单据的填写工作。

（2）知识目标

①了解跨境供应链管理系统的作用、分类及应用。

②掌握国际物流的概念、特点，掌握跨境物流的运作模式，了解跨境物流的组成和发展。

③掌握跨境货物仓储保管业务的含义、地位与作用，了解保税仓库与保税区，熟悉跨境货物仓储业务程序，掌握跨境电子商务物流包装的要点。

④了解邮政物流、国际快递、专线物流、国内物流的国际服务的含义。

⑤了解供应商采购的标准，熟悉供应商采购标准的要素，了解跨境电商采购评价的概念，掌握跨境电商采购评价标准。

⑥了解跨境电子商务物流进口通关的流程和相关政策法规，掌握进口通关所需的主要单证和资料，掌握海关查验和验放货物的规定和程序，了解常见的风险和解决方案。

⑦了解多种跨境电子商务进口物流的直邮模式、保税模式。

⑧了解海外仓的定义、优势，掌握海外仓的功能及分类，掌握海外仓的选品规则，掌握海外仓选品的思路，掌握海外仓费用构成的相关知识，掌握海外仓各项费用的计算方法。

⑨了解目标国海关相关规定、国际物流法律法规、国外贸易政策等知识。

⑩了解跨境电商物流信息系统的定义，熟悉跨境电商物流信息系统的功能，了解跨境电

商物流信息系统，掌握二维条码技术、射频识别技术、物流数据交换技术、全球定位系统技术、地理信息系统技术、大数据技术的概念及特点。

(3) 素质目标

①具有保持终身学习的心态，不断学习新知识、新技术，有一定的创新意识。

②养成独立思考、自我学习的习惯，具有提升勇于表达自己见解的能力。

③能够适应环境的变化，为人处事具有灵活性，具有提升自我调控的能力。

④具有良好的职业道德以及诚实守信、爱岗敬业、严谨的工作作风。

⑤具备准确的自我评价能力和接受他人评价的承受力，并能够从成败经历中有效地吸取经验教训。

⑥在工作中能够协同他人共同完成工作，对他人公正宽容。

9.3.3 课程设计理念和思路

(1) 课程设计理念

本课程依据跨境电商供应链物流管理工作任务与职业能力分析设置教学项目，打破以知识传授为主要特征的传统学科课程模式，转变为以工作任务为中心组织课程内容，让学生在完成具体项目的过程中学会完成相应工作任务，并构建相关理论知识，发展职业能力，充分体现实践性和开放性的要求。

(2) 课程设计思路

本课程注重培养学生的跨境电子商务职业素质，强调学生终身学习与可持续发展。本课程是依据"跨境电子商务专业跨境供应链管理课程 PGSD 能力分析表"中的跨境物流工作流程设置的。其总体设计思路是：以工作任务为导向，基于工作任务的课程设计进行教学。通过组织学生完成跨境供应链物流管理过程中涉及的工作任务来学习相关的知识、培养相应的职业技能和能力。课程内容突出对学生职业综合素质的培养与专业知识的融合，并充分考虑了高等职业教育对理论知识学习的需要，融合相关职业资格证书对知识、技能和态度的要求。课程的教学过程主要通过"教、学、做、评"一体化展开，同时结合校内外实训基地，采取工学结合等形式，充分开发学习资源，给学生提供丰富的实践机会。教学效果评价采取过程性评价与结果性评价相结合的方式，通过理论与实践相结合，重点评价学生的职业能力。

9.3.4 课程内容、教学要求与学时分配

跨境电商供应链管理课程内容、教学要求与学时分配如表 9-8、表 9-9 所示。

表 9-8 跨境电商供应链管理课程内容、教学要求与学时分配总表

序号	教学单元名称	能力训练项目	学时
1	项目一：跨境供应链管理认知	技能1：初识跨境供应链管理 技能2：供应链合作伙伴关系的构建	5
2	项目二：跨境供应链环境下的物流管理	技能3：跨境电商物流运作流程 技能4：跨境电商物流方案设计	7

续表

序号	教学单元名称	能力训练项目	学时
3	项目三：跨境电商物流成本和绩效管理	技能5：跨境电商物流服务定价方法 技能6：跨境电商物流服务商的选择 技能7：跨境电商物流绩效考核分析方法和工具	6
4	项目四：跨境电商供应链环境下的仓储管理	技能8：跨境电商仓储管理的流程 技能9：跨境电商出入库管理 技能10：跨境电商库存控制方法	6
5	项目五：跨境电商供应链环境下的海外仓管理	技能11：海外仓的运作流程 技能12：海外仓选品和费用计算	5
6	项目六：跨境电商供应链环境下的运输管理	技能13：不同的国际运输手段 技能14：国际运输手段费用结算的方法	4
7	项目七：跨境电商供应链环境下的采购管理	技能15：跨境电商采购模式 技能16：跨境电商中供应商的评价与选择	4
8	项目八：跨境电商供应链环境下的通关模式	技能17：跨境电商物流进口通关模式 技能18：跨境电商物流出口通关模式	4
9	项目九：跨境电商物流信息管理	技能19：跨境电商物流信息技术 技能20：跨境电商物流平台构建	4
合计	9个单元	20个技能点	45

表9-9 跨境电商供应链管理课程内容、教学要求与学时分配细则

单元名称	训练项目	学习任务	知识要求	技能要求（含素质要求）	教学方法与手段建议	学时分配	实践场所（校内、校外）	特色说明
项目一：跨境供应链管理认知	技能训练1：初识跨境供应链管理	任务1-1：跨境供应链和跨境供应链管理的产生背景和内容	①了解供应链、跨境供应链 ②了解跨境供应链管理的产生背景和内容	①掌握跨境供应链的产生背景 ②掌握跨境供应链管理的产生背景和内容	线上线下混合式教学	1		思政改革特色：培养共赢意识，倡导互相依存、诚信和透明，强调创新，关注风险共担，推动供应链合作伙伴关系的构建
		任务1-2：跨境供应链的特征	掌握跨境供应链的特征	能分析不同企业跨境供应链的特征	线上线下混合式教学	1	校内实训基地	
		任务1-3：跨境供应链的主要类型和结构	理解跨境供应链的类型和结构	能分析不同企业跨境供应链的类型和结构	线上线下混合式教学	1		
	技能训练2：供应链合作伙伴关系的构建	任务2-1：供应链合作伙伴和合作伙伴关系	①理解供应链合作伙伴 ②理解供应链合作伙伴关系	能分析不同类型的供应链合作伙伴关系	线上线下混合式教学	1		
		任务2-2：构建供应链合作伙伴关系	理解供应链合作伙伴选择和评价的方法	能够构建供应链合作伙伴	线上线下混合式教学	1		

项目	技能训练	任务	知识点	能力要求	教学方式	学时	实训基地	思政改革特色/产教融合教学特色
项目二：跨境供应链环境下的物流管理	技能训练3：跨境电商物流运作流程	任务3-1：输出地物流运作流程	①了解输出地物流运作的环节 ②掌握输出地物流运作流程	具有输出地物流运作的能力	线上线下混合式教学	1	校内实训基地	思政改革特色：学习我国"一带一路"倡议的视频规划和国内国外经济双循环的视频，了解我国对外向型经济发展的趋势和思路，认识到供应链对我国外向型经济的基础支撑作用，培养爱国情怀 产教融合教学特色：以跨境电商企业真实供应链案例项目展示供应链发展的巨大作用。通过跨境电商企业实训，培养学理实一体化教学供应链管理活动仿真实训，培养学生的观察分析能力
		任务3-2：国际段物流运作流程	①了解国际段物流运作的环节 ②掌握国际段物流运作流程	具有国际段物流运作的能力	线上线下混合式教学	1		
		任务3-3：输入地物流运作流程	①了解输入地物流运作的环节 ②掌握输入地物流运作流程	具有输入地物流运作的能力	线上线下混合式教学	1		
	技能训练4：跨境电商物流方案设计	任务4-1：跨境电商物流环境分析	①了解跨境电商物流环境的影响因素 ②掌握跨境电商物流环境分析	具有跨境电商物流环境分析的能力	线上线下混合式教学	1		
		任务4-2：跨境电商物流需求分析	①了解跨境电商物流需求类型 ②掌握跨境电商物流需求分析	具有跨境电商物流需求分析的能力	线上线下混合式教学	1		
		任务4-3：设计跨境电商物流方案	①了解跨境电商物流服务模式 ②掌握跨境电商物流方案设计	能够按需求设计跨境电商物流方案	线上线下混合式教学	2		

续表

单元名称	训练项目	学习任务	知识要求	技能要求（含素质要求）	教学方法与手段建议	学时分配	实践场所（校内、校外）	特色说明
项目三：跨境电商物流成本和绩效管理	技能训练5：跨境电商物流服务定价方法	任务5-1：跨境电商物流服务定价方法	①掌握跨境电商物流服务定价的相关策略②掌握跨境电商物流服务定价的相关策略	①能够灵活运用定价策略为不同的跨境电商物流服务定价②具备根据具体情况对跨境电商物流服务进行调价的能力	线上线下混合式教学	2		思政改革特色：建议在跨境电商物流服务定价方面，注重服务公平合理，透明可靠，遵循市场规律和法律法规，同时关注社会责任，满足不同需求，促进跨境电商发展
	技能训练6：跨境电商物流服务商的选择	任务6-1：跨境电商物流服务商选择的原则	①树立正确的企业与物流服务提供商的关系②掌握选择跨境电商物流服务商时考虑的主要因素	①能够在进行跨境电商物流服务商选择时理清原则②根据考虑的主要因素选择合适的物流服务商	线上线下混合式教学	1	校内和校外实训基地	
		任务6-2：跨境电商物流服务商选择的指标	掌握跨境电商物流服务商的评价指标体系选择的评价方法以及常见的评价指标	①能够建立具备科学性、系统性、可比性和可操作性的评价指标体系②能够运用评价指标体系进行跨境电商物流服务商的选择	线上线下混合式教学	1		
	技能训练7：跨境电商物流绩效考核分析方法和工具	任务7-1：跨境电商物流绩效考核的重要性	理解物流绩效考核的意义及作用	①能够看懂跨境电商物流绩效考核方案的目的②能够通过团队协作完成绩效考核方案框架梳理	线上线下混合式教学	1		

第9章 跨境电子商务专业核心课程标准

项目	技能训练	任务	知识点	能力点	教学方法	学时	教学场所	特色
项目三：跨境电商物流成本和绩效管理	技能训练7：跨境电商物流绩效考核分析方法和工具	任务7-2：跨境电商物流绩效考核的方法	掌握常见的跨境电商物流绩效考核办法，并理解适用的场景	能够根据跨境电商考核岗位和职能的不同选择合适的绩效考核方法并灵活运用在企业场景中	线上线下混合式教学	1	校内和校外实训基地	思政改革特色：建议在跨境电商物流服务定价方面，注重公平合理，透明可靠，遵循市场规律和法律法规，同时关注社会责任，满足不同需求，促进跨境电商发展
项目四：跨境电商供应链环境下的仓储管理	技能训练8：跨境电商仓储管理的流程	任务8-1：跨境电商仓储管理的重要性	①理解跨境电商仓储的功能 ②掌握跨境电商仓库的含义和分类 ③理解跨境电商仓库布置、动线类型及储位编码的相关知识	①能够分析跨境电商仓储活动的类型和特点 ②具有分析跨境电商仓库布局并优化储位管理的能力 ③具备跨境电商仓储的全局意识	线上线下混合式教学	1	校内和校外实训基地	双创教育特色：通过跨境电商企业供应链管理案例分析，启发学生对项目进行优化的分析能力和创新能力
		任务8-2：跨境电商仓储管理流程	①了解跨境海外仓管理办法 ②掌握跨境海外仓管理流程	①能够优化跨境海外企业务流程 ②具备仓储管理人员的系统规划素养	线上线下混合式教学	1		引入技能竞赛标准：引入职业技能竞赛作业方案，设计打物流管理师职业技能等级标准，让学生了解关于物流管理岗位的技能要求

续表

单元名称	训练项目	学习任务	知识要求	技能要求（含素质要求）	教学方法与手段建议	学时分配	实践场所（校内、校外）	特色说明
项目四：跨境电商供应链环境下的仓储管理	技能训练9：跨境电商出入库管理	任务9-1：跨境电商出入库管理的原则	①掌握跨境电商货品入库作业准备内容 ②掌握跨境电商货品入库作业验收的内容和方法 ③掌握货品拣选方法和策略	①能够正确选择入库货品的数量验收方法 ②能够处理跨境电商货品入库验收过程中的异常问题 ③能够制定货品拣选策略 ④具备跨境电商仓库管理人员恪尽职守的职业素养 ⑤具备协作共进的团队精神	线上线下混合式教学	1		双创教育特色：通过跨境电商企业供应链管理案例分析，启发学生对能力进行优化的分析和项目创新能力
		任务9-2：跨境电商出入库管理的流程	①掌握跨境电商入库管理的基本流程 ②掌握跨境电商出库管理的基本流程 ③了解退货产生的原因 ④掌握退货处理的基本方法	①能够编制出入库作业计划 ②能够查找退货原因并按照一般退货流程进行退货处理 ③具备制定出入库作业计划的良好习惯 ④具备守规守信的职业道德	线上线下混合式教学	1	校内和校外实训基地	引入技能竞赛标准：引入物流技能竞赛规程及物流管理竞赛师职业技能等级标准，让学生了解关于物流管理师岗位的技能要求
	技能训练10：跨境电商库存控制方法	任务10-1：跨境电商库存控制的方法	①掌握跨境电商经济订货批量法 ②掌握跨境电商定量订货和定期订货法	①能够使用经济订货批量法控制库存 ②能够分析定量订货和定期订货使用的不同场景 ③具备跨境电商仓储管理人员节约成本的经营思维	线上线下混合式教学	2		

项目	技能训练	任务	知识点	能力要求	教学方式	学时	思政改革特色/双创教育特色	实训基地
项目五：跨境电商供应链环境下的海外仓管理	技能训练11：海外仓的运作流程	任务11-1：海外仓认知	①了解海外仓兴起的原因 ②了解海外仓的优缺点 ③了解海外仓的功能 ④熟悉海外仓服务的几种模式	能够根据需要选择海外仓服务模式	线上线下混合式教学	1	思政改革特色：建议在海外仓选品时，应遵循市场需求，品质可靠，合规合法，绿色环保的原则，注重文化差异和消费习惯，确保产品安全可靠，促进健康可持续发展	校外实训基地
		任务11-2：海外仓的运作流程	熟悉海外仓的运作流程	熟悉海外仓运作流程的关键环节	线上线下混合式教学	1		
	技能训练12：海外仓选品和费用计算	任务12-1：海外仓选品的原则和思路	①了解国际市场消费的基本情况 ②熟悉海外仓选品的原则 ③掌握海外仓选品的思路	①能够进行合理的海外仓产品选择 ②具备较强的学习能力和自我提升意识，不断跟进行业发展政策法规变化	线上线下混合式教学	1		
		任务12-2：海外仓费用	掌握海外费用的构成	能够对海外仓的费用进行正确的计算，具有主动了解海外市场行情的意识，具有全球市场开拓视野	线上线下混合式教学	2		
项目六：跨境电商供应链环境下的运输管理	技能训练13：不同的国际运输手段	任务13-1：不同的国际运输（国际航空、国际邮政、国际专线快递和国际专线）手段	①掌握国际航空物流、国际邮政包裹、国际专线物流的概念 ②了解国际货物托运包装要求 ③熟悉国际邮政快递模式的运作流程 ④熟悉国际快递业务流程及业务环节	①能够根据实际情况选择国际运输手段 ②具备较好的语言表达能力和文化素养，能够在跨文化交流中处理好关系 ③具备价格波动的敏感度和预判能力	线上线下混合式教学	2	双创教育特色：鼓励学生在课程中提出和探索国际运输领域的创业项目，包括费用计算和结算的解决方案。提供创业指导和资源支持，帮助学生将创业项目转化为实际可行的商业模式	校内和校外实训基地

续表

单元名称	训练项目	学习任务	知识要求	技能要求（含素质要求）	教学方法与手段建议	学时分配	实践场所（校内、校外）	特色说明
项目六：跨境电商供应链环境下的运输管理	技能训练14：国际运输手段费用的结算的方法	任务14-1：不同的国际运输手段的结算方法	掌握不同的国际运输手段的结算方法	①具备对国际航运形势进行判断的能力 ②具备开拓优质服务商的能力和谈判能力 ③具备较强的学习能力和自我提升意识，不断跟进行业发展和政策法规变化	线上线下混合式教学	2	校内和校外实训基地	双创教育特色：鼓励学生在课程中提出和探索国际运输领域的创业项目，包括费用结算的解决方案。提供创业指导和资源支持，帮助学生将创业项目转化为实际可行的商业模式
项目七：跨境电商供应链环境下的采购管理	技能训练15：跨境电商采购模式	任务15-1：跨境电商采购	①了解电商采购的概念 ②了解跨境电商采购的基本概念 ③掌握跨境电商采购的差别	能够分析跨境电商采购的要素	线上线下混合式教学	1	校内和校外实训基地	思政改革特色：建议在跨境电商应商评价选择中，重视信誉、产品质量合规，价格合理，有利于双方长期合作，注重社会责任和可持续发展，推动公平竞争和共同发展
		任务15-2：不同的跨境电商采购模式	①了解电商采购选择的标准 ②掌握跨境电商采购的分类 ③掌握跨境电商采购模式的选择	①能区分电商采购的不同模式 ②能针对不同的供应链选择跨境电商采购模式	线上线下混合式教学	1		
	技能训练16：跨境电商中供应商的评价与选择	任务16-1：供应商选择的标准	①了解供应商选择的标准 ②熟练掌握供应商选择标准的要素	能根据不同的采购模式选择不同的供应商标准匹配	线上线下混合式教学	1		
		任务16-2：跨境电商中供应商的评价与选择	①了解跨境电商采购评价的概念 ②掌握跨境电商采购评价标准	①能根据不同采购评价机制进行采购商的选择 ②能在跨境采购过程中应用评价模式的选择	线上线下混合式教学	1		

项目八：跨境电商供应链环境下的通关模式	技能训练17：跨境电商物流进口通关模式	任务17-1：跨境电商物流进口通关模式	了解跨境电商物流进口通关操作，对电子报关流程有基本认知和操作流程有基本认知	①熟悉报关单、发票、装箱单等相关单证，并确保其符合法规要求 ②具备较强的学习能力和自我提升意识，不断跟进行业发展和政策法规变化	线上线下混合式教学	1		理实一体化教学特色：通过跨境电商企业供应链管理活动的仿真实训，培养学生的观察分析能力
		任务17-2：跨境电商物流进口通关的流程	①了解跨境电商进口通关的流程和相关政策法规 ②掌握进口通关所需的主要单证和资料，如进口货物报关单、发票、装箱单、产地证明等 ③掌握海关查验和验放货物的规定和程序 ④了解进口通关常见的风险和解决方案	①对货物验放的实际操作有所认知，能够应对海关的查验要求 ②具备协调沟通能力，能够与物流公司、海关、仓储企业等相关方进行有效的沟通和协调 ③具备风险识别能力，能够识别进口通关过程中可能遇到的风险和问题 ④具备较强的责任心和团队合作精神，能够承担起跨境电商物流进口通关工作的责任	线上线下混合式教学	1	校内实训基地	

125

续表

单元名称	训练项目	学习任务	知识要求	技能要求（含素质要求）	教学方法与手段建议	学时分配	实践场所（校内、校外）	特色说明
项目八：跨境电商供应链环境下的通关模式	技能训练18：跨境电商物流出口通关模式	任务18-1：跨境电商物流出口通关模式	①了解跨境电商物流出口通关的基本概念和相关政策法规 ②熟悉出口通关所需的主要单证和资料，如出口货物报关单、发票、装箱单、产地证明等 ③了解出口通关常见的风险和解决方案	①掌握电子报关系统的操作 ②掌握货物验放的操作流程，能够应对海关的查验和要求 ③具备风险管理能力，能够识别和应对出口通关过程中可能遇到的风险和问题	线上线下混合式教学	1	校内实训基地	理实一体化教学特色：通过跨境电商企业供应链管理活动仿真实训，培养学生的观察分析能力
		任务18-2：跨境电商物流出口通关的流程	①了解跨境电商物流出口通关的流程 ②了解出口货物的分类和税则，掌握HS（海关）编码和出口货物的报关要求 ③了解出口通关所需的主要单证和资料 ④了解海关查验和验放货物的规定和程序	①能够正确填写出口报关单等单证 ②能够应对海关的查验和要求 ③具备风险管理能力，能够识别和应对出口通关过程中可能遇到的风险和问题 ④具备较强的学习能力和自我提升意识，不断跟进行业发展和政策法规变化	线上线下混合式教学	1	校内实训基地	

项目	技能训练	任务	知识要点	能力要求	教学方式	学时	教学特色
项目九：跨境电商物流信息管理	技能训练19：跨境电商物流信息技术	任务19-1：跨境电商物流信息系统的重要性	①了解跨境电商物流信息系统的定义 ②熟悉跨境电商物流信息系统的功能 ③了解跨境电商物流信息系统	能够从狭义和广义两个方面把握跨境电商物流的定义	线上线下混合式教学	1	理实一体化教学特色：组织学生进行跨境电商物流平台的实地考察，参观物流中心、仓储设施等，了解实际运作情况。同时，安排学生参与实习或实训项目，与实际工作团队合作，亲身体验跨境电商物流平台的运营和管理
		任务19-2：各种跨境电商物流信息技术	掌握二维条码技术、射频识别技术、物流数据交换技术、全球定位系统技术、地理信息系统技术、大数据技术的概念及特点	学会运用二维条码技术、射频识别技术、物流数据交换技术、全球定位系统技术、地理信息系统技术、大数据技术	线上线下混合式教学	1	
	技能训练20：跨境电商物流平台构建	任务20-1：建跨境电商物流平台的作用	了解跨境电商物流平台的作用	能够对跨境电商平台系统各个环节进行协调，适时、适量地配置和调度系统的资源	线上线下混合式教学	1	校内实训基地
		任务20-2：构建跨境电商物流平台的途径	了解构建跨境电商物流平台的组成及构建途径	能够对跨境电商物流平台（包括物流仓库、物流管理、运输、物流、物流监视、系统优化等）进行协调、统一化，调度系统的资源	线上线下混合式教学	1	

9.3.5 教学实施建议

（1）教材选用建议

本课程建议选用教材《跨境物流及海外仓市场、运营与科技》（孙韬，胡丕辉.跨境物流及海外仓市场、运营与科技［M］.北京：电子工业出版社，2020.）或《跨境电商物流实务》（戴小红，吕希.跨境电商物流实务［M］.杭州：浙江大学出版社，2021.）。

（2）教学场地

本课程教学在校内实训基地和校外实训基地进行。

（3）教学方法与手段

在跨境供应链管理实务课程教学过程中，应以培养学生的知识、能力、素质协调发展为目标，认真贯彻以学生为主体、教师为主导的教育理念；应遵循学生的认知规律，注重理论联系实际，激发学生的学习兴趣，引导自主学习，鼓励个性发展；要加强教学方法和教学手段的研究与改革，努力营造一个有利于培养学生科学素养和创新意识的教学环境。

对跨境供应链理论性比较强的内容，利用线上课程资源、采用混合式教学，在教学方法上，应将理论教学和实践教学相结合，加强师生之间、学生之间的交流与合作，引导学生独立思考；在教学手段上，应发挥好课堂教学主渠道的作用，教学手段应服务于教学目的，提倡有效利用多媒体技术。应积极创造条件，充分利用计算机辅助教学、网络教学等现代化教育技术的优势，扩大教学信息量，提高教学质量和效率。

（4）师资要求

本课程师资由校内教师和校外专家构成。

①校内教师。负责理论部分的讲授。

②校外专家。负责实操部分的讲授。

（5）考核评价

本课程考核由过程性评价和结果性评价两部分组成。具体评价细则如表9-10所示。

表9-10 考核评价细则

序号	项目名	评价方式	评分标准	分数分配
1	跨境供应链管理认知	过程性评价+结果性评价	考勤20%+课堂参与40%+课后作业40%	10
2	跨境供应链环境下的物流管理	过程性评价+结果性评价	考勤20%+课堂参与40%+课后作业40%	15
3	跨境电商物流成本和绩效管理	过程性评价+结果性评价	考勤20%+课堂参与40%+课后作业40%	15
4	跨境电商供应链环境下的仓储管理	过程性评价+结果性评价	考勤20%+课堂参与40%+课后作业40%	10
5	跨境电商供应链环境下的海外仓管理	过程性评价+结果性评价	考勤20%+课堂参与40%+课后作业40%	10

续表

序号	项目名	评价方式	评分标准	分数分配
6	跨境电商供应链环境下的运输管理	过程性评价+结果性评价	考勤20%+课堂参与40%+课后作业40%	10
7	跨境电商供应链环境下的采购管理	过程性评价+结果性评价	考勤20%+课堂参与40%+课后作业40%	10
8	跨境电商供应链环境下的通关模式	过程性评价+结果性评价	考勤20%+课堂参与40%+课后作业40%	10
9	跨境电商物流信息管理	过程性评价+结果性评价	考勤20%+课堂参与40%+课后作业40%	10
合计				100

（6）课程资源的开发与利用

①微课建设（精品在线开放课程资源）。本课程现有课程资源（如视频、作业题等）如表 9-11 所示。

表 9-11 精品在线开放课程资源统计

序号	资源类型	数量	备注
1	视频	250 个	
2	单元	9 个	
3	课程标准	1 份	
4	作业题	100 道	
5	试题	5 套	
6	PPT	50 套	
7	配套教材	1 本	

②在线开放课程。关于本课程的在线开放课程详情可访问智慧职教网站，参考"跨境供应链管理实务"相关内容。

9.4 国际市场推广课程标准

课程标准制定人：广东轻工职业技术学院李超锋
课程名称：国际市场推广
适用专业：跨境电子商务、电子商务、市场营销
课程学分：2
参考学时：40（理论学时 16，实践学时 24）

课程类别：专业核心课程
课程属性：专业必修课程
课程类型：B 类（理论+实践）
产教融合课程、校企合作课程：是 ☑　　否 ☐

9.4.1　课程定位

本课程作为跨境电子商务专业核心课程，侧重培养学生国际化的推广策划和执行能力。通过学习国际市场推广的基础知识、分析方法和推广策略，以及海外社媒运营、EDM（Email Direct Marketing，电子邮件营销）推广、搜索引擎推广、广告投放等实用工具和技巧，学生能够更好地理解国际市场的特点和趋势，制定切实可行的推广计划，提升企业品牌知名度和市场份额，以适应跨境电商竞争激烈的市场环境。本课程的前置课程是跨境电子商务基础、跨境电商英语，后续课程是跨境电商客户服务、跨境电商运营、跨境电商真实项目实训。

9.4.2　课程目标

（1）能力目标
①掌握追踪时事热点，结合品牌特点进行营销策划的技能。
②掌握针对企业经营目标，采用适当的分析软件开展市场调研与分析，选择合适的行业或类目的技能。
③掌握结合平台特点，从推广目标、推广渠道、推广计划进度、推广预算等方面制定合适的推广方案的技能。
④掌握熟悉短视频推广的相关流程，熟练掌握海外社媒平台规则的技能。
⑤掌握建立并维护品牌社交媒体形象的技能。
⑥掌握策划推广活动，与粉丝建立良好互动，提升用户黏性，增加媒体矩阵粉丝数及留存率的技能。
⑦掌握利用数据监测，分析搜索引擎优化相关数据的技能。
⑧掌握熟练使用英语或当地语言撰写推广文案的技能。
⑨掌握通过 SEO 开展品牌宣传的技能。
⑩掌握根据品牌的市场定位和发展方向，选择合适的广告投放平台的技能。
⑪掌握结合平台特点，挖掘产品卖点并实施广告投放的技能。
⑫掌握根据数据反馈及时调整广告推广策略的技能。
（2）知识目标
①理解国际市场推广的基本概念和原则。
②掌握国际市场推广的分析方法，了解不同国家市场的特点和差异。
③熟悉国际市场推广策划的流程和方法，能够制定符合市场需求的营销计划。
④掌握视觉营销的设计原则和技巧，了解如何通过视觉传达产品或服务的价值和特点。
⑤熟悉海外社媒的使用和管理方法，能够有效地在社交媒体上进行推广和互动。
⑥掌握 EDM 推广的策略和方法，了解如何撰写有效的营销邮件。
⑦熟悉搜索引擎推广的原理和技巧，能够通过优化网站和关键词，提升网站的搜索排名。
⑧掌握广告投放的方法和策略，了解如何选择合适的广告媒介和广告形式。

⑨了解跨文化沟通的基本原则和技巧，能够有效地与不同国家和地区的消费者进行沟通和交流。

⑩熟悉国际市场营销的相关法律法规和伦理规范，了解在国际市场推广中应该遵守的标准和原则。

（3）素质目标

①具有跨境电商国际推广所需的外语能力。

②具有Office办公软件以及PS（Adobe Photoshop）图像处理软件的操作能力。

③具有数据收集及分析能力。

④具有良好的职业道德。

⑤具有法律意识，能遵守知识产权等法律法规。

⑥具有项目管理能力以及良好的沟通能力与团队协作意识。

⑦具有多元文化的理解力和包容性，熟悉目标市场的风俗习惯。

⑧具有可持续发展思维。

⑨具有对新事物的学习与分析能力。

⑩具有创新精神与创新意识。

9.4.3　课程设计理念和思路

（1）课程设计理念

课程设计遵循"流程导向"，以任务为导向，贯穿任务导入、任务分析、知识链接、任务拓展、任务训练等步骤，以帮助学生在实践中逐步掌握知识和技能，提高市场推广能力。本课程的内容突出实践性和专业性，旨在培养学生的实际操作能力和市场敏感性，以满足市场对人才的需求。

（2）课程设计思路

本课程注重对学生的创新思维、团队协作、沟通能力、领导力以及跨文化交流等职业素质的培养，强调终身学习与可持续发展。本课程是依据"跨境电子商务专业国际市场推广课程PGSD能力分析表"中的核心工作流程设置的。其总体设计思路是：在整个教学过程中，按照教学组织实施项目教学模式。教学效果评价采取过程性评价与结果性评价相结合的方式，通过"教、学、做"一体化，以学生为主体，重点评价学生的营销方案策划、海外社媒运营、搜索引擎优化以及广告投放能力的养成情况。

9.4.4　课程内容、教学要求与学时分配

国际市场推广课程内容、教学要求与学时分配如表9-12、表9-13所示。

表9-12　国际市场推广课程内容、教学要求与学时分配总表

序号	教学单元名称	能力训练项目	学时
1	项目一：国际市场推广基础	技能1：国际市场推广及流程 技能2：国际市场推广营销调研 技能3：国际市场推广渠道	4

续表

序号	教学单元名称	能力训练项目	学时
2	项目二：国际市场推广分析	技能4：国际市场推广模式 技能5：国际市场推广策略	4
3	项目三：国际市场推广策划	技能6：推广策划框架 技能7：专题推广策划 技能8：推广文案策划	6
4	项目四：视觉营销策划	技能9：跨境电商的视觉与体验 技能10：视觉营销效果评估 技能11：视觉营销方案策划	6
5	项目五：海外社媒运营	技能12：Facebook 推广 技能13：YouTube 推广 技能14：Twitter 推广	6
6	项目六：EDM 推广	技能15：EDM 推广认知 技能16：EDM 实施 技能17：EDM 策划	4
7	项目七：搜索引擎推广	技能18：搜索引擎 技能19：搜索引擎优化 技能20：搜索引擎广告	6
8	项目八：广告投放	技能21：广告目标定位与投放 技能22：TikTok 短视频广告	4
合计	8个单元	22个技能点	40

表9-13 国际市场推广课程内容、教学要求与学时分配细则

单元名称	训练项目	学习任务	知识要求	技能要求（含素质要求）	教学方法与手段建议	学时分配	实践场所（校内、校外）	特色说明
项目一：国际市场推广基础	技能训练1：国际市场推广流程	任务1-1：国际市场推广认知	了解国际市场推广的概念及其作用	能对营销与推广进行区分	项目教学 小组讨论 案例分析	0.5	校内：专业机房	思政改革特色：文化自信和法律法规意识的培养 ①文化自信。由于各国文化差异很大，了解并尊重不同文化的习俗和价值观是成功推广的关键。这需要具备跨文化沟通的能力和文化敏感度 ②法律法规意识。在进行国际市场推广时，必须遵守当地的商业法律法规。了解并遵守当地的商业法律法规是推广过程中必要的条件 "1+X"证书：课、证融通，对接《跨境电商海外营销职业技能等级标准》
		任务1-2：国际市场推广流程	掌握国际市场推广流程	能对推广流程进行分析	项目教学 小组讨论 案例分析	0.5	校内：专业机房	
	技能训练2：国际市场推广营销调研	任务2-1：国际市场推广环境分析	了解国际市场推广环境	能撰写国际市场环境分析报告	项目教学 小组讨论 案例分析	0.5	校内：专业机房	
		任务2-2：消费者及消费者行为分析	理解消费者及消费者行为分析模型	能对目标市场消费者及其行为进行判断	项目教学 小组讨论 案例分析	0.5	校内：专业机房	
	技能训练3：国际市场推广渠道	任务3-1：推广渠道结构	了解国际市场推广渠道	能分析不同推广渠道的优缺点	项目教学 小组讨论 案例分析	1	校内：专业机房	
		任务3-2：推广渠道的选择与管理	掌握国际市场推广渠道的选择与管理	能根据品牌或产品特点选择推广渠道	项目教学 小组讨论 案例分析	1	校内：专业机房	

续表

单元名称	训练项目	学习任务	知识要求	技能要求（含素质要求）	教学方法与手段建议	学时分配	实践场所（校内、校外）	特色说明
项目二：国际市场推广策略分析	技能训练4：国际市场推广模式	任务4-1：折扣模式	了解国际市场折扣模式	能开展折扣促销	项目教学 小组讨论 案例分析	0.5	校内：专业机房	思政改革特色：创新意识和市场意识的培养 ①创新意识。成功的国际市场推广需要不断创新产品、营销策略、渠道模式等，以应对市场变化和竞争压力。 ②市场意识。国际市场推广需要具备对不同市场的特点和需求，以便在推广中有针对性地进行策划和实施。 "1+X"证书：课、证融通，对接《跨境电商海外营销职业技能等级标准》
		任务4-2：内容模式	了解国际市场内容模式	能开展内容营销	项目教学 小组讨论 案例分析	0.5	校内：专业机房	
		任务4-3：广告模式	了解国际市场广告模式	能开展广告营销	项目教学 小组讨论 案例分析	0.5	校内：专业机房	
	技能训练5：国际市场推广策略	任务5-1：品牌推广策略	掌握推广的内容与策略	能制定品牌推广策略	项目教学 小组讨论 案例分析	0.5	校内：专业机房	
		任务5-2：产品推广策略	掌握产品定位方法及推广策略	能制定产品推广策略	项目教学 小组讨论 案例分析	0.5	校内：专业机房	
		任务5-3：独立站推广策略	掌握独立站的类型及推广策略	能制定独立站推广策略	项目教学 小组讨论 案例分析	0.5	校内：专业机房	
		任务5-4：跨境直播推广策略	掌握跨境直播平台的操作及推广策略	能制定跨境直播推广策略	项目教学 小组讨论 案例分析	1	校内：专业机房	

第9章 跨境电子商务专业核心课程标准

技能训练6：推广策划框架	任务6-1：推广策划框架体系	了解推广策划框架体系	能制定推广策划框架	项目教学 小组讨论 案例分析	0.5	校内：专业机房
	任务6-2：推广策划框架分析	掌握推广策划模型	能对推广策划框架进行优化	项目教学 小组讨论 案例分析	0.5	校内：专业机房
	任务6-3：推广策划实践	了解推广策划实践	能对营销活动进行推广策划	项目教学 小组讨论 案例分析	0.5	校内：专业机房
技能训练7：专题推广策划	任务7-1：热点事件推广策划	掌握热点事件推广策划	能对热点事件进行推广策划	项目教学 小组讨论 案例分析	1	校内：专业机房	思政改革特色：系统思维和创新意识的培养 ①系统思维。要将各种推广资源有机整合，构建推广策略框架，实现最大化推广效果 ②创新意识。国际市场推广需要具备创新意识，要在推广策划中不断尝试创新，寻求新的推广模式和策略 "1+X"证书、课证融通，对接《跨境电商海外营销职业技能等级标准》
	任务7-2：节日推广策划	掌握节日推广策划	能根据不同节日主题进行推广策划	项目教学 小组讨论 案例分析	1	校内：专业机房
	任务7-3：展会推广策划	掌握展会推广策划	能参展及进行展会推广策划	项目教学 小组讨论 案例分析	1	校内：专业机房
技能训练8：推广文案策划	任务8-1：推广文案写作	掌握推广文案的写作技巧	能熟练使用英语或当地语言撰写推广文案	项目教学 小组讨论 案例分析	1	校内：专业机房
	任务8-2：推广文案运用	理解推广文案运用的方法	能合理运用推广文案	项目教学 小组讨论 案例分析	0.5	校内：专业机房

项目三：国际市场推广策划

续表

单元名称	训练项目	学习任务	知识要求	技能要求（含素质要求）	教学方法与手段建议	学时分配	实践场所（校内、校外）	特色说明
项目四 视觉营销策划	技能训练9：跨境电商的视觉与体验	任务9-1：图片、短视频与视觉	了解图片、短视频与视觉的关系和作用	能进行图片和短视频拍摄	项目教学 小组讨论 案例分析	1	校内：专业机房	思政改革特色：品牌意识和社会责任感的培养 ①品牌意识。视觉营销策划需要考虑到品牌建设。视觉营销策划需要形象融入视觉设计中，提升品牌价值和知名度 ②社会责任感。视觉营销策划需要具备社会责任。要遵循商业道德，不进行虚假宣传和误导，推广健康、环保、安全等理念和价值观 "1+X"证书：课证融通，对接《跨境电商海外营销职业技能等级标准》
		任务9-2：购物交互体验	了解UI，用户界面（User Interface）的内涵及价值	能优化客户购物交互体验	项目教学 小组讨论 案例分析	1	校内：专业机房	
	技能训练10：视觉营销效果评估	任务10-1：视觉营销成效评估	理解视觉营销成效评估指标	能分析视觉营销成效指标	项目教学 小组讨论 案例分析	1	校内：专业机房	
		任务10-2：视觉营销成本测算	掌握视觉营销成本构成	能对视觉营销成本进行测算	项目教学 小组讨论 案例分析	1	校内：专业机房	
	技能训练11：视觉营销方案策划	任务11-1：视觉营销策划流程	了解视觉营销策划流程	能进行视觉营销策划	项目教学 小组讨论 案例分析	1	校内：专业机房	
		任务11-2：独立站视觉营销策划	掌握独立站视觉营销要点	能优化独立站视觉营销	项目教学 小组讨论 案例分析	1	校内：专业机房	

项目	技能训练	任务	知识点	技能点	教学方法	学时	教学场所	思政改革特色
项目五：海外社媒运营	技能训练12：Facebook推广	任务12-1：Facebook推广基础	了解Facebook推广特点	能在Facebook公共主页进行宣传推广	项目教学 小组讨论 案例分析	0.25	校内：专业机房	思政改革特色：文化自信和社会责任感的培养 ①文化自信。海外社媒运营需要具备跨文化交流能力，要了解并尊重当地文化和习俗，制定符合当地文化特点的运营策略 ②社会责任感。海外社媒运营需要具备社会责任感。要遵循商业道德和法律法规，不进行虚假宣传和误导，推广健康、环保、安全等理念和价值观 "1+X"证书：课、证融通，对接《跨境电商海外营销职业技能等级标准》
		任务12-2：Facebook内容营销	掌握Facebook创建内容	能发布Facebook帖子	项目教学 小组讨论 案例分析	0.5	校内：专业机房	
		任务12-3：Facebook推广方案制定	了解Facebook推广方案制定流程	能制定Facebook推广方案	项目教学 小组讨论 案例分析	0.5	校内：专业机房	
		任务12-4：Facebook推广操作步骤	掌握Facebook主页创建、广告设置	能创建Facebook主页，能设置广告系列	项目教学 小组讨论 案例分析	0.5	校内：专业机房	
		任务12-5：Facebook推广数据分析与反思	理解Facebook推广数据指标	能对Facebook推广数据进行分析并优化	项目教学 小组讨论 案例分析	0.5	校内：专业机房	
	技能训练13：YouTube推广	任务13-1：YouTube推广基础	掌握YouTube的推广形式和广告类型	能分析YouTube广告类型的优缺点	项目教学 小组讨论 案例分析	0.25	校内：专业机房	
		任务13-2：YouTube基础操作	掌握YouTube账户和频道的创建步骤	能创建YouTube账户和频道	项目教学 小组讨论 案例分析	0.5	校内：专业机房	

续表

单元名称	训练项目	学习任务	知识要求	技能要求（含素质要求）	教学方法与手段建议	学时分配	实践场所（校内、校外）	特色说明
项目五：海外社媒运营	技能训练13：YouTube推广	任务13-3：YouTube红人推广	掌握YouTube红人寻找方式	能寻找YouTube红人并与其进行合作	项目教学 小组讨论 案例分析	0.5	校内：专业机房	思政改革特色：文化自信和社会责任感的培养 ①文化自信。海外社媒运营需要具备跨文化交流能力。要了解并尊重当地文化和习俗，制定符合当地文化特点的运营策略 ②社会责任感。海外社媒运营需要具备社会责任感。要遵循商业道德和法律法规，不进行虚假宣传和误导，推广健康、环保、安全等理念和价值观 "1+X"证书：课、证融通，对接《跨境电商海外营销职业技能等级标准》
		任务13-4：YouTube推广数据分析与优化	熟悉YouTube数据分析工具	能衡量视频广告在YouTube中的表现	项目教学 小组讨论 案例分析	0.5	校内：专业机房	
	技能训练14：Twitter推广	任务14-1：Twitter推广基础	掌握Twitter推广策略	能在Twitter发推文	项目教学 小组讨论 案例分析	0.25	校内：专业机房	
		任务14-2：Twitter基础操作	了解创建Twitter账户的步骤	能创建Twitter账户	项目教学 小组讨论 案例分析	0.25	校内：专业机房	
		任务14-3：Twitter推广计划制定	了解Twitter推广方案制定流程	能制定Twitter推广方案	项目教学 小组讨论 案例分析	0.5	校内：专业机房	
		任务14-4：Twitter推广操作步骤	掌握Twitter主页创建、广告设置	能创建Twitter主页，能设置广告系列	项目教学 小组讨论 案例分析	0.5	校内：专业机房	
		任务14-5：Twitter推广数据分析与优化	理解Twitter推广数据指标	能对Twitter推广数据进行分析并优化	项目教学 小组讨论 案例分析	0.5	校内：专业机房	

项目	技能训练	任务	知识目标	能力目标	教学方法	学时	教学场所	思政改革特色
项目六：EDM推广	技能训练15：EDM推广认知	任务15-1：EDM的定义	了解EDM的定义及热点	能区分EDM与垃圾邮件	项目教学 小组讨论 案例分析	0.5	校内：专业机房	思政改革特色：创新意识、数据分析能力和社会责任感的培养 ①创新意识。EDM推广需要具备创新意识，要不断尝试新的营销方式和策略，提升推广效果和用户体验 ②数据分析能力。EDM推广需要具备数据分析能力，要对推广数据进行分析和挖掘，发现用户行为和需求，调整和优化推广策略 ③社会责任感。EDM推广需要具备社会责任感。要遵循商业道德和法律法规，不进行虚假宣传和误导，推广健康、环保、安全等理念和价值观。同时，也要保护用户隐私和权益 "1+X"证书：课、证融通，对接《跨境电商海外营销职业技能等级标准》
		任务15-2：EDM在跨境电商中的作用	了解EDM在跨境电商中的作用	能利用EDM进行跨境电商客户开发	项目教学 小组讨论 案例分析	0.5	校内：专业机房	
	技能训练16：EDM实施	任务16-1：创建EDM内容	掌握开发信和品牌故事的内容	能撰写开发信和叙述品牌故事	项目教学 小组讨论 案例分析	0.5	校内：专业机房	
		任务16-2：EDM成效评价	掌握EDM成效评价指标	能对EDM成效进行评价	项目教学 小组讨论 案例分析	0.5	校内：专业机房	
	技能训练17：EDM策划	任务17-1：EDM推广策划流程	了解EDM策划流程	能对EDM营销进行策划	项目教学 小组讨论 案例分析	1	校内：专业机房	
		任务17-2：典型EDM推广方案解析	了解EDM推广方案的内容	能制定EDM推广方案	项目教学 小组讨论 案例分析	1	校内：专业机房	

续表

单元名称	训练项目	学习任务	知识要求	技能要求（含素质要求）	教学方法与手段建议	学时分配	实践场所（校内、校外）	特色说明
项目七：搜索引擎推广	技能训练18：搜索引擎认知	任务18-1：搜索引擎的定义	了解常见搜索引擎的优缺点	能根据品牌或产品特点选择搜索引擎	项目教学 小组讨论 案例分析	0.5	校内：专业机房	思政改革特色：用户思维和竞争意识的培养 ①用户思维。搜索引擎推广需关注用户体验。要制定符合用户搜索意图和需求的关键词和内容，提升用户的搜索体验和满意度 ②竞争意识。搜索引擎推广需要具备竞争意识，要了解行业竞争情况和竞争对手的推广策略，制定针对性的推广策略和措施，提升竞争优势 "1+X"证书：课、证融通，对接《跨境电商海外营销职业技能等级标准》
		任务18-2：搜索引擎工作原理	掌握搜索引擎工作原理	能通过搜索引擎开展品牌宣传	项目教学 小组讨论 案例分析	0.5	校内：专业机房	
		任务18-3：搜索引擎推广特点	了解搜索引擎推广特点	能进行搜索引擎推广	项目教学 小组讨论 案例分析	0.5	校内：专业机房	
	技能训练19：搜索引擎优化	任务19-1：搜索引擎推广方案制定	掌握搜索引擎推广方案制定流程	能制定搜索引擎推广方案	项目教学 小组讨论 案例分析	0.5	校内：专业机房	
		任务19-2：搜索引擎推广操作步骤	掌握搜索引擎推广的方法和操作步骤	能通过搜索引擎开展品牌宣传	项目教学 小组讨论 案例分析	1	校内：专业机房	
		任务19-3：搜索引擎推广数据分析与优化	理解搜索引擎推广数据监测指标	能利用数据监测，分析搜索引擎优化相关数据	项目教学 小组讨论 案例分析	1	校内：专业机房	
	技能训练20：搜索引擎广告	任务20-1：搜索引擎广告投放原因分析	了解搜索引擎广告投放原因	能进行搜索引擎广告投放	项目教学 小组讨论 案例分析	0.5	校内：专业机房	

项目	技能训练	任务	知识目标	能力目标	教学方法	学时	教学场所	思政改革特色
项目七：搜索引擎推广	技能训练20：搜索引擎广告	任务20-2：Google Adwords规则解读	掌握Google Adwords规则	能分析Google Adwords	项目教学 小组讨论 案例分析	0.5	校内：专业机房	思政改革特色：用户思维和竞争意识的培养 ①用户思维。搜索引擎推广需要关注用户体验。要制定符合用户搜索意图和需求的关键词和内容，提升用户的搜索体验和满意度 ②竞争意识。搜索引擎推广需要具备竞争意识，要了解行业竞争情况和竞争对手的推广策略，制定针对性的推广策略和措施，提升竞争优势 "1+X"证书、课、证融通，对接《跨境电商海外营销职业技能等级标准》
		任务20-3：Google Adwords创建	掌握Google Adwords创建方法	能创建Google Adwords	项目教学 小组讨论 案例分析	0.5	校内：专业机房	
		任务20-4：Google Shopping Adwords优化	了解Google Shopping Adwords衡量指标	能衡量Google Shopping Adwords	项目教学 小组讨论 案例分析	0.5	校内：专业机房	
项目八：广告投放		任务21-1：广告投放平台及特点	了解广告投放平台及特点	能根据品牌或产品特点选择广告投放平台	项目教学 小组讨论 案例分析	0.5	校内：专业机房	思政改革特色：文化意识、语言意识和社会责任感的培养 ①文化意识。海外广告投放要具备文化意识，不同国家和地区的文化背景，价值观和行为习惯都不同，要针对不同文化制定相应的广告策略和内容，尊重和体现当地文化
	技能训练21：广告目标定位与投放	任务21-2：广告投放管理	掌握广告投放管理	能进行广告投放管理	项目教学 小组讨论 案例分析	0.5	校内：专业机房	
		任务21-3：广告投放效果衡量	了解广告投放效果衡量标准	能衡量广告投放效果	项目教学 小组讨论 案例分析	0.5	校内：专业机房	

续表

单元名称	训练项目	学习任务	知识要求	技能要求（含素质要求）	教学方法与手段建议	学时分配	实践场所（校内、校外）	特色说明
项目八：广告投放	技能训练21：广告目标定位与投放	任务21-4：广告投放数据分析与优化	掌握广告投放指标体系	能对广告投放数据指标进行分析与优化	项目教学 小组讨论 案例分析	0.5	校内：专业机房	②语言意识。海外广告投放需要具备语言意识。要使用当地流行的语言和语言风格，避免语言的误解和障碍，提高广告的传播效果 ③社会责任感。海外广告投放需要具备社会和商业道德，要遵循当地的法律法规和社会道德，不进行虚假宣传和误导，推广健康、环保、安全等理念和价值观 "1+X"证书：课、证融通，对接《跨境电商海外营销职业技能等级标准》
	技能训练22：TikTok短视频广告	任务22-1：TikTok短视频广告策划	掌握TikTok短视频广告策划方法与技巧	能根据品牌或产品特点进行TikTok短视频广告策划	项目教学 小组讨论 案例分析	1	校内：专业机房	
		任务22-2：TikTok短视频广告创建及推广	掌握TikTok短视频广告创建方法及推广方式	能创建TikTok短视频广告并推广	项目教学 小组讨论 案例分析	1	校内：专业机房	

9.4.5 教学实施建议

（1）教材选用建议

本课程教材选用李超锋等编著的校级讲义《国际市场推广》。

（2）教学场地

本课程教学在专业机房进行。

（3）教学方法与手段

本课程采用讨论式教学、项目式教学和混合式教学等方法与手段。

①讨论式教学。主要通过教师引导、学生讨论等方式，促进学生互相交流、分享观点、解决问题，提高学生的思维能力和创新能力。

②项目式教学。主要通过个人或团队项目设计和实践、实地考察和参观、模拟营销环境等方式进行，帮助学生获得实践经验，提高学生的应用能力和解决问题的能力。

③混合式教学。主要通过网络平台、在线课堂、远程教育等方式进行教学，提供灵活性和便利性，帮助学生获得更广泛的学习资源和交流平台。

（4）师资要求

本课程师资由校内教师和校外专家构成。

①校内教师。要求具有较强的专业知识和教学能力，掌握国际市场推广领域的最新发展动态和实践案例，能够将学术理论与实际应用相结合。

②校外专家。要求具有扎实的行业背景和丰富的实践经验，能够从实际的市场需求出发，提供实用的市场推广解决方案和指导意见。

（5）考核评价

本课程考核由过程性评价和结果性评价两部分组成。具体评价细则如表 9-14 所示。

表 9-14 考核评价细则

序号	项目名	评价方式	评分标准	分数分配
1	国际市场推广基础	过程性评价+结果性评价	课堂表现20%+作业报告30%+任务设计50%	10
2	国际市场推广分析	过程性评价+结果性评价	课堂表现20%+作业报告30%+任务设计50%	10
3	国际市场推广策划	过程性评价+结果性评价	课堂表现20%+作业报告30%+任务设计50%	10
4	视觉营销策划	过程性评价+结果性评价	课堂表现20%+作业报告30%+任务设计50%	10
5	海外社媒运营	过程性评价+结果性评价	课堂表现20%+作业报告30%+任务设计50%	20
6	EDM 推广	过程性评价+结果性评价	课堂表现20%+作业报告30%+任务设计50%	10

续表

序号	项目名	评价方式	评分标准	分数分配
7	搜索引擎推广	过程性评价+结果性评价	课堂表现20%+作业报告30%+任务设计50%	10
8	广告投放	过程性评价+结果性评价	课堂表现20%+作业报告30%+任务设计50%	20
		合计		100

（6）课程资源的开发与利用

①微课建设（精品在线开放课程资源）。本课程现有课程资源（如视频、作业题等）如表9-15所示。

表9-15 精品在线开放课程资源统计

序号	资源类型	数量	备注
1	视频	400个	
2	单元	63个	
3	课程标准	1份	
4	作业题	8套	
5	试题	2套	
6	PPT	63套	
7	配套教材	1本	

②在线开放课程。关于本课程的在线开放课程详情可访问智慧职教网站。

9.5 跨境电商选品管理课程标准

课程标准制定人：浙江工贸职业技术学院叶杨翔
课程名称：跨境电商选品管理
适用专业：跨境电子商务、国际贸易、电子商务、商务英语
课程学分：2
参考学时：48（理论24学时，实践学时24）
课程类别：专业核心课程
课程属性：专业必修课程
课程类型：B类（理论+实践）
产教融合课程、校企合作课程：是☑　否☐

9.5.1 课程定位

本课程作为跨境电子商务专业核心课程，侧重培养学生产品数据采集与分析、供应商信

息采集与分析、定价与销售策略制定、产品销售周期分析等能力。本课程既强调对市场调研基本理论、策略的掌握，更强调对跨境选品技术、方法的实际运用。本课程注重实操性、实用性，重点让学生了解传统外贸企业、跨境电商企业与电子商务企业跨境选品岗位需求，掌握跨境选品的方法、技巧并应用到实践中，适应岗位工作要求。本课程的前置课程是跨境电商基础、跨境电商实务、跨境电商数据运营与管理等，后续课程包括跨境电商营销、跨境电商综合实践等。

9.5.2 课程目标

（1）能力目标
①能够多渠道、多维度进行数据采集，制作并完善产品数据信息表。
②能够制作可视化分析图表，多维度进行产品数据化对比分析。
③能够利用数据了解买家的需求和产品发展趋势，进行人群需求分析，掌握市场需求。
④能够对比供应商的产地、品种和质量水平等信息，选择合适的区域供应商。
⑤能够收集并评估供应商的实力、规模、产能等，选择优质的供应商。
⑥能够根据供货商情况，分析运输方式、运输时间、运输费用，进行运输成本核算。
⑦能够明确定价和销售额的影响因素，制定合理的价格与销售计划。
⑧能够根据销售情况，不断优化产品的定价策略和销售计划，合理配置库存。

（2）知识目标
①掌握跨境选品的定义与原则，熟悉店铺定位与产品定位的内涵。
②掌握市场分析的主要理论，熟悉数据化选品的基本方法。
③掌握主流跨境电商平台的选品规则，熟悉各平台的主要商品类目。
④掌握站内、站外选品工具的使用方法，熟悉各工具的操作步骤。
⑤掌握商品数据收集与清洗的方法，熟悉商品信息表的制作步骤。
⑥掌握商品数据分析的方法，熟悉爆款、潜力款等商品的选择流程。
⑦掌握消费人群画像的内涵，熟悉目标人群需求分析的步骤。
⑧掌握影响供应商选择的因素，熟悉优质供应商选择的方法。

（3）素质目标
①具备良好的职业道德，诚实守信。
②具有较强的互联网思维能力。
③具备资源整合能力、有效的市场洞察力以及分析能力。
④具备对市场热点的敏感度，开发符合市场要求的热销产品。
⑤具有较强的竞争意识、创新意识和开拓精神。
⑥具备对新事物的接受、学习和创新能力。
⑦具有敏锐的观察力和较强的自我学习能力。
⑧具有耐心细致的工作态度和精益求精的工匠精神。

9.5.3 课程设计理念和思路

（1）课程设计理念
本课程的教学设计遵循以学生为中心的"项目驱动"思想。设计上注重实操性，遵循

"以选品分析流程为主体",依据"任务引领"为课程内容的设计原则,在数据分析过程中注重培养学生的创新能力和动手能力,兼顾学生的后续发展需要,选取符合跨境选品分析及职业场景所要求的知识及素质,突出针对性和实用性。课程内容突出"岗、课、赛、证"知识点与技能点的相互融合,达到本课程内容对接岗位需求、职业技能标准和技能竞赛要求,吸收行业发展的新知识、新技术、新工艺、新方法,提升教师教学水平和学生的专业水平的目的。本课程注重培养学生从事跨境选品专员岗位工作的各种能力,熟悉跨境电商选品的相关方法、工具与技巧,具备熟练的职业技能。

(2)课程设计思路

本课程注重对学生诚实守信、开拓创新、严谨细致等职业素质的培养,强调终身学习与可持续发展。本课程是依据"跨境电子商务专业选品分析课程 PGSD 能力分析表"中的选品专员工作流程设置的。其总体设计思路是:在整个教学过程中,按照教学组织进行工学结合、任务驱动与项目教学。教学效果评价采取过程性评价与结果性评价相结合的方式,通过"教、学、做"一体化,以学生为主体,重点评价学生的产品数据采集与分析、供应商信息采集与分析、定价与销售策略制定、产品销售周期分析等能力的养成情况。

9.5.4 课程内容、教学要求与学时分配

跨境电商选品管理课程内容、教学要求与学时分配如表 9-16、表 9-17 所示。

表 9-16 跨境电商选品管理课程内容、教学要求与学时分配总表

序号	教学单元名称	能力训练项目	学时
1	项目一:跨境电商选品认知	技能1:跨境电商选品分析 技能2:数据选品方法选择	6
2	项目二:选品工具应用	技能3:选品工具应用 技能4:平台选品规则分析	6
3	项目三:商品数据采集	技能5:交易数据采集 技能6:商品数据汇总	6
4	项目四:商品数据分析	技能7:商品数据对比分析 技能8:商品分析总结	6
5	项目五:商品需求分析	技能9:目标人群分析 技能10:商品趋势分析	6
6	项目六:供应商选择	技能11:成本分析 技能12:供应商选择	6
7	项目七:商品定价	技能13:销售计划制定 技能14:商品定价	6
8	项目八:商品销售周期管理	技能15:商品销售周期管理与优化	6
合计	8个单元	15个技能点	48

表 9-17 跨境电商选品管理课程内容、教学要求与学时分配细则

单元名称	训练项目	学习任务	知识要求	技能要求（含素质要求）	教学方法与手段建议	学时分配	实践场所（校内、校外）	特色说明
项目一：跨境电商选品认知	技能训练1：跨境电商选品分析	任务1-1：选品的定义与原则	了解选品的定义与原则	能够构建选品的基本流程（科学思维、团队合作）	案例教学法	2	校内	思政改革特色：习近平总书记对广大青年寄语——广大青年要把正确的道德认知、自觉的道德养成、积极的道德实践紧密结合起来，自觉树立和践行社会主义核心价值观，带头倡导良好社会风气
		任务1-2：店铺和产品的定位方法	①了解店铺的定位方法 ②熟悉产品的定位方法	能够选择合适产品（精益求精）	任务驱动法	1	校内	
	技能训练2：数据选品方法选择	任务2-1：多平台比较法、数据抓取法	①了解多平台比较 ②了解数据抓取法	能够对比不同的平台数据（科学思维、诚实守信）	讲授法、任务驱动法	1	校内	
		任务2-2：市场分析、差异化选品	①熟悉市场分析的方法 ②熟悉差异化选品的方法	能够制定差异化选品方法（不畏艰难、科学思维）	讲授法、任务驱动法	2	校内	
项目二：选品工具应用	技能训练3：选品工具应用	任务3-1：数据纵横选品工具	了解数据纵横选品工具的使用方法	能够制定详细的选品流程（团队合作）	案例教学法、任务驱动法	1	校内	思政改革特色：习近平总书记对广大青年学子寄语——要笃实，踏踏实实做人。以中国跨境电商发展为例讲解跨境选品工具的使用
		任务3-2：Jungle Scount选品工具	熟悉Jungle Scount选品工具的使用方法	能够筛选出合适的产品（工匠精神）	任务驱动法	1	校内	

续表

单元名称	训练项目	学习任务	知识要求	技能要求（含素质要求）	教学方法与手段建议	学时分配	实践场所（校内、校外）	特色说明
项目二：选品工具应用	技能训练4：平台选品规则分析	任务4-1：速卖通、亚马逊平台规则	①了解速卖通的平台规则 ②熟悉亚马逊平台规则	能够掌握主流平台端C的规则（创新意识、科学素养）	案例教学法、任务驱动法	2	校内	思政改革特色：习近平总书记对广大青年寄语："要驾实，扎扎实实干事，踏踏实实做人。以中国跨境电商发展为例讲解跨境订单和选品工具的使用
		任务4-2：Wish、TikTok平台规则	①了解Wish平台规则 ②熟悉TikTok平台规则	能够掌握海外平台的规则（诚实守信，遵纪守法）	案例教学法、任务驱动法	2	校内	
项目三：商品数据采集	技能训练5：交易数据采集	任务5-1：交易数据采集方法	熟悉交易数据采集方法	能够构建数据采集的基本思路（法律意识）	案例教学法、任务驱动法	1	校内	思政改革特色：引导和教育学生在工作中保持严谨仔细、一丝不苟、勤俭理财的工作态度，严格按照法律规范办事，自觉抵制非理性因素的侵袭等
		任务5-2：交易数据采集	①熟悉数据采集的渠道 ②了解数据采集工具的使用	掌握数据采集工具的操作方法（科学、严谨）	案例教学法、任务驱动法	2	校内	
		任务5-3：商品数据清洗	①了解数据清洗的概念、内容、方法 ②熟悉使用工具进行数据清洗的操作步骤	①能够根据数据处理目标对数据进行清洗 ②掌握数据清洗的操作方法	案例教学法、任务驱动法	2	校内	
	技能训练6：商品数据汇总	任务6-1：商品数据信息表制作	①了解商品数据的概念 ②熟悉商品数据信息表制作	能够制作商品数据信息表，完成数据整理	案例教学法、任务驱动法	1	校内	

项目	技能训练	任务	知识点	能力点	教学方法	学时	地点	双创教育特色
项目四：商品数据分析	技能训练7：商品数据对比分析	任务7-1：数据对比分析	①了解常用数据分析处理概念和方法 ②了解对比分析、结构分析等计算方法	能够运用对比分析、结构分析等方法对数据进行分析（精益求精，实事求是）	案例教学法、任务驱动法	2	校内	双创教育特色：①实际案例分析。提供真实的商品数据案例，让学生运用所学的数据分析技能进行实际案例分析。鼓励学生从数据中发现问题，提出解决方案，并进行实验和验证。②创新创业项目。鼓励学生在课程中基于商品数据分析的需求和机会提出创新创业项目。指导学生使用数据分析工具和方法来支持项目的决策和运营，培养学生的创新思维和实践能力
		任务7-2：数据可视化分析	①了解数据分析结论的展示形式 ②了解图表的类型和适用场景	能够对数据分析结果进行图表制作和美化（审美意识、系统思维）	案例教学法、任务驱动法	1	校内	
	技能训练8：商品分析总结	任务8-1：爆款分析	①了解爆款的含义和爆款分析的工具 ②熟悉爆款分析的工具	能够使用数据分析工具，分析平台爆款产品，以及爆款成为爆款的原因	案例教学法、任务驱动法	2	校内	
		任务8-2：商品分析总结	了解总结商品特点、商品优势、市场表现等的方法与步骤	能够进行目标商品数据分析、总结与概括，得出数据分析结论	案例教学法、任务驱动法	1	校内	

续表

单元名称	训练项目	学习任务	知识要求	技能要求（含素质要求）	教学方法与手段建议	学时分配	实践场所（校内、校外）	特色说明
项目五：商品需求分析	技能训练9：目标人群分析	任务9-1：目标人群分析	①了解消费者画像的含义 ②熟悉构建消费者画像的原则与步骤	能够构建消费者画像（严谨认真）	案例分析法、任务驱动法	3	校内	双创教育特色：①项目驱动的教学。引入实际项目，要求学生以团队合作的形式，从商品需求分析的角度，完成市场调研、需求预测和策略规划等工作。通过项目的推进，加强学生的实践能力和问题解决能力 ②行业合作与案例分享。与相关行业企业合作，邀请商品需求分析领域的实践经验。学生可以通过现实案例代表分享实际案例，了解与企业代表互动，深入了解商业环境中的商品需求分析的挑战与机遇
		任务9-2：目标人群需求分析	熟悉需求分析的方法与步骤	能够总结目标人群需求（严谨认真）	任务驱动法	3	校内	
	技能训练10：商品趋势分析	任务10-1：商品发展趋势分析	了解商品演进和产品创新	能够进行商品发展趋势分析	案例教学法、任务驱动法	3	校内、校外	
		任务10-2：商品消费趋势分析	了解消费趋势、消费观念、国外市场特点	能够进行商品消费趋势分析	案例教学法、任务驱动法	3	校内	
项目六：供应商选择	技能训练11：成本分析	任务11-1：筛选供应商	①了解市场有哪些供应商 ②掌握供应商选择的方法	能够总结供应商选择的方法	分组讨论法、任务驱动法	3	校内	思政改革特色：承担相应的职业责任。选择适合的供应商就是承担（或被赋予）相应的义务。职责是职业道德规范的核心，也是评价供应商选择行为的主要标准
		任务11-2：核算运输成本	①了解运输成本的构成 ②熟悉运输成本的核算方法	能够核算运输成本	分组讨论法、任务驱动法	3	校内	
	技能训练12：供应商选择	任务12-1：评估供应商	熟悉供应商评估的方法	能够总结供应商评估方法与流程	分组讨论法、任务驱动法	3	校内、校外	
		任务12-2：选择供应商	掌握精准选择合适的供应商的方法	能够选择最适合的供应商	分组讨论法、任务驱动法	3	校内、校外	

第9章 跨境电子商务专业核心课程标准

		任务13-1：销售渠道分析	了解渠道、主要渠道特点	能够进行主要销售渠道特点分析	案例教学法、任务驱动法	1	校内	
技能训练13：销售计划制定		任务13-2：销售计划制定	①了解时间进度、销售计划分解 ②熟悉分区域销售计划	能够制定分阶段、分区域的销售计划	案例教学法、任务驱动法	1	校内	
		任务13-3：SWOT分析	了解SWOT分析方法	能够对项目进行SWOT分析	案例教学法、任务驱动法	1	校内	思政改革特色：从人文社科的角度思考商业经营的基本原则与道德观念，塑造正确的商业伦理与价值体系。同时，培养学生对社会责任的认识和担当意识，促使他们将商业活动与社会发展相结合，为经济发展注入正能量
项目七：商品定价 技能训练14：商品定价		任务14-1：商品价格分析	①熟悉影响商品定价的因素 ②熟悉商品价格的构成 ③熟悉价格分析的方法	具备确定销售区间商品价格的能力（耐心细致）	分组讨论法、任务驱动法	2	校内	
		任务14-2：商品定价策略分析	熟悉商品定价方法	能够制定商品定价策略（创新意识）	分组讨论法、案例分析法、任务驱动法	1	校内	

续表

单元名称	训练项目	学习任务	知识要求	技能要求（含素质要求）	教学方法与手段建议	学时分配	实践场所（校内、校外）	特色说明
项目八：商品销售周期管理	技能训练15：商品销售周期管理与优化	任务15-1：订货管理	了解订货方法、订货沟通、订货服务	能够完成订货管理	案例教学法、任务驱动法	2	校内	思政改革特色：培养学生的责任心、服务意识和创新意识
		任务15-2：合同管理	了解合同、合同管理、合同执行	能够开展合同管理	案例教学法、任务驱动法	1	校内	
		任务15-3：销售跟踪与管理	了解销售服务、销售跟踪、客户关系	能够实施销售跟踪与管理	案例教学法、任务驱动法	1	校内	
		任务15-4：新品优化	了解商品优化、商品更新	能够完成新品优化	案例教学法、任务驱动法	2	校内	

9.5.5 教学实施建议

（1）教材选用建议

本课程选用教材《跨境电商产品开发》（孟迪云. 跨境电商产品开发［M］. 北京：电子工业出版社，2020.）；本课程参考资料为《跨境电商数据运营与管理》（邹益民、旷彦昌. 跨境电商数据运营与管理［M］. 北京：人民邮电出版社，2021.）。

（2）教学场地

本课程教学在校内与校外穿插进行，教学环境需求如表9-18所示。

①校内实训条件。校内实训室需配备接入互联网的、性能较好的计算机和投影仪，同时需安装数据采集、分析类软件和其他制作类的相关软件。

②校外实训环境。结合课程教学，与跨境电商类或跨境贸易类企业建立良好合作关系，企业为学生提供岗位开展课程实训。

表 9-18 教学环境需求

序号	名称	基本配置要求	功能说明
1	多媒体教室	投影仪一台、教学用计算机一台等	演示，讲授教学内容
2	跨境电商综合实训室	①硬件。具备局域网环境、可访问广域网的多媒体计算机若干台 ②软件。包括 Windows10 操作系统、Office 2016 软件包、数据采集与分析类软件等	跨境电商平台数据收集、跨境电商数据分析

（3）教学方法与手段

本课程采用案例教学法、任务驱动法、分组讨论教学法和专家讲座与企业见习的方法。

①案例教学法。教师选用典型案例，组织学生进行分析并汇报讨论结果。教师在上课过程中运用多媒体技术组织教学，通过图像、动画、视频等演示方式，生动形象地展现知识结构和网络流程，有利于学生对教学内容的理解、记忆和掌握，提高课堂教学效果。

②任务驱动法。每一节课教师都会结合教学网站布置一定的任务，通过各个章节的学习，学生逐步掌握跨境电商数据分析的方法和技巧。

③分组讨论教学法。把学生分为几个小组，执行、讨论并总结教师所布置的任务，或就某个问题从不同层面进行辩论，最后小组得分由教师和其他小组共同打分决定，做到课程评价主体多元化，使考核体系更公平、更客观。

④专家讲座与企业见习。为了开拓学生的视野，了解社会的变化，学校聘请企业专家、其他学校教师为学生开展讲座。为了让学生能在学期初就能整体了解自己所学专业的内容，每学期学校都组织学生去企业见习，学生在上课前期就能整体把握专业课程的内容。

（4）师资要求

本课程师资由校内教师和校外专家组成。

①校内教师。课程主讲教师必须熟悉跨境电子商务专业的相关课程，具备专业课程授课经验，了解跨境电商选品的主要环节，最好有在相关企业工作或实践的经历。

②校外专家。聘请企业数据分析人员担任兼职教师或课程顾问，最好具有较长时间的电商运营或数据分析授课经验，承担相关实践内容的教学或指导。

（5）考核评价

本课程考核由过程性评价和结果性评价两部分组成。具体评价细则如表 9-19 所示。

表 9-19 考核评价细则

序号	项目名	评价方式	评分标准	分数分配
1	跨境电商选品认知	过程性评价与结果性评价结合	课堂表现与任务成绩	5
2	选品工具应用	过程性评价与结果性评价结合	课堂表现与任务成绩	10
3	商品数据采集	过程性评价与结果性评价结合	课堂表现与任务成绩	10
4	商品数据分析	过程性评价与结果性评价结合	课堂表现与任务成绩	15
5	商品需求分析	过程性评价与结果性评价结合	课堂表现与任务成绩	15
6	供应商选择	过程性评价与结果性评价结合	课堂表现与任务成绩	15
7	商品定价	过程性评价与结果性评价结合	课堂表现与任务成绩	15
8	销售预测与分析	过程性评价与结果性评价结合	课堂表现与任务成绩	10
9	商品销售周期管理	过程性评价与结果性评价结合	课堂表现与任务成绩	5
合计				100

（6）课程资源的开发与利用

①微课建设（精品在线开放课程资源）。本课程现有课程资源（如视频、作业题等）如表 9-20 所示。

表 9-20 精品在线开放课程资源统计

序号	名称	数量	备注
1	视频	50 个	MP4 格式
2	单元	9 个	
3	课程标准	1 套	面向工作岗位的课程标准
4	作业题	200 道	
5	试题	2 套	电子试卷
6	PPT	50 套	统一标准
7	配套教材	1 本	

②在线开放课程。关于本课程的在线开放课程详情可访问智慧职教网站或中国大学 MOOC 网站，选择电商创新创业进行学习。

9.6 视觉营销设计课程标准

课程标准制定人：成都职业技术学院刘俊

课程名称：视觉营销设计

适用专业：跨境电子商务、电子商务

课程学分：4

参考学时：68（理论学时20学时，实践学时48学时）
课程类别：专业核心课程
课程属性：专业必修课程
课程类型：B类（理论+实践）
产教融合课程、校企合作课程：是☑　否☐

9.6.1 课程定位

本课程作为跨境电子商务专业核心课程，侧重培养以跨境营销为导向的视觉设计能力。本课程的前置课程有计算机基础、商品拍摄、跨境电子商务基础，后续课程包括跨境电商运营、跨境电商数据分析与应用。

9.6.2 课程目标

（1）能力目标
①掌握视觉营销设计的基本方法和跨境电商视觉设计的特点。
②掌握视觉营销设计基础工具，如Adobe Photoshop等。
③熟练运用设计元素和原则，能够创作出高质量的视觉设计作品。
④能够深入分析设计作品的优缺点，找到改进的方向和方法，提高设计水平和创新能力。
⑤具备跨境电商商品详情页面设计能力。
⑥具备跨境电商直播、短视频创作的视觉环境搭建能力。
⑦具备良好的项目管理能力，掌握规划和组织团队协作完成任务的能力。

（2）知识目标
①理解视觉营销设计的定义、特点和意义。
②理解视觉营销设计在跨境电商中的地位和作用。
③掌握视觉营销设计的基本原则和方法。
④熟悉视觉营销设计中常用的软件工具，如Adobe Photoshop等。
⑤掌握平面设计中包括颜色、字体、构图、形象等设计要素的运用。
⑥掌握跨境直播、短视频中的视觉营销设计。
⑦掌握亚马逊、速卖通等跨境电商平台的视觉营销内容和设计方法。

（3）素质目标
①具有审美素养。
②具备跨境电商营销意识。
③具备良好的规范意识。
④具备效率意识。
⑤具备责任意识。
⑥通过一些大型项目的设计练习，具有团队意识和团队协作能力。

9.6.3 课程设计理念和思路

（1）课程设计理念
本课程的教学遵循以学生为中心的"项目驱动"思想。设计上遵循职业性、实践性，以

"立德树人"为根本任务,将课程思政融入教学,培养学生的专业能力和职业素养。课程内容突出跨境电商平台和独立站的视觉工作,包括从视觉信息获取、编辑到实施的全流程营销设计。根据亚马逊、速卖通等设计岗位工作任务及岗位能力分析、学生认知规律,将学习内容进行合理序化,采取项目教学、案例教学等多种教学方法,建立系统有效的课程考核方案,强化实践教学,有利于学生在将来能够顺利地走向工作岗位。

(2) 课程设计思路

本课程注重对学生电子商务职业能力素质的培养,强调终身学习与可持续发展。本课程是依据"跨境电子商务专业视觉设计课程 PGSD 能力分析表"中的视觉设计工作流程设置的。其总体设计思路是:以高等职业院校跨境电子商务专业学生对口就业的工作岗位——跨境电商视觉营销设计岗为基础,以该类岗位的工作内容为教学内容。在整个教学过程中,按照跨境电商视觉营销设计的工作流程,从易到难组织教学过程,突出对学生从事跨境电商视觉设计岗位所需的综合职业能力的培养。教学效果评价采取过程性评价与结果性评价相结合的方式,通过"教、学、做"一体化,以学生为主体,重点评价学生的视觉营销能力的养成情况。

9.6.4 课程内容、教学要求与学时分配

视觉营销设计课程内容、教学要求与学时分配如表 9-21、表 9-22 所示。

表 9-21 视觉营销设计课程内容、教学要求与学时分配总表

序号	教学单元名称	能力训练项目	学时
1	项目一:视觉营销认知	技能 1:跨境电商中视觉营销的内容 技能 2:视觉营销设计的基本流程	4
2	项目二:视觉营销图片采集	技能 3:商品拍摄与器材准备 技能 4:商品拍摄风格与参数设置 技能 5:商品拍摄的构图与用光	10
3	项目三:视觉营销图片美工设计	技能 6:电商视觉设计 技能 7:亚马逊 A+页面的视觉营销设计 技能 8:速卖通的视觉营销设计	22
4	项目四:视觉营销短视频拍摄与制作	技能 9:用手机拍出高质量的短视频 技能 10:手机短视频拍摄技巧 技能 11:手机短视频后期剪辑	20
5	项目五:直播营销视觉设计	技能 12:直播间的整体设计 技能 13:直播预告海报的设计与制作 技能 14:直播预告视频的设计与制作 技能 15:主播的形象设计 技能 16:直播商品的陈列展示 技能 17:直播的基本技巧 技能 18:直播后的数据复盘 技能 19:直播后的主播表现复盘	12
合计		19 个技能点	68

表 9-22 视觉营销设计课程内容、教学要求与学时分配细则

单元名称	训练项目	学习任务	知识要求	技能要求（含素质要求）	教学方法与手段建议	学时分配	实践场所（校内、校外）	特色说明
项目一：视觉营销认知	技能训练1：跨境电商中视觉营销的内容	任务1-1：跨境电商中视觉营销设计专员岗位整体认知	①了解跨境电商中视觉营销设计专员的作用 ②了解跨境电商中视觉营销设计专员的薪资、发展岗位	了解跨境电商中视觉营销设计的作用及应用场景	案例导入、启发式教学	0.5	校内	通过一些跨境电商视觉营销设计的典型案例培养学生的爱岗敬业精神，充分激发学生的专业热情及创业热情
		任务1-2：跨境电商中视觉营销设计专员的工作任务	①了解跨境电商平台视觉营销设计专员的工作任务 ②了解跨境电商独立站视觉营销设计专员的工作任务	掌握跨境电商中视觉营销设计专员的岗位技能要求	讲授法	1	校内	
		任务1-3：跨境电商中视觉营销设计专员的岗位要求	了解跨境电商中视觉营销设计专员岗位对应的技能及知识要求	掌握跨境电商中视觉营销设计岗位素质要求	讲授法	0.5	校内	
	技能训练2：视觉营销设计的基本流程	任务2-1：视觉营销设计基础	①了解视觉营销设计的基本概念 ②了解视觉营销设计的基本流程	掌握视觉营销设计的基本概念和基本流程	讲授法	2	校内	

续表

单元名称	训练项目	学习任务	知识要求	技能要求（含素质要求）	教学方法与手段建议	学时分配	实践场所（校内、校外）	特色说明
项目二：视觉营销图片采集	技能训练3: 商品拍摄器材准备	任务3-1: 商品拍摄	了解商品拍摄的特点，知晓商品拍摄的常见问题	掌握避免商品拍摄常见问题的技巧	教师讲解，配合商品图片案例进行分析	1	校内	在配合学生创业项目开设的亚马逊店铺进行实操，利用所学的摄影知识为店铺商品拍摄符合平台要求，好看，有吸引力的主图，辅图和详情页图片，助力学生的创新创业
		任务3-2: 商品拍摄器材	熟悉商品拍摄的主要器材，辅助器材，光源类型	能够根据商品情况选择单反/微单手机和适宜的辅助拍摄器材进行拍摄	教师讲解，展示各种拍摄器材，灯光辅助器材，学生实操	1	校内	
	技能训练4: 商品拍摄风格与参数设置	任务4-1: 商品摆放及背景、道具的选择	了解商品的摆放，背景搭配，道具选择的相关知识	能够给不同类别的商品搭配合适的背景，道具，通过商品的摆放使商品的吸引力最大化	学生实操拍摄商品图片，教师现场进行指导和讲解	2	校内	
		任务4-2: 曝光三要素	熟悉光圈，感光度，快门的概念，理解其数值大小对拍摄效果的影响	能够根据商品拍摄需要设置合适的光圈，快门，感光度数值	教师讲解光门，感光度相关知识，学生选择光圈，快门，感光度的数值	1	校内	
		任务4-3: 使用手机拍摄时的参数设置	熟悉手机拍摄参数指标	能够调整智能手机，相机的相关参数，使商品达到更好的视觉效果	教师讲解手机拍摄的各项参数，学生实操用智能手机拍商品图片	2	校内	

第9章 跨境电子商务专业核心课程标准

项目	任务			教学方法	学时	校内/校外	备注
项目二：视觉营销图片采集	技能训练5：商品拍摄的构图与用光	任务5-1：不同材质商品的布光方位以及取景角度的选择	①熟悉不同材质商品的布光方式 ②掌握取景方位、取景角度的选择技巧	①能够根据商品材质、特征进行不同合理布光 ②能够恰当选择合理的取景角度和方位	学生针对不同类别的商品进行实操拍摄，教师对学生的布光、取景角度和方位的选择进行指导和讲解	1	校内	在配合学生创业项目开发的亚马逊店铺进行实操，利用所学的摄影知识为店铺商品拍摄符合平台要求，好看、有吸引力的主图、辅图和详情页图片，助力学生的创新创业
		任务5-2：商品拍摄的基本构图方式	理解商品拍摄常用构图的构图方式	能够灵活运用构图方式使商品呈现更好的视觉效果	学生针对不同类别的商品设计合适的构图并进行实操拍摄，教师进行指导和讲解	2	校内	
项目三：视觉营销图片美工设计	技能训练6：电商视觉设计	任务6-1：亚马逊简介	了解和认识亚马逊	能够鉴赏亚马逊视觉设计案例	理论讲授法 案例教学法	1	校内	思政改革特色：培养学生对于文化多样性的尊重和包容，通过研究不同文化背景下的设计风格和符号体系，让学生具备跨文化交流和合作的能力。同时，注重引导学生运用设计的力量推动社会进步和改变，通过创新的视觉传达方式推进社会价值观，激发公民责任感，推动可持续发展和社会公正
		任务6-2：A+页面的影响	了解A+页面的概念及其特点	掌握A+页面的设计方法	理论讲授法 案例教学法	1	校内	
		任务6-3：如何创建A+页面	掌握A+页面的创建原则	掌握A+页面的创建方法和步骤	理论讲授法 案例教学法 参与式教学法	1	校内	

续表

单元名称	训练项目	学习任务	知识要求	技能要求（含素质要求）	教学方法与手段建议	学时分配	实践场所（校内、校外）	特色说明
项目三：视觉营销图片美工设计	技能训练7：亚马逊A+页面的视觉营销设计	任务7-1：亚马逊A+页面主图设计要点	掌握亚马逊A+页面的主图设计要点及方法	掌握亚马逊A+页面主图的设计步骤、方法和技巧	理论讲授法 案例教学法 参与式教学法	1	校内	思政改革特色：培养学生对于文化多样性的尊重和包容，通过研究不同文化背景下的设计风格和符号体系，让学生具备跨文化交流和合作的能力。同时，注重引导学生运用设计的力量推动社会进步和改变，通过创新的视觉传达方式传递社会价值观，激发公民责任感，推动可持续发展和社会公正
		任务7-2：产品案例——A+页面主图尺寸和分辨率设置	掌握A+页面的主图尺寸和分辨率设置原则	掌握A+页面的主图尺寸及分辨率的调整方法和技巧	理论讲授法 案例教学法 参与式教学法	1	校内	
		任务7-3：产品案例——画布大小修改以及裁剪	理解画布的概念以及裁剪操作的意义	掌握画布大小调整的方法以及裁剪的操作方法和技巧	理论讲授法 案例教学法 参与式教学法	1	校内	
		任务7-4：产品案例——主图的色彩和色调控制	了解色彩和色调的概念和基本配置方法	掌握色彩和色调调整的方法和技巧	理论讲授法 案例教学法 参与式教学法	2	校内	
		任务7-5：产品案例——主图的抠图与合成	理解抠图与合成的操作原理	掌握抠图与合成的基本操作方法和技巧	理论讲授法 案例教学法 参与式教学法	2	校内	
	技能训练8：速卖通的视觉营销设计	任务8-1：速卖通简介	了解速卖通的基本背景知识	能够鉴赏速卖通视觉营销设计案例	理论讲授法 案例教学法	1	校内	
		任务8-2：视觉营销设计在速卖通的应用	了解速卖通视觉营销设计运用	掌握速卖通视觉营销设计的方法和技巧	理论讲授法 案例教学法	1	校内	

						思政改革特色：培养学生对于文化多样性的尊重和包容，通过研究不同文化背景下的设计风格和符号体系，让学生具备跨文化交流和合作的能力。同时，注重引导学生运用设计的力量推动社会进步和改变，通过创新的视觉传达方式传递社会价值观，激发公民责任感，推动可持续发展和社会公正
项目三：视觉营销图片美工设计	技能训练8：速卖通的视觉营销设计	任务8-3：速卖通店铺装修设计——装修步骤	了解速卖通店铺装修常识	掌握速卖通店铺装修的步骤和方法	理论讲授法 案例教学法 参与式教学法	1	校内
		任务8-4：速卖通店铺装修设计——轮播海报设计	了解速卖通轮播海报设计的方法	掌握速卖通轮播海报设计的步骤和技巧	理论讲授法 案例教学法 参与式教学法	2	校内
		任务8-5：速卖通店铺装修设计——导航产品布局	了解速卖通导航产品布局设计原则	掌握速卖通导航产品布局的设计步骤、方法和技巧	理论讲授法 案例教学法 参与式教学法	1	校内
		任务8-6：速卖通店铺装修设计——首页调整	了解速卖通首页的设计原则	掌握速卖通首页设计的设计步骤、方法和技巧	理论讲授法 案例教学法 参与式教学法	2	校内
		任务8-7：速卖通店铺装修设计——爆款页设计构思	了解速卖通爆款详情页的设计原则	掌握速卖通爆款详情页的设计步骤、方法和技巧	理论讲授法 案例教学法 参与式教学法	2	校内
		任务8-8：速卖通店铺装修设计——详情页整体框架	了解速卖通详情页整体框架的设计原则	掌握速卖通详情页整体框架设计步骤、方法和技巧	理论讲授法 案例教学法 参与式教学法	2	校内

续表

单元名称	训练项目	学习任务	知识要求	技能要求（含素质要求）	教学方法与手段建议	学时分配	实践场所（校内、校外）	特色说明
项目四：视觉营销短视频拍摄与制作	技能训练9：用手机拍出高质量的短视频	任务9-1：手机自带的视频录制功能	掌握手机视频录制的参数设置和操作方法	①掌握手机视频录制功能 ②掌握手机视频录制的参数设置 ③掌握手机视频拍摄功能	理论讲授法 参与式教学法	2	校内	将知识技能传授和思想政治教育相融合，从以下几个方面体现：①在案例讲解、视频素材展示方面：选用积极向上、正能量的素材，如反映校园学习生活、引导学生立德树人、学校宣传片、城市宣传片、深入生活、足时代，扎根人民，坚持以美宣人、以美化人，积极弘扬中华美育精神，全面提高学生的审美和人文素养 ②在实操选题方面：结合运动会、校庆、五四青年节、重阳节、国庆节、乡村振兴、创建文明城市等特定主题，带领学生主动了解本校的发展历史，增加母校认同感；了解传统节日背后的故事，感受中国传统节日的魅力；引导学生深入社会实践，关注现实问题，培育学生经世济民、诚信服务、德法兼修的职业素养。使学生通过收集、整理、阅读、筛选素材时，激发正确的艺术观和创作观，树立正确爱己、爱校、爱家乡、爱国的热情
		任务9-2：手机拍摄的辅助工具	掌握手机录制短视频构图要素、外接配件、移动保持拍摄稳定等进阶技巧	掌握手机短视频拍摄保持画面稳定的配件、使用技巧等（用好辅助工具让拍摄事半功倍）	理论讲授法 参与式教学法	2	校内	
	技能训练10：手机短视频拍摄技巧	任务10-1：画面构图技巧	了解常用的短视频构图要素、基本原则、构图方法	①掌握视频的构图法则，结合案例分析进行实操 ②具备让视频更好看的美学基础	理论讲授法 案例教学法 参与式教学法	2	校内	
		任务10-2：光线应用技巧	了解自然光、人工光源的类型及运用技巧	①掌自然光、人工光源的类型 ②能够依据不同光线的方向进行拍摄 ③能够克服困难，主动思考解决问题的办法	理论讲授法 案例教学法 参与式教学法	2	校内	

	任务10-3：画面色彩调整	①了解色彩基础及心理表现 ②具备用色彩渲染画面的情感	①掌握常见色彩的基本原理和心理表现 ②能够对主题不同的短视频画面进行色彩的渲染，传递画面情感	理论讲授法 案例教学法 参与式教学法	2	校内
	任务10-4：认识镜头语言	①了解镜头的常见景别 ②了解运镜方式、镜头术语、转场、镜头节奏等	①掌握短视频运镜方法，学会从不同的视角拍出不同的效果 ②能够利用不同的景别丰富视频画面 ③热爱影视制作艺术	理论讲授法 案例教学法 参与式教学法 项目驱动教学法	2	校内
项目四：视觉营销短视频拍摄与制作	技能训练10：手机短视频拍摄技巧	任务10-5：常见主题的手机短视频拍摄技巧	掌握商品展示、亲子、婚礼、开箱、街头采访、求职、旅游等常见主题的拍摄技巧	①通过收集常见主题的短视频案例，了解不同主题的拍摄技巧 ②具备资料收集和分析的能力 ③提升自学能力	理论讲授法 案例教学法 参与式教学法	2	校内

将知识技能传授和思想政治教育相融合，从以下几个方面体现：

①任务案例解析，视频素材展示方面：选用积极向上、正能量的素材，如反映校园学习生活、学校宣传片、城市宣传片等，深入生活、立足时代、扎根人民，坚持以美育人、以美化人，提高版权意识，积极弘扬中华美育精神，全面提高学生的审美和人文素养

②任务实操选题方面：结合运动会、校庆、五四青年节、国庆节、重阳节、创建文明城市等特定主题，带领学生主动了解本校的发展历史，增加母校认同感；了解传统节日背后的文化，引导学生深入社会实践，关注现实问题，培养学生经世济民、诚信服务、德法兼修的职业素养。使学生通过收集、整理、阅读、筛选素材时，激发正确的艺术观和创作观，树立爱己、爱校、爱家乡、爱国的热情

续表

单元名称	训练项目	学习任务	知识要求	技能要求（含素质要求）	教学方法与手段建议	学时分配	实践场所（校内、校外）	特色说明
项目四：视觉营销短视频拍摄与制作	技能训练11：手机短视频后期剪辑	任务11-1：认识蒙太奇剪辑	①理解蒙太奇剪辑理论②了解蒙太奇的分类	①了解蒙太奇剪辑理论和分类②了解手机短视频蒙太奇剪辑技法③具备后期剪辑技术，反短视频制作及艺术创造力	理论讲授法案例教学法参与式教学法	2	校内	将知识技能传授和思想政治教育相融合，从以下几个方面个方面方面体现。①在案例解析、视频展示方面：选用积极向上、正能量的素材，如反映校园学习生活、引导学生立足时代、扎根人民，深入生活、提高版权意识，坚持以美育人，以美化人，积极弘扬中华美育精神，全面提高学生的审美和人文素养②在实操选题方面：结合运动会、校庆、五四青年节、重阳节、国庆节、乡村振兴、创建文明城市等特定主题，带领学生主动了解本校的发展历史、增加母校的认同感；了解传统节日背后的文化，感受中国传统节日的魅力；引导学生深入社会实践，关注现实问题，培育学生经世济民、诚信服务、德法兼修的职业素养。使学生通过收集、整理、阅读、筛选素材时，树立正确的艺术观和创作观，激发爱己、爱校、爱家乡、爱国的热情
		任务11-2：实用手机短视频剪辑软件	熟悉"剪映""快影""巧影"等5个手机剪辑软件	①了解5个手机剪辑软件②提高剪辑技术的认知，树立技术自信心	理论讲授法案例教学法参与式教学法	2	校内	
		任务11-3："剪映"软件的入门剪辑技巧	熟悉"剪映"的工作界面、基本剪辑操作、素材编辑处理	①掌握剪辑基本流程，对素材进行合理利用与整合，让画面流畅②具备做事细致，按时完成工作任务的职业素养	理论讲授法案例教学法参与式教学法项目驱动教学法	2	校内	
		任务11-4："剪映"软件的进阶剪辑技巧	了解对视频添加字幕、调色、音效、转场、特效等基础知识	①掌握特色功能，提升学生的全局把控能力②具备短视频创作思维	理论讲授法案例教学法参与式教学法项目驱动教学法	2	校内	

项目	技能训练	任务	知识目标	技能目标	教学方法	学时	地点	素质目标
项目五：直播营销视觉设计	技能训练12：直播间的整体设计	任务12-1：灯光布置	掌握直播间灯光布置的基础知识	掌握直播间灯光布置技能	理论讲授法 案例教学法 参与式教学法	1	校内	通过直播营销视觉设计的学习，培养学生爱岗敬业的品质；了解直播的工作强度，培养学生吃苦耐劳的精神，并启发学生将所学知识运用于实践，鼓励学生进行直播带货创业
		任务12-2：背景布置	掌握直播间背景布置的基础知识	掌握直播间背景布置技能	理论讲授法 案例教学法 参与式教学法	1	校内	
	技能训练13：直播预告海报的设计与制作	任务13-1：直播预告海报的设计与制作	掌握直播预告海报的制作的基础知识	掌握直播预告海报的制作技能	理论讲授法 案例教学法 参与式教学法	2	校内	
	技能训练14：直播预告视频的设计与制作	任务14-1：直播预告视频的设计与制作	掌握直播预告视频的制作的基础知识	掌握直播预告视频的制作技能	理论讲授法 案例教学法 参与式教学法	2	校内	
	技能训练15：主播的形象设计	任务15-1：主播的形象设计	掌握主播形象设计的基础知识	掌握简单的化妆技能	理论讲授法 案例教学法 参与式教学法	1	校内	
	技能训练16：直播商品的陈列展示	任务16-1：直播商品的陈列展示	掌握直播商品陈列展示的基础知识	掌握直播商品展示技能	理论讲授法 案例教学法 参与式教学法	1	校内	
	技能训练17：直播的基本技巧	任务17-1：直播的基本技巧	掌握基本的直播基础知识	掌握开一场直播的基本技能	理论讲授法 案例教学法 参与式教学法	2	校内	
	技能训练18：直播后的数据复盘	任务18-1：直播后的数据复盘	掌握直播数据复盘的基础知识	掌握数据分析技能	理论讲授法 案例教学法 参与式教学法	1	校内	
	技能训练19：直播后的主播表现复盘	任务19-1：直播后的主播表现复盘	掌握主播表现复盘的基础知识	掌握主播表现分析技能	理论讲授法 案例教学法 参与式教学法	1	校内	

9.6.5 教学实施建议

（1）教材选用建议

本课程建议选用教材《网店美工视觉设计项目式教程（全彩微课版）》（王蕾蕾，刘志宝．网店美工视觉设计项目式教程［M］．北京：人民邮电出版社，2023．）。

（2）教学场地

本课程教学在商品拍摄实训室和计算机机房进行。

（3）教学方法与手段

根据学情分析和教学内容特征，选择启发式教学、讲授法、项目驱动教学法、案例教学法、参与式教学法。

（4）师资要求

本课程师资由校内教师和校外专家构成。

①校内教师。要求熟练掌握 Photoshop、Illustrator 等设计工具，熟悉跨境电商页面设计，具备一定审美能力，同时具备跨境营销、品牌推广、广告制作的知识和经验。

②校外专家。要求具备 3 年以上跨境电商网店或独立站美工经验，愿意从事教学工作。

（5）考核评价

本课程考核由过程性评价和结果性评价两部分组成。具体评价细则如表 9-33 所示。

表 9-23　考核评价细则

序号	项目名	评价方式	评分标准	分数分配
1	视觉营销设计认知	对视觉营销设计课程有基本的认识	完成相应的任务	10
2	视觉营销图片采集	学生设计、拍摄商品的主图、辅图、详情页图片，教师对图片作品进行打分	图片是否展现了商品的全貌、部分细节，图片是否美观好看，布光、构图、背景道具的选择是否合理，参数设置是否影响了图片的效果	20
3	视觉营销图片美工设计	根据学生设计并制作完成的美工作品进行打分	设计作品是否符合跨境电商网站的相关要求，以及设计作品是否具有一定的美观度和创意独特性	25
4	视觉营销短视频拍摄与制作	按照视频拍摄效果、视频编辑效果综合进行打分	拍摄、编辑的作品是否符合跨境电商网站的技术要求及视频的完成质量和视觉效果	25
5	直播营销视觉设计	过程考核（出勤、提问、演讲、作业、实训等）与期末考核（项目展示、项目业绩评价与跟踪）相结合	考核分为直播准备、直播技巧、粉丝管理、带货管理 4 大部分	20
合计				100

（6）课程资源的开发与利用

①微课建设（精品在线开放课程资源）。本课程现有课程资源（如视频、动画等）如表 9-24 所示。

表 9-24 精品在线开放课程资源统计

序号	资源类型	数量	备注
1	视频	≥50 个	每个 10~20 分钟
2	单元	5 个	
3	课程标准	1 份	
4	动画	6~10 个	每个 1~3 分钟左右
5	课程宣传片	1 部	3~5 分钟
6	PPT	≥19 套	每讲不少于 15 屏
7	配套教材	1 本	

②在线开放课程。关于本课程的在线开放课程详情可访问智慧职教网站或中国大学 MOOC 网站。

9.7 跨境电商客户服务课程标准

课程标准制定人：广州市财经商贸职业学校费玲莉

课程名称：跨境电商客户服务

适用专业：跨境电子商务

课程学分：4

参考学时：64（理论学时 32，实践学时 32）

课程类别：专业核心课程

课程属性：专业必修课程

课程类型：B 类（理论+实践）

产教融合课程、校企合作课程：是 ☑　　否 ☐

9.7.1 课程定位

跨境电商客户服务是跨境电子商务专业的一门核心课程。本课程主要培养具有较强职业能力、专业知识和良好职业素质的跨境电商客户服务专员。通过本课程的学习，学生能够掌握跨境电商客服工作的业务范围、跨境电商客服工作的常用沟通技巧，掌握亚马逊、Shopee（虾皮购物）、阿里巴巴国际站等主流跨境电商平台的客户服务体系，能够进行售前、售中、售后客服与沟通，具备跨境电商店铺客户服务和网店运营相关业务能力。换言之，本课程能为跨境电子商务专业学生以后从事的实际工作提供坚实的跨境电商客户服务操作技能。

9.7.2 课程目标

(1) 能力目标
①能够运用跨境电商客户服务技巧进行实际沟通与交流。
②能够实际操作跨境电商主流平台的客户服务整体项目。
③能够运用售前客服技巧实际操作跨境电商平台售前客服模块。
④能够运用售中客服技巧实际操作跨境电商平台售中客服模块。
⑤能够运用售后客服技巧实际操作跨境电商平台售后客服模块。
⑥能够辨别真伪客户、进行客户等级划分、针对不同级别客户采用不同方法进行处理。

(2) 知识目标
①理解跨境电商客户服务工作的业务范围、工作目标和工作特点。
②理解跨境电商客服工作的常用沟通技巧。
③理解跨境电商主流平台的客户服务体系。
④理解售前、售中以及售后客户服务与沟通的业务范围、处理流程与方法以及操作步骤。
⑤理解客户的识别与分类维护以及市场客户特点。

(3) 素质目标
①具有从产品自信到品牌自信,树立文化自信意识。
②具有诚实守信、擅于沟通和团队合作的工作品质。
③具有精益求精、踏实肯干和刻苦耐劳的工匠精神。
④具有耐心细致、追求卓越和求真务实的工作态度。
⑤具有在处理售后纠纷问题时勇于担当的职业素养。
⑥具有在服务过程中勇于创新和与时俱进的工作意识。
⑦具有在各环节中坚守原则和坚守初心的道德品质。

9.7.3 课程设计理念和思路

(1) 课程设计理念
本课程围绕如何开展跨境电商客户服务与沟通来展开,以岗位为学习角色,以跨境电商平台客户服务操作流程为知识载体,以具体工作任务为学习情境和技能载体,通过设计具体学习情境和工作任务,采取以项目制教学为主,融入角色模拟、技能训练、案例教学等具体教学方法,实现"教、学、做"合一。

(2) 课程设计思路
本课程立足于对学生实际能力的培养,在课程内容选择上作了大胆尝试,应用跨境电商客户服务平台开展教学,以学生为中心、以工作过程为线索、以工作任务为载体,组织课程内容和课程教学,让学生在完成各项具体工作任务的过程中来构建相关理论知识和各项职业技能,发展职业能力并鼓励学生进行创业。本课程采用任务驱动、项目导向的教学模式,灵活运用案例分析、分组讨论、启发引导等教学方法,做到在学中做、在做中学。教学效果评价采取过程性评价与结果性评价相结合、课堂参与与课程项目模拟作业相结合,重点评价学生的学习态度和职业能力。

9.7.4 课程内容、教学要求与学时分配

跨境电商客户服务课程内容、教学要求与学时分配如表 9-25、表 9-26 所示。

表 9-25 跨境电商客户服务课程内容、教学要求与学时分配总表

序号	教学单元名称	能力训练项目	学时
1	项目一：跨境电商客户服务工作认知	技能 1：跨境电商客服岗位基本认知 技能 2：跨境电商客服岗位核心能力 技能 3：跨境电商客服岗位业务范围 技能 4：跨境电商客服工作基本流程	8
2	项目二：跨境电商客户服务工作准备	技能 5：目标市场客户特点 技能 6：各类客户服务方案 技能 7：跨境电商客服沟通技巧 技能 8：跨境电商客服沟通工具	13
3	项目三：主流跨境电商平台客户服务规则	技能 9：Shopee 客户服务规则 技能 10：Amazon 客户服务规则 技能 11：阿里巴巴国际站客户服务规则	3
4	项目四：跨境电商 B2C 店铺客户服务实战	技能 12：Shopee 客户服务实战 技能 13：Amazon 客户服务实战 技能 14：阿里巴巴国际站客户服务实战	40
合计	4 个单元	14 个技能点	64

表9-26 跨境电商客户服务课程内容、教学要求与学时分配细则

单元名称	训练项目	学习任务	知识要求	技能要求（含素质要求）	教学方法与手段建议	学时分配	实践场所（校内、校外）	特色说明
项目一：跨境电商客户服务工作认知	技能训练1：跨境电商客户服务岗位基本认知	任务1-1：跨境电商客服岗位分工及工作目标	了解跨境电商客服岗位的能力要求、素质要求，以及职业发展	树立跨境电商客服岗位的工作目标和服务意识	①教法：任务驱动法、情景教学法、案例教学法、讲授法（中英双语）②学法：自主学习法、小组合作法	1	校内	①体现产教融合特色，体现跨文化职业素养②为跨境电商客服岗位相关知识，为岗位实操做好准备③了解跨境电商客服岗位相关知识，为岗位实操做好准备
	技能训练2：跨境电商客服岗位核心能力	任务2-1：跨境电商客服岗位核心能力要求	了解跨境电商客服岗位的核心能力及素质要求	明确跨境电商客服岗位的核心能力和素质要求	①教法：任务驱动法、情景教学法、案例教学法、讲授法（中英双语）②学法：自主学习法、小组合作法	1	校内	
	技能训练3：跨境电商客服业务范围	任务3-1：跨境电商售前客服业务范围	了解跨境电商售前客服的业务范围	能有效地完成跨境电商售前客服业务范围内的工作	①教法：任务驱动法、情景教学法、案例教学法、讲授法（中英双语）②学法：自主学习法、小组合作法	1	校内	
		任务3-2：跨境电商售中客服业务范围	了解跨境电商售中客服的业务范围	能有效地完成跨境电商售中客服业务范围内的工作	①教法：任务驱动法、情景教学法、案例教学法、讲授法（中英双语）②学法：自主学习法、小组合作法	1	校内	

技能训练3：跨境电商客服岗位业务范围	任务3-3：跨境电商售后客服业务范围	了解跨境电商售后客服的业务范围	能有效地完成跨境电商售后客服业务范围内的工作	①教法：任务驱动法、情景教学法、案例教学法、讲授法（中英双语） ②学法：自主学习法、小组合作法	1	校内
技能训练4：跨境电商客服工作基本流程	任务4-1：跨境电商售前客服工作流程	了解跨境电商售前客服工作流程	能熟悉跨境电商售前客服工作流程并能提供售前服务	①教法：任务驱动法、情景教学法、案例教学法、讲授法（中英双语） ②学法：自主学习法、小组合作法	1	校内	①体现产教融合特色，体现跨境电商文化的跨文化职业素养 ②为跨境电商大赛、双创三创赛做准备 ③了解跨境电商客服岗位相关知识，为岗位实操做好准备
	任务4-2：跨境电商售中客服工作流程	了解跨境电商售中客服工作流程	能熟悉跨境电商售中客服工作流程并能提供售中服务	①教法：任务驱动法、情景教学法、案例教学法、讲授法（中英双语） ②学法：自主学习法、小组合作法	1	校内
	任务4-3：跨境电商售后客服工作流程	了解跨境电商售后客服工作流程	能熟悉跨境电商售后客服工作流程并能提供售后服务	①教法：任务驱动法、情景教学法、案例教学法、讲授法（中英双语） ②学法：自主学习法、小组合作法	1	校内

项目一：跨境电商客户服务工作认知

续表

单元名称	训练项目	学习任务	知识要求	技能要求（含素质要求）	教学方法与手段建议	学时分配	实践场所（校内、校外）	特色说明
项目二：跨境电商客户服务工作准备	技能训练5：目标市场客户特点	任务5-1：北美地区市场客户特点	了解北美地区市场客户的特点	能熟悉并根据北美地区市场客户信息管理并提供有针对性的客户服务	①教法：任务驱动法、情景教学法、案例教授法、讲授法（中英双语）②学法：自主学习法、小组合作法	6	校内	双创特色：①创新思维培养。通过创新教学方法、案例分析和小组讨论，激发学生的创新思维能力，培养解决问题和创造新价值的能力②实践机会提供。与跨境电商企业或相关行业合作，为学生提供实践机会，让他们亲身参与实际项目，锻炼工作技能和积累创业经验③创业项目辅导。鼓励学生在课程中提出创业项目，并提供专业指导和辅导，帮助他们制定切实可行的商业计划和营销策略④创业资源支持。为学生提供创业资源和支持，如工作坊、研讨会、创业竞赛等，让他们能够接触创业生态系统，与投资者和成功创业者交流，拓展创业网络⑤创新创业文化培养。通过邀请成功创业者进行分享交流、举办创新创业活动等方式，培养学生的创新创业意识和自主创业精神
		任务5-2：拉美地区市场客户特点	了解拉美地区市场客户的特点	能熟悉并根据拉美地区市场客户信息管理并提供有针对性的客户服务	①教法：任务驱动法、情景教学法、案例教授法、讲授法（中英双语）②学法：自主学习法、小组合作法		校内	
		任务5-3：欧洲地区市场客户特点	了解欧洲地区市场客户的特点	能熟悉并根据欧洲地区市场客户信息管理并提供有针对性的客户服务	①教法：任务驱动法、情景教学法、案例教授法、讲授法（中英双语）②学法：自主学习法、小组合作法		校内	
		任务5-4：亚洲地区市场客户特点	了解亚洲地区市场客户的特点	能熟悉并根据亚洲地区市场客户信息管理并提供有针对性的客户服务	①教法：任务驱动法、情景教学法、案例教授法、讲授法（中英双语）②学法：自主学习法、小组合作法		校内	

第9章 跨境电子商务专业核心课程标准

	任务					双创特色
技能训练5：大洋洲地区目标市场客户特点	任务5-5：大洋洲地区市场客户特点	了解大洋洲地区市场客户的特点	能熟悉并根据大洋洲地区市场客户的特点进行客户信息管理并提供有针对性的客户服务	①教法：任务驱动法、情景教学法、案例教学法、讲授法（中英双语）②学法：自主学习法、小组合作法	6	校内	①创新思维培养。通过创新教学方法、案例创新讨论和小组讨论，激发学生的创新思维能力，培养解决问题和创新价值创造的能力②实践机会提供。与跨境电商企业或相关行业合作，为学生提供实践机会，让他们亲身参与实际项目，锻炼工作技能和积累创业经验③创业项目辅导。鼓励学生在课程中提出创业项目，并提供专业指导和辅导，帮助他们制定切实可行的商业计划和营销策略④创业资源支持。为学生提供创业资源和支持，如工作坊、研讨会、创业竞赛等，让他们能够接触创业生态系统，与投资者和成功创业者交流，拓展创业网络⑤创新创业文化培养。通过成功创业者进行分享交流，举办创新创业活动等方式，培养学生的创新创业意识和自主创业精神
项目二：跨境电商客户服务工作准备	任务6-1：跨境电商优质客户服务方案	了解跨境电商优质客户服务方案	能熟悉并根据跨境电商优质客户的特点，提供相应的客户服务	①教法：任务驱动法、情景教学法、案例教学法、讲授法（中英双语）②学法：自主学习法、小组合作法		校内	
技能训练6：各类客户服务方案	任务6-2：跨境电商普通客户服务方案	了解跨境电商普通客户服务方案	能熟悉并根据跨境电商普通客户的特点，提供相应的客户服务	①教法：任务驱动法、情景教学法、案例教学法、讲授法（中英双语）②学法：自主学习法、小组合作法	4	校内	
	任务6-3：跨境电商小客户服务方案	了解跨境电商小客户服务方案	能熟悉并根据跨境电商小客户的特点，提供相应的客户服务	①教法：任务驱动法、情景教学法、案例教学法、讲授法（中英双语）②学法：自主学习法、小组合作法		校内	

续表

单元名称	训练项目	学习任务	知识要求	技能要求（含素质要求）	教学方法与手段建议	学时分配	实践场所（校内、校外）	特色说明
项目二：跨境电商客户服务工作准备	技能训练6：各类客户服务方案	任务6-4：跨境电商潜在客户服务方案	了解跨境电商潜在客户服务方案	能熟悉并根据跨境电商潜在客户的特点，提供相应的客户服务	①教法：任务驱动法、情景教学法、案例教学法、讲授法（中英双语）②学法：自主学习法、小组合作法	4	校内	双创特色：①创新思维培养。通过创新教学方法，案例创新讨论和小组讨论，激发学生的创新思维能力，培养解决问题和创造创新价值的能力②实践机会提供。与跨境电商企业或相关行业合作，为学生提供实践项目机会，让他们亲身参与实际项目，锻炼工作技能和积累创业经验③创业项目辅导。鼓励学生在课程中提出创业项目，并提供专业指导和辅导，帮助他们制定切实可行的商业计划和营销策略④创业资源支持。为学生提供创业资源和支持，如加工作坊、研讨会、创业竞赛等，让他们能够接触创业生态系统，与投资者和成功创业者交流，拓展创业网络⑤创新创业文化培养。通过邀请成功创业者进行分享交流，举办创新创业活动等方式，培养学生的创新创业意识和自主创业精神
		任务6-5：各类下单习惯客户服务方案	了解各类下单习惯客户服务方案	能熟悉并根据客户的各类下单习惯特点，提供相应的客户服务	①教法：任务驱动法、情景教学法、案例教学法、讲授法（中英双语）②学法：自主学习法、小组合作法		校内	
		任务6-6：各类性格特点客户服务方案	了解各类性格特点客户服务方案	能熟悉并根据客户的各类性格特点，提供相应的客户服务	①教法：任务驱动法、情景教学法、案例教学法、讲授法（中英双语）②学法：自主学习法、小组合作法		校内	
		任务6-7：各类留评行为客户服务方案	了解各类留评行为客户服务方案	能熟悉并根据客户的各类留评行为特点，提供相应的客户服务	①教法：任务驱动法、情景教学法、案例教学法、讲授法（中英双语）②学法：自主学习法、小组合作法		校内	

第9章 跨境电子商务专业核心课程标准

		任务7-1：跨境电商客服售前沟通技巧	了解跨境电商售前沟通技巧	掌握跨电商客服售前工作的常用沟通技巧	①教法：任务驱动法、情景教学法、案例教学法、讲授法（中英双语） ②学法：自主学习法、小组合作法		校内
	技能训练7：跨境电商客服沟通技巧	任务7-2：跨境电商客服售中沟通技巧	了解跨境电商售中沟通技巧	掌握跨电商客服售中工作的常用沟通技巧	①教法：任务驱动法、情景教学法、案例教学法、讲授法（中英双语） ②学法：自主学习法、小组合作法	2	校内
项目二：跨境电商客户服务工作准备		任务7-3：跨境电商客服售后沟通技巧	了解跨境电商售后沟通技巧	掌握跨电商客服售后工作的常用沟通技巧	①教法：任务驱动法、情景教学法、案例教学法、讲授法（中英双语） ②学法：自主学习法、小组合作法		校内
	技能训练8：跨境电商客服沟通工具	任务8-1：跨境电商客服各类常用沟通工具	了解跨境电商客服各类常用沟通工具	能运用跨境电商各类常用沟通工具，进行初次回复，引导下单，了解产品情况，处理跨境电商企业退换货以及应对客户的各类咨询问题	①教法：任务驱动法、情景教学法、案例教学法、讲授法（中英双语） ②学法：自主学习法、小组合作法	1	校内

双创特色：
①创新思维培养。通过创新教学方法，案例分析和小组讨论，激发学生的创新思维和创造新价值的能力和创造新价值的能力
②实践机会提供。与跨境电商企业或相关行业合作，为学生提供实践机会，让他们能够亲身参与实际项目，锻炼工作技能和积累创业经验
③创业项目辅导。鼓励学生在课程中提出创业项目，并提供专业指导和辅导，帮助他们制定切实可行的商业计划和营销策略
④创业资源和支持。为学生提供创业资源和支持，如工作坊、研讨会、创业竞赛等，让他们能够接触创业生态系统，与投资者和成功创业者交流，拓展创业网络
⑤创新创业文化培养。通过邀请成功创业者进行分享交流，举办创新创业活动等方式，培养学生的创新创业意识和自主创业精神

续表

单元名称	训练项目	学习任务	知识要求	技能要求（含素质要求）	教学方法与手段建议	学时分配	实践场所（校内、校外）	特色说明
项目三：主流跨境电商平台客户服务规则	技能训练9：Shopee客户服务规则	任务9-1：订单管理	了解Shopee的订单管理规则	能熟悉并根据Shopee平台具体的订单管理规则，为客户提供订单处理和物流跟踪等服务，确保不出现异常情况	①教法：任务驱动法、情景教学法、案例教学法、讲授法（中英双语）②学法：自主学习法、小组合作法		校内	①体现产教融合特色，学生能在真实跨境电商平台上操练②为跨境电商大赛、双创赛和三创赛做准备③了解跨境电商主流平台知识，为创业做准备④平台理论与实际操作相结合，体现理论结合实践
		任务9-2：客户服务能力评估	了解Shopee的客户服务能力评估规则	能熟悉并根据Shopee平台的客户服务能力评估规则，为顾客提供合适的服务，并获得较高的客户服务能力评估分数	①教法：任务驱动法、情景教学法、案例教学法、讲授法（中英双语）②学法：自主学习法、小组合作法	1	校内	
		任务9-3：商品售后	了解Shopee的商品售后规则	能熟悉并根据Shopee平台的售后规则，合理地解决常见的问题，确保客户满意	①教法：任务驱动法、情景教学法、案例教学法、讲授法（中英双语）②学法：自主学习法、小组合作法		校内	

项目	技能训练/任务	知识目标	能力目标	教学方法	学时	教学场所	思政融合要点
项目三：主流跨境电商平台客户服务规则	技能训练10：Amazon客户服务规则				1	校内	①体现产教融合特色，学生能在真实跨境电商平台上操练 ②为跨境电商大赛、双创大赛和三创赛做准备 ③了解跨境电商主流平台知识，为创业做准备 ④平台理论与实际操作相结合，体现理论结合实践
	任务10-1：订单管理	了解Amazon的订单管理规则	能熟悉并根据Amazon平台具体的订单管理规则，为客户提供订单处理和物流跟踪等服务，确保异常情况	①教法：任务驱动法、情景教学法、案例教学法、讲授法（中英双语） ②学法：自主学习法、小组合作法		校内	
	任务10-2：客户服务能力评估	了解Amazon的客户服务能力评估规则	能熟悉并根据Amazon平台的客户服务能力评估规则，为顾客提供合理的服务，并获得较高的客户服务能力评估分数	①教法：任务驱动法、情景教学法、案例教学法、讲授法（中英双语） ②学法：自主学习法、小组合作法		校内	
	任务10-3：商品售后	了解Amazon的售后规则	能熟悉并根据Amazon平台的规则，合理解决常见的售后问题，确保客户满意	①教法：任务驱动法、情景教学法、案例教学法、讲授法（中英双语） ②学法：自主学习法、小组合作法		校内	

续表

单元名称	训练项目	学习任务	知识要求	技能要求（含素质要求）	教学方法与手段建议	学时分配	实践场所（校内、校外）	特色说明
项目三：主流跨境电商平台客户服务规则	技能训练11：阿里巴巴国际站客户服务规则	任务11-1：订单管理	了解阿里巴巴国际站的订单管理规则	能熟悉并根据阿里巴巴国际站具体的订单管理规则，为客户提供订单处理和物流跟踪服务，确保不出现异常情况	①教法：任务驱动法、情景教学法、案例教学法、讲授法（中英双语）②学法：自主学习法、小组合作法		校内	①体现产教融合特色，学生能在真实跨境电商平台上操练②为跨境电商大赛、双创赛和三创赛做准备③了解跨境电商主流平台知识，为创业做准备④平台理论与实际操作结合，体现理论结合实践
		任务11-2：客户服务能力评估	了解阿里巴巴国际站的客户服务能力评估规则	能熟悉并根据阿里巴巴国际站的客户服务能力评估规则，为顾客提供合理的服务，并获得较高的客户服务能力评估分数	①教法：任务驱动法、情景教学法、案例教学法、讲授法（中英双语）②学法：自主学习法、小组合作法	1	校内	
		任务11-3：商品售后	了解阿里巴巴国际站的商品售后规则	能熟悉并根据阿里巴巴国际站的规则，合理地解决常见的售后问题，确保客户满意	①教法：任务驱动法、情景教学法、案例教学法、讲授法（中英双语）②学法：自主学习法、小组合作法		校内	

第9章 跨境电子商务专业核心课程标准

项目	技能训练	任务	知识要求	能力要求	教法学法	学时	校内外	思政改革特色
项目四：跨境电商B2C店铺客户服务实战	技能训练12：Shopee客户服务实战	任务12-1：商品信息	①了解从供应商网站或获取同行竞争的方式 ②理解商品信息的重要性	①能够从供应商网站商品详情页找出商品关键信息 ②能够提炼商品卖点并拓展描述商品信息 ③能够对比分析商品优、劣势	①教法：任务驱动法、情景教学法、案例教学法、讲授法（中英双语） ②学法：自主学习法、小组合作法	2	校内	①强化服务意识。注重培养学生对客户的尊重和关怀，强调以客户为中心，主动提供优质的服务。培养学生具备耐心、友善、细致、专业的态度，教导他们如何与客户建立良好的关系。 ②融入反腐倡廉教育。跨境电商行业可能涉及一些不合规和腐败方面的问题，课程中会引导学生遵守相关法律法规，培养廉洁自律的道德观念，不参与不正当的商业行为。 ③强调团队合作。跨境电商店铺客户服务工作通常需要与内部团队协作，解决问题并协调工作。本课程注重培养学生的团队合作能力，沟通协调能力，问题解决能力，使其具备有效的团队合作能力。 ④培养国际视野。了解不同国家和地区不同的文化差异，提供相关的跨文化交流和沟通技巧，让学生掌握一定学知识，研究和顾客行为心理学市场，提高他们在国际化环境中的应对能力。 ⑤培养责任感。注重引导学生理解并践行企业社会责任，推动学生的可持续发展和社会公正，培养社会责任意识和行动思维，包括环境保护和社会责任等方面的意识和行动
		任务12-2：创建自动回复和快捷回复内容	掌握创建自动回复和快捷回复内容的实操技能	①能够操作（自动回复）聊助理，使用自动回复和快捷回复 ②能够创建自动回复内容 ③能够动态调整自动回复和快捷回复内容	①教法：任务驱动法、情景教学法、案例教学法、讲授法（中英双语） ②学法：自主学习法、小组合作法	2	校内	
		任务12-3：回复商品咨询和引导下单	掌握回复商品咨询和引导下单技巧	能够根据客户的特点以及实际情况，在不违反Shopee平台规则的前提下，运用话术或优惠活动等技巧引导客户下单	①教法：任务驱动法、情景教学法、案例教学法、讲授法（中英双语） ②学法：自主学习法、小组合作法	2	校内	

续表

单元名称	训练项目	学习任务	知识要求	技能要求（含素质要求）	教学方法与手段建议	学时分配	实践场所（校内、校外）	特色说明
项目四：跨境电商B2C店铺客户服务实战	技能训练12：Shopee客户服务实战	任务12-4：跟进订单情况	掌握跟进订单情况的技能	熟悉Shopee平台订单跟进所涉及的业务范围以及主要形式，并能根据不同的订单情况进行处理	①教法：任务驱动法、情景教学法、案例教学法、讲授法（中英双语）②学法：自主学习法、小组合作法	2	校内	思政改革特色：①强化服务意识。注重培养学生对客户的尊重和关心，强调以客户为中心，主动提供优质的服务。培养学生具备耐心、友善、细致、专业的态度，教导他们如何与客户建立良好的关系②融入反腐倡廉教育。跨境电商行业可能涉及一些不合规和腐败方面的问题，课程中会引导学生遵守相关法律法规，培养学生不正当的商业行为，不参与廉洁自律的道德观念③强调团队合作。跨境电商B2C店铺服务客户通常需要与内部团队协作，解决问题和协调工作。本课程注重培养学生的团队合作能力，沟通协调能力，使其具备有效的团队合作技能④培养国际视野。注重培养学生的国际视野，了解不同国家和地区的跨文化差异，提供相关知识的海外市场研究和顾客行为心理学知识，提高他们在国际化环境中的应对能力⑤培养责任感。注重引导学生理解并践行企业社会责任，推动可持续发展思维，培养和社会公正。包括资源管理、环境保护和社会责任等方面的意识和行动
		任务12-5：处理退换货	掌握处理退换货的流程	熟悉Shopee平台的退换货规则和处理流程，并能根据不同的情况进行退换货处理	①教法：任务驱动法、情景教学法、案例教学法、讲授法（中英双语）②学法：自主学习法、小组合作法	2	校内	
		任务12-6：处理商品评价	掌握处理商品评价的流程与技巧	熟悉Shopee平台规则，并能在不违反平台规则的情况下，进行催评、修改评价等商品评价处理	①教法：任务驱动法、情景教学法、案例教学法、讲授法（中英双语）②学法：自主学习法、小组合作法	2	校内	

项目	技能训练	任务	技能要求	内容	教学方法	学时	地点	思政改革特色
项目四：跨境电商B2C店铺客户服务实战	技能训练12：Shopee客户服务实战	任务12-7：统计与分析客服数据	掌握统计与分析客服数据的技能	熟悉Shopee平台关于客服数据统计的规则，并能根据数据进行相应的调整与优化	①教法：任务驱动法、情景教学法、案例教学法、讲授法（中英双语）②学法：自主学习法、小组合作法	2	校内	思政改革特色：①强化服务意识。注重培养学生对客户的尊重和关怀，强调以客户为中心，主动提供优质的服务。培养学生具备耐心、友善、细致、专业的态度，教导他们如何与客户建立良好的关系。②融入反腐倡廉教育。跨境电商行业可能涉及一些不合规和腐败方面的问题，课程中会引导学生遵守相关法律法规，培养廉洁自律的商业行为，不参与不正当的商业行为。③强调团队合作。跨境电商B2C店铺客户服务工作通常需要与内部团队协作，解决问题和协调工作。本课程注重培养学生的团队合作能力，沟通协调能力，问题解决能力，使其具备有效的团队合作技能。④培养国际视野。注重培养学生的国际视野，了解不同国家和地区的文化差异，提供相关的跨文化交流和沟通技巧，让学生掌握一定的海外市场研究和顾客化心理学知识，提高他们在国际化环境中的应对能力。⑤培养社会责任感。注重企业社会责任。培养学生践行企业社会公正，推动可持续发展和社会公正的价值观。培养学生的可持续发展思维，包括资源管理、环境保护和社会责任等方面的意识和行动
	技能训练13：Amazon客户服务实战	任务13-1：编写站内信回复模板	掌握编写站内信回复模板的技能	能够根据常见的客户服务情境，编写站内信回复模板，提高客户服务效率	①教法：任务驱动法、情景教学法、案例教学法、讲授法（中英双语）②学法：自主学习法、小组合作法	2	校内	
		任务13-2：处理退货退款	掌握处理退货退款的技能	熟悉Amazon平台退货退款规则和处理流程，并能根据不同的情况进行退货退款处理	①教法：任务驱动法、情景教学法、案例教学法、讲授法（中英双语）②学法：自主学习法、小组合作法	2	校内	

续表

单元名称	训练项目	学习任务	知识要求	技能要求（含素质要求）	教学方法与手段建议	学时分配	实践场所（校内、校外）	特色说明
项目四：跨境电商B2C店铺客户服务实战	技能训练13：Amazon客户服务实战	任务13-3：处理差评	掌握处理差评的技能	熟悉Amazon平台的商品评价规则，并能在不违反平台规则的情况下，进行联系客户以修改差评、删除差评等商品评价处理	①教法：任务驱动法、情景教学法、案例教学法、讲授法（中英双语）②学法：自主学习法、小组合作法	2	校内	思政改革特色：①强化服务意识。注重培养学生对客户的尊重和关爱，强调以客户为中心，主动提供优质的服务。培养学生具备耐心、友善、细致、专业的态度，教导他们如何与客户建立良好的关系②融入反腐倡廉教育。跨境电商行业可能涉及一些不合规和腐败方面的问题，课程中会引导学生遵守相关法律法规，培养廉洁自律的道德观念，不参与不正当的商业行为③强调团队合作。跨境电商B2C店铺客户服务工作通常需要团队内部团队协作，本课程注重培养学生的团队合作技能，沟通协调能力，解决问题和协调工作，使其具备有效的团队合作技能④培养国际视野。注重培养学生的国际视野，了解不同国家和地区的跨文化差异，提供相关的海外市场研究和顾客行为心理学知识，提高他们在国际化环境中的应对能力⑤培养责任感。注重引导学生理解并践行企业社会公正。培养学生的可持续发展思维，包括资源管理、环境保护和社会责任等方面的意识和行动
		任务13-4：处理纠纷	掌握处理纠纷的技能	熟悉Amazon平台的纠纷处理规则，并能在不违反平台规则的情况下，联系客户并合理地处理纠纷，以维护店铺账号正常运营	①教法：任务驱动法、情景教学法、案例教学法、讲授法（中英双语）②学法：自主学习法、小组合作法	2	校内	
		任务13-5：邀请客户评价	掌握邀请客户评价的技能	熟悉Amazon平台的商品评价规则，并能在不违反平台规则的情况下，联系客户并邀请客户评价，以提高产品和店铺的各项评价数据	①教法：任务驱动法、情景教学法、案例教学法、讲授法（中英双语）②学法：自主学习法、小组合作法	2	校内	

项目	技能训练	任务	技能	内容	教学方法	学时	地点	思政改革特色
项目四：跨境电商B2C店铺客户服务实战	技能训练13：Amazon客户服务实战	任务13-6：发送营销邮件	掌握发送营销邮件的技能	熟悉Amazon平台的邮件营销规则，并能在不违反平台规则的情况下，联系客户并发送营销邮件，提高商品的转化率	①教法：任务驱动法、情景教学法、案例教授法（中英双语） ②学法：自主学习法、小组合作法	2	校内	①强化服务意识。注重培养学生对客户的尊重和关怀，强调以客户为中心，主动提供优质的服务。培养学生具备耐心、友善、细致、专业的态度，教导他们如何与客户建立良好的关系 ②融入反腐倡廉教育。跨境电商行业可能涉及一些不合规和腐败方面的问题，课程中会引导学生遵守相关法律法规，培养廉洁自律的商业行为，不参与不正当的道德观念 ③强调团队合作。跨境电商B2C店铺客户服务工作通常需要内部团队协作，解决问题和协调工作。本课程注重培养学生的团队合作能力，沟通协调能力、问题解决能力，使其具备有效的团队合作技能 ④培养国际视野。注重培养学生的国际视野，了解不同国家和地区的文化差异，提供相关的跨文化交流和沟通技巧，让学生掌握一定的海外市场研究和顾客行为心理学知识，提高他们在国际化环境中的应对能力 ⑤培养责任感。注重引导学生理解并践行企业社会责任，培养学生的社会公正、发展思维，包括资源管理、环境保护和社会责任等方面的意识和行动
		任务14-1：分析海外采购者	掌握分析海外采购者的技能	能够利用阿里巴巴国际站后台和其他工具，收集并分析海外采购者的数据，创建用户画像，并进行客户分类与管理	①教法：任务驱动法、情景教学法、案例教授法（中英双语） ②学法：自主学习法、小组合作法	2	校内	
	技能训练14：阿里巴巴国际站客户服务实战	任务14-2：撰写客户开发信	掌握撰写客户开发信的技能	能够掌握常见的外贸词汇与语句，并能根据客户的需求与特点撰写有针对性的开发信，吸引客户询盘	①教法：任务驱动法、情景教学法、案例教授法（中英双语） ②学法：自主学习法、小组合作法	2	校内	

续表

单元名称	训练项目	学习任务	知识要求	技能要求（含素质要求）	教学方法与手段建议	学时分配	实践场所（校内、校外）	特色说明
项目四：跨境电商B2C店铺客户服务实战	技能训练14：阿里巴巴国际站客户服务实战	任务14-3：回复客户询盘	掌握回复客户询盘的技能	能够掌握常见的外贸词汇与语句，并能根据客户的需求有针对性地回盘，引导和促进客户达成交易	①教法：任务驱动法、情景教学法、案例教学法、讲授法（中英双语）②学法：自主学习法、小组合作法	2	校内	思政改革特色：①强化服务意识。注重培养学生对客户的尊重和关怀，强调以客户为中心，主动提供优质的服务。培养学生具备耐心、友善、细致、专业的态度，教导他们如何与客户建立良好的关系②融入反腐倡廉教育。跨境电商行业可能涉及一些不合规和腐败方面的问题，课程中会引导学生遵守相关法律法规，培养廉洁自律的道德观念，不参与不正当的商业行为③强调团队合作。跨境电商B2C店铺客户服务工作通常需要与内部团队协作，解决问题和协调工作。本课程注重培养学生的团队合作能力、沟通协调能力，同时解决问题的能力，使其具备有效的团队合作技能④培养国际视野，了解不同国家和地区的文化差异，提供相关的跨文化交流和沟通技巧，让学生掌握一定的海外市场研究和顾客行为心理学知识，提高他们在国际化环境中的应对能力⑤培养责任感。注重对社会责任并践行企业社会公正。培养学生的可持续发展思维，推动学生的可持续发展思维，包括资源管理、环境保护和社会责任等方面的意识和行动
		任务14-4：回复RFQ（报价请求）	掌握回复RFQ的技能	能够掌握常见的外贸词汇与语句，并能根据客户的RFQ及时和有针对性的回复，吸引和引导客户回复，以促进交易达成	①教法：任务驱动法、情景教学法、案例教学法、讲授法（中英双语）②学法：自主学习法、小组合作法	2	校内	
		任务14-5：回复邮件与电话	掌握回复邮件与电话的技能	能够根据各类邮件与电话的内容特点，并运用适当的语句进行回复，以促进交易的进行	①教法：任务驱动法、情景教学法、案例教学法、讲授法（中英双语）②学法：自主学习法、小组合作法	2	校内	

思政改革特色：

①强化服务意识，注重培养学生对客户的尊重和关怀，强调以客户为中心，主动提供优质的服务。培养学生具备耐心、友善、细致、专业的态度，教导他们如何与客户建立良好的关系

②融入反腐倡廉教育。跨境电商行业可能涉及一些不合规和腐败方面的问题，课程中会引导学生遵守相关法律法规，不参与不正当的商业行为，培养廉洁自律的道德观念

③强调团队合作。跨境电商店铺客户服务工作需要与内部团队协作，解决问题和协调工作。本课程注重培养学生的团队合作技能，沟通协调能力，同时解决能力，使其具备有效的团队合作技能

④培养国际视野。注重培养学生的国际视野，了解不同国家和地区的文化差异，提供相关的跨文化交流和沟通技巧，让学生掌握一定的心理学知识，研究和顺应行为心理学等，提高他们在国际化环境中的应对能力

⑤培养责任感。注重引导学生理解并践行企业社会责任，推动可持续发展思维，包括资源管理、环境保护和社会公正。培养学生的可持续发展的意识和行动

项目	技能训练	任务				学时	场地
项目四：跨境电商B2C店铺客户服务实战	技能训练14：阿里巴巴国际站客户服务实战	任务14-6：处理与跟进订单	掌握处理订单与跟进订单的流程与技能	能够熟悉阿里巴巴国际站订单处理流程，并能根据客户的需求与特点进行跟进，以获得客户的认可，以促进交易的顺利进行	①教法：任务驱动法、情景教学法、案例教学法、讲授法（中英双语）②学法：自主学习法、小组合作法	2	校内
		任务14-7：维护客户关系	掌握维护客户关系的技巧	能够通过熟悉的跟进管理，使用客户跟进记录表，建立客户忠诚度，升级跨境客户服务等维护与客户的良好关系，促进二次交易	①教法：任务驱动法、情景教学法、案例教学法、讲授法（中英双语）②学法：自主学习法、小组合作法	2	校内

9.7.5 教学实施建议

（1）教材选用建议

本课程建议选用教材《跨境电子商务客户服务管理》（万国海，梁娟娟．跨境电子商务客户服务管理［M］．北京：电子工业出版社，2023．）。

（2）教学场地

本课程教学在校内跨境电商实训室和校内跨境电商工作室进行。

（3）教学方法与手段

①教学方法。本课程采用案例教学法、情景教学法、任务驱动法等多种教学方法，提高学生学习的积极性、主动性，注意与相关课程相互配合，把握好"必需、够用为度"的原则，教学中要结合教学内容的特点，培养学生独立学习的习惯，努力提高学生的自学能力和创新精神。

②教学手段。本课程采用线上线下结合的教学模式，充分利用网络课程平台、超星平台与模拟跨境电商平台等教学手段，教学中注重信息化手段在教学中的应用。

（4）师资要求

本课程师资由校内教师和校外专家构成。

①校内教师。具体要求如下：

- 具有强烈的事业心和高度的责任感，能够忠诚于党的教育事业，学而不厌，诲人不倦，能够坚持真理，坚持正义。
- 具有高度的职业素养，爱岗敬业，爱校荣校，认真负责，教书育人。
- 具备深厚的专业理论功底和较强的专业技能。
- 沟通表达能力好，市场经济意识强，有敏锐的洞察力。
- 具有较强的教学技能及教学研究与课程开发能力。
- 了解中、高职教育的特点与中、高职教育的规律。
- 能熟练运用现代教育技术。
- 具备"双师"素质。
- 其他资格要求。

②校外专家。具体要求如下：

- 热爱教育事业，愿意为教育事业付出精力。
- 了解中、高职教育的特点与中、高职教育的规律。
- 具备扎实的管理技能及相应的管理经验。
- 沟通表达能力好，能采取合理的教学方式指导学生。
- 具备中级专业技术职称或在基层业务部门担任部门负责人及以上职务。
- 其他资格要求。

（5）考核评价

本课程考核由过程性评价和结果性评价两部分组成。具体评价细则如表 9-27 所示。

表 9-27 考核评价细则

序号	能力训练项目	评价方式	评分标准	分数分配
1	技能1：跨境电商客服岗位基本认知	过程考核+实践考核	学习态度好、回答问题正确、动手能力强	10
2	技能2：跨境电商客服岗位核心能力	过程考核+实践考核	学习态度好、回答问题正确、动手能力强	
3	技能3：跨境电商客服岗位业务范围	过程考核+实践考核	学习态度好、回答问题正确、动手能力强	
4	技能4：跨境电商客服工作基本流程	过程考核+实践考核	学习态度好、回答问题正确、动手能力强	
5	技能5：目标市场客户特点	过程考核+实践考核	学习态度好、回答问题正确、动手能力强	10
6	技能6：各类客户服务方案	过程考核+实践考核	学习态度好、回答问题正确、动手能力强	
7	技能7：跨境电商客服沟通技巧	过程考核+实践考核	学习态度好、回答问题正确、动手能力强	
8	技能8：跨境电商客服沟通工具	过程考核+实践考核	学习态度好、回答问题正确、动手能力强	
9	技能9：Shopee客户服务规则	过程考核+实践考核	学习态度好、回答问题正确、动手能力强	10
10	技能10：Amazon客户服务规则	过程考核+实践考核	学习态度好、回答问题正确、动手能力强	
11	技能11：阿里巴巴国际站客户服务规则	过程考核+实践考核	学习态度好、回答问题正确、动手能力强	
12	技能12：Shopee客户服务实战	过程考核+实践考核	学习态度好、回答问题正确、动手能力强	20
13	技能13：Amazon客户服务实战	过程考核+实践考核	学习态度好、回答问题正确、动手能力强、熟练相关操作、规范完成作业	25
14	技能14：阿里巴巴国际站客户服务实战	过程考核+实践考核	学习态度好、回答问题正确、动手能力强、熟练相关操作、规范完成作业	25
合计				100

（6）课程资源的开发与利用

①课程资源开发。本课程资源包括教材、配套PPT、试题库、项目任务库、行业资讯等，教学资源品种丰富，针对性强。

②课程资源利用。本课程教师可利用现代信息技术开发多媒体课件，通过搭建起多维、动态、自主训练平台，使学生的主动性、积极性和创造性得以充分调动，实现"教、学、做"合一，让学生在真实情境中学习、体验和锻炼。关于课程的资源可访问智慧职教网站。

附录

附录 1　跨境电子商务专业对接职业技能标准课程体系研究企业深度访谈记录表

	单位名称		访谈对象	
	业务类型	进口 □　出口 □	企业类别	应用企业 □　服务企业 □ 交易平台 □
	访谈时间		职务	
访谈问题	1. 贵企业适配跨境电子商务专业毕业生的初始岗位有哪些？需要具备的职业能力要求和主要工作任务是哪些？			
	2. 贵企业对跨境电子商务专业毕业生的学历有何要求（中职、高职、本科、硕士）？3~5年内的发展岗位有哪些？			
	3. 贵企业对跨境电子商务专业毕业生的外语、计算机要求程度如何？			
	4. 贵企业各类关键岗位的人员比例是如何配置的？这些岗位配置是否会因为平台不同而产生较大差异？			
	5. 请从 HR 的角度，谈谈应届生的哪些能力是企业最看重的？请结合 PGSD 模型，从专业能力、通用能力、社会能力、发展能力四个方面具体谈谈。			
	6. 您对目前高职院校开展跨境电子商务人才培养（如课程、师资、实训基地、校企合作等）有什么建议？			
	7. 贵企业是否使用了数据技术支撑服务商，是怎样的运作机制（如是分业务模块——如店铺、广告投放、物流、财务结算，还是整合的）？这些数据和数据流是怎样实现打通的？运营中如果没有使用数据技术支撑服务商，这些功能是如何分配到目前的内部岗位的？			
	8. 在企业实操中，贵企业作为代运营企业，给委托方反馈呈现业绩目标的端口是由哪个部门或哪个岗位负责？呈现形式、数据颗粒化和周期目前到什么程度？可否提供样板参考？			

附录2　跨境电商企业深度访谈记录（广州商线科技有限公司）

企业名称：广州商线科技有限公司（欢聚集团 SHOPLINE）
企业类别：应用企业 ☐　交易平台 ☐　服务企业 ☑
业务类型：出口 ☑　进口 ☐
访谈对象：王亚运
职务：欢聚集团 SHOPLINE 人力资源总监
访谈时间：2021 年 10 月 11 日
访谈内容：

问题1：贵公司设置的跨境电商相关岗位有哪些？分别设置在哪些部门？

答：SHOPLINE 是欢聚集团（纳斯达克上市公司，市值超过 450 亿元）旗下海外电商建站及交易平台，是一家专注于独立站和跨境电商品牌出海的企业级技术服务公司。自 2013 年创立以来，SHOPLINE 已在深圳、广州、杭州、香港、台湾等 10 个城市及地区设立办公室，服务全球 27 万+卖家和 4 亿消费者。傲基、细刻、澳鹏等年销售额数十亿的企业，以及小熊电器、缤兔、探路者等知名品牌均已与 SHOPLINE 达成战略合作。我公司分别在运营部、销售部、客服部、市场部和 SHOPLINE 商学院设立跨境电商岗位，具体情况如附表 2-1 所示。

附表 2-1　跨境电商岗位设置

跨境电商岗位	所在部门
跨境电商运营类（专员、高级专员、主管、经理、副总监、总监）	运营部
跨境电商销售类（专员、高级专员、主管、经理、副总监、总监）	销售部
跨境电商客服类（专员、高级专员、主管、经理、副总监、总监）	客服部
跨境电商市场类（专员、高级专员、主管、经理、副总监、总监）	市场部
网站开发与维护	运营部
广告优化师	运营部
培训相关岗位	SHOPLINE 商学院

问题2：贵公司为跨境电子商务专业毕业生设置的初始岗位有哪些？对学历有何要求（中职、高职、本科、硕士）？对外语、计算机要求程度如何？3～5 年内的发展岗位有哪些？

答：我公司为跨境电子商务专业毕业生设置的初始岗位及相关要求如附表 2-2 所示。

附表 2-2　跨境电商岗位设置及相关要求

初始岗位	学历要求	外语、计算机要求	3~5 年内的发展岗位
运营	专科及以上	大学英语四级以上；计算机熟练	专员、主管、经理
销售	专科及以上	大学英语四级以上；计算机熟练	专员、主管、经理
客服	专科及以上	大学英语四级以上；计算机熟练	专员、主管、经理
市场	专科及以上	大学英语四级以上；计算机熟练	专员、主管、经理
网站开发与维护	专科及以上	对计算机要求较高	主管
广告优化师	专科及以上	对计算机要求较高	主管
培训相关岗位	本科及以上	外语、计算机要求较高	培训讲师

问题 3：贵公司对跨境电商岗位的主要工作职责与能力要求有哪些？请列举五项并作简要说明。

答：我公司对跨境电商岗位的主要工作职责与能力要求如附表 2-3 所示。

附表 2-3　跨境电商岗位的主要工作职责与能力要求

岗位名称	主要工作职责	能力要求	职业素养要求
跨境电商产品开发岗	①了解产品市场和产品的发展趋势 ②了解产品布局和目标用户 ③掌握跨境电商外贸行业、独立站和第三方平台知识	①具备对数据进行整理、分析和科学预测的能力 ②具有较强的计划组织能力和市场分析能力 ③具备熟练的产品开发能力 ④能够制定新产品开发与运营计划	①具有善于发现、分析并解决问题的能力 ②具有良好的团队协作和沟通能力 ③养成勤于思考、主动创新的习惯 ④具有良好的自驱力
跨境电商运营岗	①了解和学习直通车操作和其他各种付费推广 ②掌握产品上下架，能够优化标题、优化详情页，能够上架 SKU（Stock Keeping Unit，最小存货单位），提高产品转换率	①具备店铺运营数据能力，搜集和分析同行数据能力 ②具备监控产品库存及周转情况能力 ③具备流畅的英语读写能力 ④具备熟练的后台操作能力，在网络营销、数据库营销及客户管理等方面有深刻认识	①具有数据分析能力和优秀的学习能力 ②养成良好的执行能力和沟通协调能力
跨境电商营销推广岗位	①了解商品属性、平台搜索排名规则 ②掌握 Keywords（关键词）的收集方法和分析工具 ③能够优化 Listing	①具备 SEM 推广能力、活动策划能力、海外消费者行为分析能力、SEO 优化能力、站外推广能力 ②具备熟练的后台操作能力，在网络营销、数据库营销及客户管理等方面有深刻认识	①具有敏锐的观察能力 ②养成良好的执行能力和沟通协调能力，勤奋进取

续表

岗位名称	主要工作职责	能力要求	职业素养要求
跨境电商美工岗	①了解最新的设计发展趋势 ②掌握 Photoshop、Coreldraw 等工具	①具备商品拍摄技巧、商品图片美化、跨境店铺首页设计、Listing 详情页设计、促销活动页设计、视频拍摄与编辑、视频处理等能力 ②具备熟练的前期拍照、精修产品图、和排版设计等能力	①具有良好的创意构思能力和优异的综合视觉把握能力 ②养成大胆的设计思想，勇于提出自己的创作灵感
跨境电商客服岗位	①了解国外消费者购物习性 ②掌握 FAQ 设置方法，售前、售后服务处理及客户关系管理	①具备售后纠纷问题处理、评价回复与处理、客户信息管理能力 ②具备良好的理解和书面表达能力，具有较强的商业意识 ③具备熟练的英语口语基础和英文商务信函写作能力，计算机操作熟练	①具有较强的学习能力、应变能力和执行力 ②养成良好的耐心和责任心以及团队合作精神，服务意识强

问题 4：您对目前高职院校开展跨境电子商务人才培养有什么建议？如课程、师资、实训基地、校企合作等。

答：我对目前高职院校开展跨境电子商务人才培养的建议有以下几个方面。在课程设置上，应注重理论与实践的结合，设置包括跨境电商平台操作、外贸英语、国际贸易等核心课程；在师资力量上，邀请跨境电商行业的专家和成功创业者来学校开设讲座或担任兼职教师，分享他们的实践经验和行业动态；在校企合作上，与跨境电商企业建立紧密的合作关系，开展校企合作。学校可以组织学生参观企业，了解跨境电商的运营流程和实际操作。同时，学校和企业可以共同开发课程和教材，将企业的实践经验和行业前沿知识融入课堂教学。此外，学校还可以与企业合作开展订单式培养，根据企业需求定制人才。

附录 3 跨境电商企业深度访谈记录（深圳政元软件有限公司）

企业名称：深圳政元软件有限公司
企业类别：应用企业☐　交易平台☐　服务企业☑
业务类型：出口☑　进口☐
访谈对象：张艺耀
职　　务：华南区总监
访谈时间：2021 年 10 月 13 日
访谈内容：

问题 1：贵公司设置的跨境电商相关岗位有哪些？分别设置在哪些部门？

答：深圳市政元软件有限公司于 2006 年在深圳成立，公司立足外贸企业网络营销服务，2008 年开始成为阿里 ICBU（国际消费者业务部）的服务商。公司在浙江杭州、江苏常州、湖北武汉、广州、东莞等地先后成立 9 个办事处/分公司，设立 11 个部门，共有员工超过 300 人，服务近 25000 家阿里巴巴国际站会员。

公司为"国家高新"和"深圳高新"的双认证企业，打造了"倚天剑"和"一阳指"两款阿里巴巴国际站后台工具，目前工具的使用用户超过 20000 家，截至 2021 年 7 月，发布产品总数高达 10027364 个，每月工具调用阿里接口超 6 亿次。

公司主要的服务内容有旺铺装修、平台运营、P4P（外贸直通车）代操、产品拍摄、后台软件开发、网站搭建和人才培训等。公司自有评选以来连续三年被评为阿里巴巴国际站最受欢迎服务商，线上 GMV（商品交易总额）连续 3 年排名第一。

我公司分别在运营部、销售部、客服部设立跨境电商岗位，具体情况如附表 3-1 所示。

附表 3-1　跨境电商岗位设置

跨境电商岗位	所在部门
跨境电商产品开发	运营部
跨境电商运营	运营部
跨境电商营销推广	销售部
跨境电商美工	运营部
跨境电商客服	客服部

问题 2：贵公司为跨境电子商务专业毕业生设置的初始岗位有哪些？对学历有何要求（中职、高职、本科、硕士）？对外语、计算机要求程度如何？3~5 年内的发展岗位有哪些？

答：我公司为跨境电子商务专业毕业生设置的初始岗位及相关要求如附表 3-2 所示。

附表 3-2 跨境电商岗位设置及相关要求

初始岗位	学历要求	外语、计算机要求	3~5 年内的发展岗位
跨境电商产品开发	专科及以上	大英四级以上；计算机熟练	专员、主管、经理
跨境电商运营	专科及以上	大英四级以上；计算机熟练	专员、主管、经理
跨境电商营销推广	专科及以上	大英四级以上；计算机熟练	专员、主管、经理
跨境电商美工	专科及以上	大英四级以上；计算机熟练	专员、主管、经理
跨境电商客服	专科及以上	大英四级以上	专员、主管、经理

问题 3：贵公司对跨境电商岗位的主要工作职责与能力要求有哪些？请列举五项并作简要说明。

答：我公司对跨境电商岗位的主要工作职责与能力要求如附表 3-3 所示。

附表 3-3 跨境电商岗位的主要工作职责与能力要求

岗位名称	主要工作职责	能力要求	职业素养要求
跨境电商产品开发	①了解市场需求、消费者需求以及行业趋势，为产品开发提供方向 ②掌握产品开发流程以及相关标准和法规要求，确保产品合规性	①具备市场调研、数据分析能力 ②具备创新思维和设计能力，能够提出新颖的产品概念和设计方案 ③具备熟练的市场调研能力，能够独立进行市场调研 ④具备一定的数据分析能力，能够对销售数据、用户反馈等进行深入分析，指导产品开发优化	①具有高度的责任心和敬业精神，对工作认真负责 ②具有团队合作精神，能够与团队成员协同工作 ③具有诚信品质，遵守职业道德和法律法规 ④养成不断学习和提升的习惯，关注行业动态和技术进展
跨境电商运营	①了解跨境电商平台运营规则和政策，确保店铺合规运营 ②了解竞争对手的运营策略和动态，为店铺制定合理竞争策略 ③掌握跨境电商平台操作技巧，包括商品上架、订单处理、售后服务等环节	①具备市场敏感度和判断力，能够及时调整店铺经营策略 ②具备良好的英语或其他相关语言能力，可以进行跨文化交流和商务沟通 ③熟练运用跨境电商平台操作系统及数据分析工具	①具有数据分析能力以及风险管理意识 ②养成团队合作及快速适应能力
跨境电商营销推广	①了解目标市场的消费者行为和购买心理，为营销推广提供方向 ②了解各种营销推广渠道和工具的特点和使用方法 ③掌握搜索引擎优化技巧，提高店铺在搜索引擎中的排名 ④掌握社交媒体营销策略，包括内容创作、广告投放等	①具备创新思维和学习能力，能够不断探索新的营销推广手段 ②具备数字营销技能，包括 SEO、SEM、社交媒体营销等 ③熟练运用数据分析和挖掘技术以及各种营销推广工具和平台	①具有策略思维、数据分析能力以及创新意识 ②养成良好的沟通能力、快速学习的能力以及关注细节的能力

续表

岗位名称	主要工作职责	能力要求	职业素养要求
跨境电商美工	①了解目标市场的审美习惯和文化特点 ②了解公司品牌形象和产品特点，确保设计符合品牌要求 ③掌握图形设计软件，如Photoshop、Illustrator等，进行图片和视频制作 ④掌握摄影技巧和器材使用，能够拍摄高质量的产品图片和视频	①具备创意思维和审美能力，能够提出新颖的设计方案 ②具备细节关注能力，对设计作品精益求精 ③熟练运用各种设计软件和工具，进行高效设计工作 ④熟练运用色彩、排版和构图技巧，提升设计作品的视觉效果	①具有良好的审美、追求细节的极致以及树立品牌意识，保护知识产权 ②养成创新思维、良好的沟通能力以及随着设计工具的更新，保持技术的熟练度
跨境电商客服	①了解跨境电商平台交易流程和政策，为客户提供专业的咨询和指导 ②了解客户需求和投诉处理流程，为客户提供满意的解决方案 ③掌握客户服务技巧和沟通技巧，提高客户满意度 ④掌握多语种沟通能力，能够与不同国家和地区的客户进行交流 ⑤掌握客户数据分析和挖掘技巧，为公司提供有价值的客户反馈和建议	①具备优秀的沟通能力和人际交往能力，能够与客户建立良好的关系 ②具备快速学习和适应新事物的能力，能应对各种客户问题和需求 ③熟练运用各种客户服务工具和平台，如聊天软件、邮件系统等 ④熟练运用不同语言，进行跨文化交流	①具有较强的沟通技巧、情绪管理能力以及同理心 ②养成良好的服务意识，不厌其烦地解答客户的问题，确保其满意度 ③随着与客户的交流，不断提升自己的产品知识和服务技巧

问题4：您对目前高职院校开展跨境电子商务人才培养有什么建议？如课程、师资、实训基地、校企合作等。

答：我对目前高职院校开展跨境电子商务人才培养的建议有以下几个方面。

在课程方面，在校期间，教师能够讲授跨境电商整个业务流程的专业知识，融入各个环节的技能点，有利于应届生的就业；在工作前如果能有较好的实习经验，有相关的实战经验，这样的毕业生更受企业的欢迎。

在师资方面，由校企双方共建教师团队。跨境电商业务发展迅速，特别是实战方面，企业师资更有优势。

在校企合作方面，建议在校内建立实习基地，可联合企业共同建设校外实习基地。

附录4　专家访谈会计划

访谈对象：深圳政元软件有限公司华南地区运营总监、人力资源总监
访谈形式：腾讯视频会议
访谈人：国家级职业教育教师教学创新团队课题组成员
访谈日期：待定
访谈提纲（不限于以下问题）：
问题1：贵公司是否设置了跨境电商数据分析岗位专员？（如果有设置，则提问问题2；如果没有设置，则提问问题3）
问题2：贵公司对跨境电商数据分析岗位的招聘要求（如职业能力要求、主要工作任务）是什么？该岗位的职业晋升路径有哪些？
问题3：贵公司没有设置跨境电商数据分析岗位，那贵公司的哪些岗位要求员工具备数据分析能力？这些岗位的主要工作任务是什么？
问题4：目前贵公司使用了阿里巴巴国际站哪些主要的数据分析工具？
问题5：您认为如何提升员工的跨境电商数据分析能力？贵公司是否有相关的培训计划和课程？关于如何提升跨境电子商务专业学生的数据分析能力，您对学校有什么意见和建议？
问题6：贵公司是否使用了数据技术支撑服务商，是怎样的运作机制（如是分业务模块——如店铺、广告投放、物流、财务结算，还是整合的）？这些数据和数据流是怎样实现打通的？运营中如果没有使用数据技术支撑服务商，这些功能是如何分配到目前的内部岗位的？
问题7：贵公司各类关键岗位（选品、运营、数据IT、物流、财务等）人员的比例是如何配置的？这些岗位配置是否会因为平台不同而产生较大差异？
问题8：贵公司作为代运营公司，在给委托方反馈呈现业绩目标的端口是由哪个部门（或者岗位）负责？呈现形式、数据颗粒化和周期目前到什么程度？可否提供样板参考？
问题9：阿里巴巴国际站代运营部门是否建有客户分析系统，能否展示一份客户分析维度的样表？